도란도란 그림책 교실 수업

질문과 토론으로 자라는 아이들

도란도란
그림책
교실 수업

생각네트워크 지음

들어가며

그림책,
앎과 삶을 연결하는 통로

그림책으로 들어가다

독서의 시작, 그림책. 얼마나 오랫동안 읽어 보셨나요? 곰곰이 떠올려 보면 독서의 시작은 그림책입니다. 한글을 익히기 전인 어린 시절부터 우리는 그림을 통해 책을 읽었습니다. 그리고 점점 글이 많은 책을 읽어 나갔지요. 그래서인지 보통 그림책 하면 '어린이들이 읽는 책'으로 오해하기 쉽습니다. 요즘에는 그림책을 찾아 읽는 청소년과 어른들이 늘어나고 있지만, 많은 독자들이 짧은 시간 가볍게 읽고 책장을 덮습니다. 그것은 그림책이 가진 함축성 때문이겠지요. 그림책은 글이 적은 만큼 금방 읽을 수 있지만, 한 장면에도 많은 이야기들이 담겨 있습니다. 하지만 사람마다 각자가 가진 생각의 폭으로 그림책을 읽어 냅니다. 혼자 읽는다면 하나의 생각으로 그칠 것이고, 셋이 읽는다면 세 개 이상의 생각으로 넓혀질 것입니다. 그래서 교사 동아리 생각네트워크는, '그림책으로 펼치는 생각 수업'을 연구해 왔습니다. 한 장면에 담긴 각자의 수많은 생각들을 다채롭게 펼쳐 놓고 이야기를 나누다 보면 자연스럽게 생각의 폭을 넓힐 수 있기 때문입니다.

질문과 토의토론으로 채우다

아이들은 그림책을 좋아합니다. 글이 적어 누구나 쉽게 접근할 수 있고, 오랜 시간 집중해서 읽어야 한다는 부담도 없습니다. 다양한 그림을 살펴보는 것 자체로 미술작품을 감상하는 즐거움을 누릴 수 있습니다. 부모님과 교사들 역시 그림책을 사랑합니다. 글이 많지 않아 잠들기 전 짧은 시간, 40분이라는 한정된 수업시간에 다 함께 읽을 수 있기 때문입니다. 내용을 끊어 읽지 않아도 온전하게 작품을 감상할 수 있습니다. 이러한 그림책의 장점이 때로는 독이 되기도 합니다. 수많은 생각이 담긴 그림책을 짧은 시간 읽고 덮어 버린다면, 그 속에 담긴 많은 이야기를 곱씹을 수 없기 때문입니다.

『도란도란 그림책 교실 수업』에서는 그림책 한 권을 천천히, 깊이 있게 음미해 보았습니다. 책의 한 장면, 한 문장을 두고 '누가, 언제, 어디서, 무엇을, 어떻게, 왜, 만약, 나라면' 수많은 질문을 던졌습니다. 각자의 삶이 그림책에 스며들어 자연스럽게 질문을 꺼낼 수 있도록 질문 릴레이, 세 박자 질문, 뇌구조 질문, 해시태그 질문 등 다양한 수업기법을 개발하였습니다. 그리고 그 무수한 질문들을 월드카페, 픽업 모둠 토의, 소크라틱 세미나 등의 방법으로 짝과, 모둠원과, 교실 전체가 다함께 치열하게 파고들었습니다. 질문에 질문을 꼬리 물며 생각을 넓혔고, 새로운 생각들이 끊임없이 만나고 나눠지며 깊이를 더해 갔습니다.

그림책 수업으로 앎과 삶을 연결하다

아는 것은 어렵지 않습니다. '외로운 친구에게 먼저 다가가는 따뜻한 마음을 가져야 한다, 함께 사는 지구에서 다른 동물들의 생명도 소중히 여겨야 한다.'는 것은 모두가 알고 있는 것입니다. 그러나 이 '앎'이 어떻게 '삶'으로 다가와 진정한 배움이 될 것인가? 그것을 고민했습니다. 아는 것이 삶으로 연결되기 위해서는 가슴에 와 닿는 '울림'이 있어야 합니다. 도란도란 그림책 수업은 머리에서 가슴으로, 그 울림을 찾아가는 과정이었습니다.

그림책 한 권을 긴 호흡으로 깊이 있게 파고들었습니다. 그림책을 읽는 시간은 짧지만, 책에 흠뻑 빠져 생각하고 느낄 수 있도록 읽기 전, 중, 후에 걸쳐 '도란도란 그림책 수업'을 정교하게 구상했습니다. 책을 읽기 전, 『나는 퍼그』 표지에 등장하는 강아지를 보고 '어떤 감정일까?'를 물었습니다. '이 강아지의 눈이 슬퍼 보여요.'라고 이야기하면, 어떨 때 슬펐는지 자신의 삶을 돌아보는 시간을 가졌습니다. 『도와줄게』를 읽기 전에는 도움을 받았던 고마운 순간과 자신이 베푼 의미 있는 도움을 떠올리고 친구들과 나누었지요. 책의 한 장면, 한 구절에서 아이들은 자신의 이야기를 꺼냈습니다. 교실에서 다 같이 서로의 삶을 나누고 공감했습니다. 덕분에 한껏 열린 마음으로 그림책을 품을 수 있었지요.

그림책 수업은 앎과 삶의 연결고리였습니다. 『코끼리와 숲과 감자 칩』을 읽으면 팜유 때문에 이 세상의 코끼리들이 집을 잃고 있다는 것을 알게 됩니다. 아이들은 자신의 집과 자주 가는 마트에서 팜유가 어디에서 쓰이는지 직접 찾아보았습니다. 자기가 좋아하는 과자와 라면, 집에서 사용 중인 비누에 팜유가 들어간다는 것을 알고는 소스라치게 놀랐지요. 책에서만 펼쳐지는 이야기인 줄 알았는데, 그 이야기들이 사실 자신의 삶과 맞닿아 있었던 것이지요. 『망태 할아버지』를 읽고는 어린이들은 꼭 밤에 일찍 자야 하는가를 토의했고, 『우주 호텔』을 읽고는 자신이 스쳐 지나갔던 주변의 여러 인물들을 되돌아보고 미덕 상장을 선물했습니다. 『야쿠바와 사자』를 읽은 한 아이는 진정 용기가 필요했던 순간은, 떨어진 돈을 줍고 내면의 갈등을 겪었던 그 순간이라고 말했습니다. 그림책 한 권이 아이들의 삶 속에 녹아드는 순간이었지요.

더 나아가 스스로 배우고 느낀 것을 자신의 삶에서 실천해 보았습니다. 아이들은 돼지의 잔인한 현실을 알고 난 후, 우리 주위에 있는 다른 동물들은 어떻게 살고 있는지를 직접 찾아보았습니다. 수업 내용을 가족과 나누며 어떻게 돼지를 현명하게 소비할 수 있는지를 계획하고 실행했습니다. 상아 때문에 고통받는 코끼리의 현실을 알고 '코끼리 살리기 캠페인'을 펼쳤습니다. 학교 곳곳에 포스터와 표어를 붙이고, 쉬는 시간, 점심시간이면 캠페인 띠지를 두르고 팻말을 흔들며 코끼리가 처한 잔혹한 상황을 알렸습니다.

그림책 수업은 앎과 삶을 연결하는 통로가 되었습니다. 책 수업에 참여한 아이들과 함께 울고 웃었습니다. 자신의 마음과 생각, 경험을 펼쳐 놓았습니다. 충분히 생각하고 이야기하면서 가슴속 '울림'을 흠뻑 느끼는 시간을 가졌습니다. 마침내 아는 것을 자신의 삶에서 실천하며, '앎과 삶이 연결된 진정한 배움'에 다가섰습니다. 오늘 이 책과 함께하는 모든 사람들이 『도란도란 그림책 교실 수업』을 통해 새로운 앎과 삶에 들어서기를 기대합니다.

저자를 대표하여 생각네트워크 가족
황진희 드림

차례

들어가며   4

가족   화나고 밉고 서운해도… 사랑해요   10
망태 할아버지가 온다
칠판 나누기 찬반 토론, 픽업 모둠토의

함께 있어 참 다행입니다   34
안녕
해시태그 질문, 월드카페

관계   그는 나에게로 와서 꽃이 되었다   56
나는 퍼그
질문 릴레이, 경청의 메아리

도와줄까? 도와줄래?   74
도와줄게
소크라틱 세미나, 질문 릴레이

작은 관심이 만든 나의 우주 호텔   102
우주 호텔
보석맵, 인물 소개도

가치   너에게 닿기를   126
검은 강아지
도란도란 질문

여러분이라면, 어떤 선택을 하시겠습니까?   148
야쿠바와 사자_용기
뇌구조, 질문 인터뷰

가치   나도 현명한 사람이 될 수 있을까요?   **170**
샌지와 빵집 주인
책 속 증거기반 찬반 토론, 해시태그 질문

어머어마하게 멋진 너의 가치는?   **184**
샘과 데이브가 땅을 팠어요
세 박자 질문

환경   나는 2억 5천만 원입니다   **196**
이빨 사냥꾼
뜨거운 의자

지구에서 지금 무슨 일이 일어나고 있을까요?   **220**
코끼리와 숲과 감자 칩
입장 토론, 키워드 생각 나누기

행복해지는 꿈을 꿔도 되겠습니까?   **240**
돼지 이야기
입장 토론

장애   내 곁에 그냥 '그대로' 있어 주세요   **270**
찬이가 가르쳐 준 것
뜨거운 의자

우리들의 특별한 하루   **286**
동생을 데리고 미술관에 갔어요
두 마음 토론, 키워드 질문법

부록   **308**
의미 있는 활동! 배움 성찰, 생각 정리로 이어 가요

화나고 밉고 서운해도… 사랑해요

| 주제 | 가족, 소통

책마중

망태 할아버지 왜 그러셨어요?

어릴 적 우리들에게는 어떤 사람인지 어떻게 생겼는지 한 번도 만나 보지 못했지만 늘 동경하고 사랑했던 산타할아버지와 함께 공포와 두려움의 대상이었던 망태 할아버지가 함께 존재해 왔다. 부모님들께서는 늘 말을 잘 듣지 않으면 망태 할아버지가 와서 잡아간다는 무서운 이야기로 겁을 주기 일쑤였기 때문이다. 한 번도 만나 보지 못한 망태 할아버지는 나만의 상상 속에서 더 험악한 얼굴과 이미지를 만들어 나가며 어릴 적 나에게는 세상 가장 무서운 존재로 자리했다.

박연철 작가의 『망태 할아버지가 온다』에서도 마찬가지이다. 망태 할아버지의 얼굴은 한 번도 보여지거나 묘사되지 않았지만 굉장히 무섭고 공포스러운 이미지를 가지고 있다.

아이가 잘못을 할 때마다 망태 할아버지 이야기로 아이를 다그치는 부모님의 모습과 자신의 이야기에 귀 기울이지 않는 아이의 답답함 속에서 결국 일찍 자라는 어머니에게 아이는 큰 소리를 내고 만다. 그러고는 혹여나 망태 할아버지가 오지 않을까라는 두려움으로 잠자리에 들려 하고 역시나 망태 할아버지는 아이의 집에 찾아오게 된다. 그러나 망태 할아버지가 잡아간 사람은 아이가 아닌 바로 엄마였다.

잘못한 아이를 잡아가서 착한 아이로 만들어 준다는 망태 할아버지는 왜 아이가 아닌 엄마를 잡아갔을까? 엄마는 어떤 잘못을 했을까? 아마도 아이의 이야기에 귀 기울이지 않고 그저 화만 내었기 때문이 아닐까?

우리 아이들도 어떤 이야기들을 마음속에서 풀어내지 못하고 있을까. 지금부터 아이들의 이야기에 귀를 기울이며 수업을 시작해 보자.

망태 할아버지가 온다
박연철 글·그림 | 시공주니어

책과 수업

수업 흐름도

본 8차시 중 활동을 선택해서 조직해도 됩니다.

구분 \ 차시	1차시	2차시	3차시
배움 활동	함께 읽기	질문 수업하기	내가 상상한 망태 할아버지
배움 과정	• 함께 읽으며 공감하기 • 질문으로 수업 열기 • 그림카드로 느낌 나누기	• Pick up 모둠 토의 - 교사가 제시한 질문에 대한 답을 모둠 토의를 통해 찾아보기	• 내가 상상한 망태 할아버지 - 망태 할아버지를 그리고 하고 싶은 말 쓰고 발표하기
배움 조직	전체 및 개별	모둠	개별 및 전체
핵심 역량	창의적 사고 역량 의사소통 역량	공동체 역량 의사소통 역량	심미적 감성 역량 창의적 사고 역량

구분 \ 차시	4~5차시	6~7차시	8차시
배움 활동	칠판 나누기 찬반 토론	고민 비행기	사랑의 퍼즐
배움 과정	• 칠판 나누기 찬반 토론 - 아이들은 반드시 일찍 자야만 하는가?	• 고민 비행기 - 익명으로 자신의 고민을 적어 비행기를 날린 후 친구들과 해결해 주기	• 사랑의 퍼즐 만들기 - 자신이 가족에게 전하고 싶은 메시지를 담은 퍼즐 완성하기
배움 조직	전체	전체 및 짝	개인
핵심 역량	의사소통 역량	의사소통 역량 공동체 역량	심미적 감성 역량 창의적 사고 역량

함께 읽기

- **함께 읽으며 공감하기**
  - 교사가 읽어 주는 그림책을 눈으로 따라 읽으며 함께 읽기
  - 읽어 가며 질문 나누기
- **질문으로 수업 열기**
  - 엄마의 등에 왜 망태 할아버지 도장이 찍혀 있을까?
- **그림카드로 느낌 나누기**
  - 딕싯카드를 이용해 책을 읽고 난 느낌 나누기

함께 읽으며 공감하기

교사는 교실 앞 작은 의자에 앉아 책을 펼치고 책 앞으로 아이들이 바닥에 둘러 앉아 교사의 호흡에 맞추어 소리를 듣고 그림을 보며 함께 읽어요.

이 책에는 그림 속에 재미있는 이야기가 많이 숨어 있어요. 아이들과 찾아 가며 읽어 보면 좋아요. 교사는 읽어 주며 손으로 한 번 그림을 짚어만 줘도 충분합니다.

난 정말 꽃병을 깨지 않았다고

고양이가 보이시나요?

열 번도 더 봤어

10 보이시나요?

백 번도 더 봤어   100 보이시나요?

❋ 영상도 있어요 https://www.youtube.com/watch?v=cgBHQtn6P1w

🏫 질문으로 수업 열기

2차시에 본격적인 질문 수업이 진행되기 때문에 본 차시에서는 전체적으로 질문을 던지고 아이들이 손을 들고 발표하는 형식으로 간단히 진행되면 좋아요.

마지막 책장을 덮으며
- 왜 엄마의 등에 망태 할아버지 도장이 있었을까?
- 망태 할아버지는 왜 아이가 아닌 엄마를 잡아갔던 것일까?

🏫 그림카드로 느낌 나누기

딕싯카드를 이용해 그림책을 읽고 난 후의 느낌 점을 나누어요.
그림카드로는 이미지 프리즘, 생각 카드, 딕싯카드 등 여러 가지 종류가 있어요.
그 중 딕싯카드의 특징은 사진이 아닌 그림으로 표현된 카드로 그림이 어둡고 무거워서 그림책 중에 무거운 주제의 내용을 다룰 때 활용하면 더 효과적이었어요. 자신의 생각을 쓰고 나면 교실 산책으로 친구들과 의견을 나누어요.

🅣🅘🅟 교사 등에 망태도장 찍어 두기

이 활동은 꼭 필요한 활동은 아니지만 아이들의 흥미를 끌어올리기 위해 함께해 본 활동이에요. 아이들 감정을 깨지 않기 위해 그림카드 느낌 나누기 활동이 끝난 후 하는 것이 좋아요.

라벨지를 활용해 수업 전 미리 교사 등에 동그라미 모양을 붙여 놓아요.

앞선 질문에 대한 이야기를 들어 본 후 교사는 다음 학습 활동을 안내하려는 듯 칠판에 필기를 하러 돌아서요. 아이들은 선생님의 등에 하얀 도장을 발견하게 되죠. 굉장히 좋아하고 흥미로워하며 괴성을 지릅니다.

천연덕스럽게 왜 그러냐고 묻지요. 그러고는 다시 묻습니다.

교사 선생님은 왜 망태 할아버지께 다녀왔을까?

– 밥을 안 먹어서요. 선생님 급식 남기잖아요.

– 일한다고 늦게 자서요.

 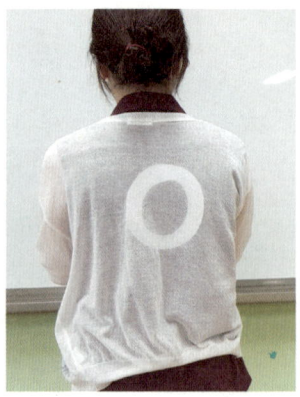

아이들의 그림카드 느낀 점

망태 할아버지가 아이들을 잡아서 착한 아이로 만들면 꽃의 꽃잎이 떨어지듯 아이들 장난기도 하나씩 없어져요.

엄마가 화가 나면 불덩어리가 내려오는 것처럼 무서워요.

가시가 종에 박혀 있는 것처럼 엄마가 화날 때 엄마 마음에 가시가 박힌 거 같아요.

망태 할아버지가 우리를 가두었으니까 우리도 망태 할아버지를 가둘 거예요. 더 이상 못 나오게 100년을 가둘 거예요.

아이는 좁은 곳에 갇힌 것처럼 답답하고 엄마가 자기의 마음을 불에 태우는 것처럼 마음이 뜨겁고 화가 날 거 같아요.

그 아이 마음이 아픔에 걸려 있는 것 같아요.

길고 활활 잘 타고 있는 촛대와 짧고 불이 꺼진 촛대처럼 권력이 많은 엄마가 권력이 작은 아이한테 화내면 아이가 말을 들을 수밖에 없을 것 같아요.

아이는 연기가 나고 어두운 곳에 갇힌 것처럼 마음도 그럴 거 같아요.

망태 할아버지가 말 안 듣는 아이들 입을 꿰매려고 연구를 했어요.

질문 수업하기

- Pick up 모둠 토의
  - 교사가 제시한 질문과 답에 대한 생각을 나누는 모둠 토의
  - 모둠 토의 후 모둠별 발표시간
  - Pick up 활동 활용하기

질문 그림 준비

그림에 대한 생각을 찾는 수업이기 때문에 그림이 제공되어야 더 효과적이에요. 실물 화상기, PPT를 통해 전체공유를 하거나 컬러 복사로 모둠별 그림 제공 또는 모둠별 그림책 준비 등 아이들이 그림을 함께 보며 생각할 수 있도록 도와주세요. 본 수업에서는 PPT를 통해 장면을 보여주며 수업했어요.

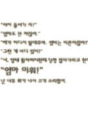

Pick up 모둠 토의 순서

이번 질문 수업은 아이들이 만든 질문이 아닌 교사의 질문에 대한 생각을 펼치는 시간이에요. 물론 모둠별로 둘러앉아 각자의 생각을 이야기하고 정리하는 시간이에요.

Pick up 모둠 토의 순서

한 가지의 질문 제시(장면을 보여 주며)
⬇
모둠 토의 후 대표 답 선정
⬇
모둠별 발표하며 생각 공유

질문을 여러 가지 한꺼번에 제시하면 토의해서 결론을 내기까지 모둠별로 시간이 너무 다르기도 하고 일찍 지치는 아이들이 있어 한 가지 질문을 먼저 제시하고 모둠별 답을 찾고 발표하고 나면 다시 두 번째 질문을 제시하고 답 찾고 발표하기를 반복하며 진행하는 것이 좋아요. 본 수업에서는 PPT로 장면을 띄우고 교사가 질문을 말해 주면 아이들이 붙임쪽지에 각자의 생각을 쓰는 방법으로 했어요.

Pick up 활동이란

Pick up 활동이란 4인 1조 형태의 모둠 토의할 때 활용할 수 있는 방법으로 아래쪽에 각자의 생각을 붙임쪽지에 써서 붙인 후 네 명의 의견 중 가장 좋은 의견을 위쪽으로 즉 모둠 대표 자리로 올리는 활동이에요. 활동하면서 하나의 의견으로 모이지 않을 경우에는 칸을 벗어나서 두 개를 올려도 된다고 허용해 주세요.

저학년일 경우 선택이 어려울 때는 각자의 의견 밑에 별점 평가로 점수를 매기거나, 하나둘셋 손가락 찍기 등 다양한 방법으로 선택하도록 안내해 주세요. 그리고 다니시면서 좋은 의견에 대한 칭찬을 한마디씩 해 주면 처음 해 보는 아이들 선택에 도움이 되기도 해요.

발표가 끝난 후에는 발표된 의견과 또 다른 의견들이 있었는지 물어보고 이야기해 보며 픽업이 되지 않은 의견도 소중함을 알게 해 주세요.

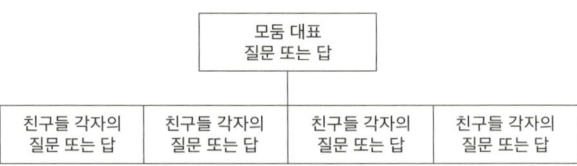

Pick up 활동

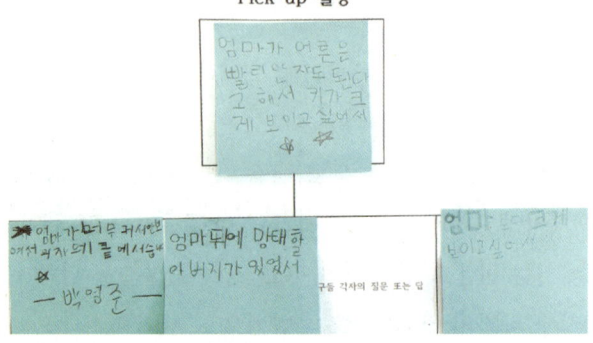

Pick up 활동

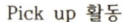 질문 세 가지를 안내할게요

왜 시계에 9라는 숫자가 없어졌을까?

아이는 왜 의자 끝에 서서 엄마에게 화를 냈을까?

작가는 왜 아이가 올라 선 의자의 다리를 부러진 의자로 그렸을까?

아이들의 생각 이야기

왜 시계에 9라는 숫자가 없어졌을까?

- 아이가 9시에 자기 싫어서 없앤 거 같다.
- 9시가 되어서 아이의 그림자가 9로 변했다.
- 망태 할아버지가 9시부터 나타나기 시작해서
- 망태 할아버지가 9를 지워 놓고 9시에 잡아 가려고
- 아이가 너무 화나서 9시가 되지 않게 하려고 없애 버렸다.

- 망태 할아버지가 오는 시간이라 무서워서 9를 없애 놓았다.

▶ **작가 의도** 9시에 자기 싫은 아이의 마음을 담았다.

아이는 왜 의자 끝에 서서 엄마에게 화를 냈을까?
- 엄마가 어른은 빨리 안 자도 된다고 하니까 키가 커 보이게 해서 빨리 자지 않으려고
- 엄마가 너무 커서 눈높이를 맞추려고 의자 끝에 섰다.
- 엄마보다 크게 보이고 싶어서
- 아이도 엄마처럼 더 크게 소리치고 싶은 마음을 표현하려고
- 아이가 더 크게 보이게 해서 엄마처럼 어른이 되려고
- 엄마 눈을 똑바로 쳐다보고 엄마한테 똑바로 대들려고
- 엄마보다 무섭게 보이려고
- 망태 할아버지가 밑에서 잡아갈까 봐 두려워서
- 키가 작으니까 더 큰 소리로 말하려고

▶ **작가 의도** 엄마에게 당당히 맞서기 위해 높이를 맞추었다.

아이가 올라 선 의자의 다리는 왜 부러져 있을까?
- 아이의 마음이 부러진 것처럼 의자가 부서진 것이다.
- 망태 할아버지가 아이를 떨어지게 해서 잡아가려고 부쉈다.
- 망태 할아버지가 아이를 혼내려고. 왜냐하면 의자가 부숴지면 떨어져서 다치고 아프니까 엄마에게 소리치는 아이를 혼내기 위해서
- 의자가 부러지면 의자가 흔들려서 아이의 자존심이 흔들리는 것을 표현하려고
- 아이가 엄마한테 자기가 기분이 안 좋다는 것을 표현하려고
- 망태 할아버지가 잡아갈 사람 집을 확인하려고
- 엄마 목소리가 너무 커서 의자까지 부러진 거 같다.

▶ **작가 의도** 엄마에게 소리치면서도 아이의 죄책감과 불안함을 표현했다.

내가 상상한 망태 할아버지

- **내가 상상한 망태 할아버지**
  - 망태 할아버지의 얼굴을 상상하여 그리기
  - 망태 할아버지에게 하고 싶은 말 쓰기
  - 갤러리 워크로 친구들 작품 감상하기

 갤러리 워크

갤러리 워크란 작품을 갤러리에 걸어 두고 아이들이 돌아다니며 작품을 보고 평가하는 활동이에요. 갤러리는 어디일까요? 자신의 책상 위가 될 수도 있고 교실 바닥 가운데 모여 있을 수도 있어요. 우리 반은 교실 형태가 ㄷ자 형태여서 교실 중앙 빈 공간이 질문 광장이 되기도 하고 갤러리가 되기도 한답니다. 스케치북에 작품을 그리고 나면 스케치북을 펼쳐서 바닥에 둡니다. 그럼 아이들이 친구들 작품을 감상하며 펼쳐진 스케치북의 빈 공간에 별 점수 또는 칭찬의 글로 채워 주지요.

◎ **가끔 별점평가에 대한 평가도 해 보세요.**
갤러리 워크를 진행하다 보면 교사와 같은 마음으로 평가하지 않는 아이들이 보이기 시작합니다.

◎ **교사 발문 및 평가사례**

교사 오늘은 작품평가에 대한 평가를 이야기해 볼게요. 마음에 드는 친구의 평가나 혹시 마음이 상한 친구의 평가가 있다면 발표해 주세요.
- 친구들이 별을 많이 줘서 너무 기분이 좋았어요.
- 친구가 '으아악!'이라고 써서 실망했어요.
- ('으아악'이라고 쓴 친구가 일어서며) 저는 너무 잘 그려서 놀라는 표현이었어요.

교사 ○○이가 잘 그렸다는 표현을 쓴 건데 친구가 오해했구나. 다음에는 오해가 생기지 않도록 좀 더 자세하고 성의 있게 써 줄 수 있을까?
- 네.

🆙 갤러리 워크의 좋은 점

그림 그리기 활동은 아동들의 완성시간 편차가 심해서 다한 친구들이 마냥 다른 친구들을 기다리기 일쑤죠. 교실 중앙에 갤러리 워크로 평가를 하다 보면 다한 친구들은 먼저 친구들 작품들을 평가하기 때문에 그런 문제점이 줄어들어요. 그리고 중앙에 나가지 못한 친구들은 자기 자리에 남아 있기에 교사는 누가 다 못 했는지 파악하기 쉽고 학생들은 서둘러 해야겠다는 생각이 들게 해요.

아이들이 그려 낸 망태 할아버지의 얼굴과 갤러리 워크 평가

칠판 나누기 찬반 토론

- **칠판 나누기 찬반 토론**
  - 아이들은 꼭 일찍 자야만 하는가?
    일찍의 기준은 9시입니다. 성장호르몬이 나온다는 10시부터 2시. 그 전에 잠이 들어야 한다는 일반적 견해와 책 속 주인공의 잠잘 시간이 비슷하므로 9시로 정하면 좋을 거 같아요.

🎯 칠판 나누기 찬반 토론이란

학생의 토론을 선생님이 도와서 진행하는 방식으로 찬성과 반대의 입장으로 나누어 자신의 의견을 말하면 선생님이 칠판에 의견을 기록하며 토론을 이끌어 가는 활동이에요. 이 토론 방식은 저학년에 맞춘 형식이에요. 저학년은 듣기가 잘 되지 않고 메모가 쉽지 않아 칠판에 함께 정리하며 토론을 하면 훨씬 효율적이에요. 저학년뿐 아니라 찬반 토론을 처음 할 때 유용하게 쓰일 수 있는 방법이기도 합니다.

자리는 양쪽으로 나누어 앉혀 주세요. 그래야 반론을 생각할 때 서로 이야기하며 혼자 쓰기 힘들어하는 친구들도 도움을 얻고 서로의 주장에 힘을 실을 수 있어요.

🎯 칠판 나누기 찬반 토론의 순서

칠판 나누기 찬반 토론

토론 주제 칠판에 제시
⬇
입장 정하기
⬇
칠판 가운데 세로 선을 긋고 양측 구분하기
⬇
자신의 이름을 붙임쪽지에 써서 칠판에 붙이고 양측 자리로 이동 (꼭 인원을 반씩 나누지 않아도 됩니다)

↓
학습지에 자신의 입장에 따른 주장과 근거 쓰기
↓
찬성 팀 발표 차례로 시키며 칠판에 교사가 메모
↓
반대 팀 발표 차례로 시키며 칠판에 교사가 메모
↓
자신의 입장과 반대 입장 주장에 대한 반론 학습지에 쓰기
↓
반대 팀 발표
↓
찬성 팀 발표
↓
입장 순서 없이 자유 토론

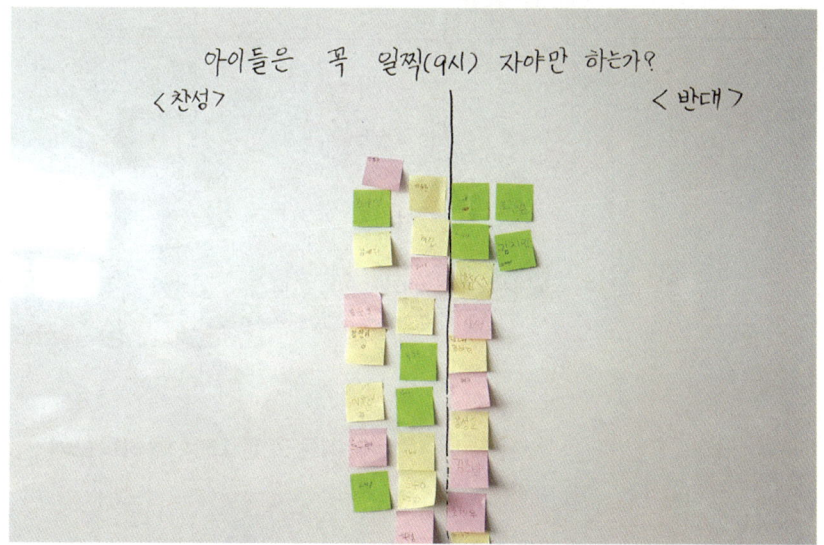

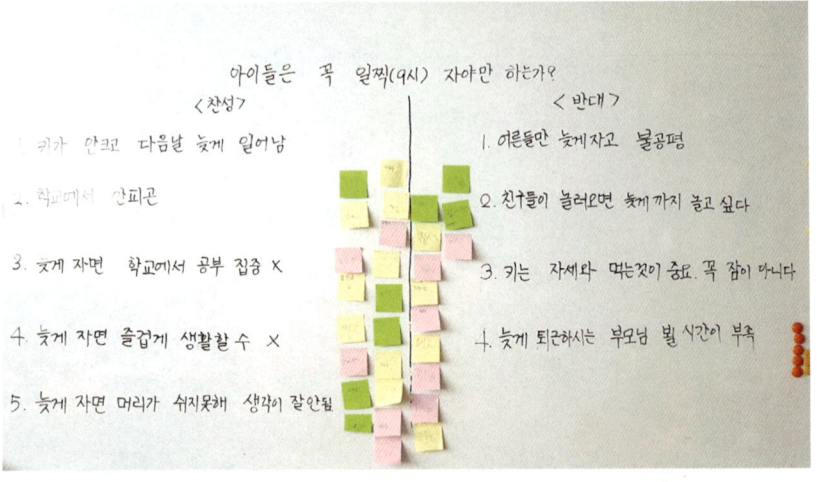

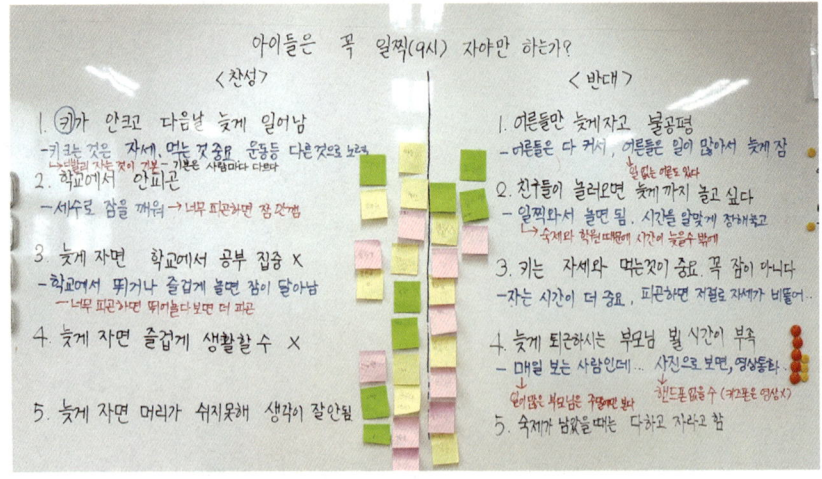

아이들 토론 내용 들여다보기

◎ 일찍 자야만 한다

1. 일찍 자지 않으면 키가 안 큰다.
   - 키 크는 것은 자세와 먹는 것이 중요하고 운동 등 다른 것으로 노력하면 된다.

- 빨리 자는 것이 기본이다.
- 기본은 사람마다 다른 것이다.
2. 일찍 자고 일어나면 학교에서 피곤하지 않다.
    - 피곤하면 세수로 잠을 깨우면 된다.
    - 너무 피곤하면 세수로도 잠이 안 깬다.
3. 다음 날 늦게 일어나면 학교에서 공부 집중이 안 된다.
    - 학교에서 뛰거나 즐겁게 놀면 잠이 달아나 집중할 수 있다.
    - 뛰어노는 것은 오히려 더 피곤하게 만들 수 있다.
4. 늦게 자면 즐겁게 학교생활을 할 수 없다.
5. 늦게 자면 머리가 쉬지 못해 생각이 잘 안 된다.

◎ 일찍 안 자도 된다

1. 어른들만 늦게 자고 불공평하다.
    - 어른들은 더 이상 클 필요가 없는 다 큰 사람들이다.
    - 어른들은 일이 많아서 늦게 잘 수밖에 없다.
    - 일이 없이 핸드폰만 하는 어른도 있다.
2. 오랜만에 친구들이 놀러 오면 늦게까지 놀고 싶다.
    - 시간을 정하거나 일찍 와서 놀면 된다.
    - 숙제와 학원 때문에 시간이 부족해 늦을 수밖에 없다.
3. 잠을 늦게 잔다고 키가 안 크는 것은 아니다. 키는 자세와 먹는 것이 중요하다.
    - 그런 것도 중요하지만 자는 것이 더 중요하다 피곤하면 저절로 자세가 비뚤어진다.
4. 늦게 퇴근하시는 부모님 뵐 시간이 부족하다.
    - 매일 보는 사람이다.
    - 일이 많은 부모님은 매일 볼 수 없고 주말에만 보기 때문에 보고 싶다.

- 사진이나 영상통화를 하면 된다.
- 핸드폰이 없을 수도 있고 키즈폰은 영상통화가 안 된다.
5. 숙제가 남았을 때는 다하고 자라고 하고 때에 따라 다르게 말씀하신다.

아이들 토론 학습지

토론을 해 봐요

이름 (   )

토론 주제 : 아이들은 꼭 일찍 자야만 하는가?

1. 자신의 입장과 근거를 써 주세요.

내 입장	
그렇게 생각하는 이유	

2. 친구들의 찬성, 반대 의견을 다 듣고 난 이후에 활동해 주세요.
발표한 친구들의 입장을 보고 반대 의견이 있는 것을 적어 주세요.

친구의 의견	
반대 의견	
친구의 의견	
반대 의견	
친구의 의견	
반대 의견	

고민 비행기

- 고민 비행기
  - 같은 색깔 색종이에 익명으로 가족관계에서의 고민 적기
  - 비행기 모양으로 접기
  - 교실 천장의 한 가운데를 향해 신호에 맞추어 비행기 날리기
  - 한 사람당 하나씩의 고민 비행기 줍기
  - 짝과 함께 고민 해결하기 (둘이서 함께 두 개의 고민 해결)
  - 칠판에 게시하기

색종이에 고민 쓰기

같은 색깔 색종이를 사용해요. 그래야 익명의 의미가 있어요.
"이런 고민이 있는데 어떻게 해결해야 할까요?" 또는 "이런 일로 속상해요. 어떻게 할까요?"라는 식으로 쓰도록 안내해요.

고민 비행기 교사 발문

고민을 적은 색종이를 교실 천장 가운데를 향해 선생님의 신호에 맞추어 날릴 거예요. 그리고 친구들은 그 비행기를 하나씩 줍지요. 이때 내 고민을 다시 주울 수 있어요. 하지만 괜찮아요. 익명이라 아무도 모를 뿐 아니라 짝과 함께 고민을 해결할 거니까요. 그리고 나의 고민을 나 스스로 생각해 보는 것도 좋은 방법이니까요. 그럼 날릴 준비가 되었나요? 하나 둘 셋!!!

내가 주운 비행기와 짝이 주운 비행기를 자리로 돌아와 펼쳐 봐요.
고민이 적힌 색종이 밑에 붙임쪽지를 이용해 다른 색으로 고민 해결 방법을 적어 주세요. 그리고 둘이서도 잘 모르겠다 싶을 때는 모둠 친구에게 도움을, 그래도 힘들 때는 선생님과도 함께 의논해 보세요. 그렇게 해결된 고민은 칠판에 붙여 주세요. 익명으로 고민을 털어놓았기 때문에 본인에게 들려줄 수가 없어서예요. 칠판에 게시된 여러 가지 고민과 해결 방법을 보면서 자신의 고민 해결에 도움을 받아 보세요.

고민 비행기 날리기

짝과 고민에 대한 해결 토의하기

아이들의 고민과 해결 방법

늦게까지 놀다가 집으로 돌아가려고 하니까 너무 무서워요. 오빠에게 데리러 오라고 했는데 귀찮다고 싫다고 하더라고요. 어떻게 해야 할까요?
➡ 영상 통화를 해서 친구나 가족과 대화하면서 가 봐.

동생이 잘못했는데 엄마가 나보고 잘못했다고 해서 속상했는데 어떻게 해결해야 할까요?
➡ "동생이 아직 어리니까 거짓말을 할 수도 있잖아요."라고 솔직하게 말해 봐.

아빠가 술을 많이 마시고 담배를 피우고 해서 슬퍼. 어떻게 하면 좋을까?
➡ 술과 담배를 하면 간이 안 좋아진다고 말하고. 소중한 아빠를 잃고 싶지 않다고 해 봐.

더 놀고 싶은데 엄마는 공부만 하라고 해. 그래서 난 불편해. 그리고 동생이 때리면 내 잘못이래.
➡ 말랑말랑한 걸 만져 봐. 그러면 기분이 괜찮아져.

동생이 방을 어질러 놓았는데 나보고 치우라고만 하고 동생은 말을 잘 안 들어서 속상해. 어떻게 해야 할까?
➡ 가족 규칙을 정해 봐.

항상 동생이 엄마가 하지 말라는 행동을 했을 때 보고 있다가 내가 잘못하면 "언니가 하니까 행동을 똑같이 따라 하잖아!"라고 말해. 그래서 너무 억울해.
➡ 엄마에게 솔직한 기분을 말해 봐. 동생이 잘못한 것은 동생의 잘못이지 내가 아니라고.

게임을 더 하고 싶은데 30분밖에 못해서 고민이야.
➡ 게임을 많이 하면 눈도 나빠지고 머리도 나빠져 그러니까 시간을 정해서 하는 게 좋아. 엄마는 너가 미워서 그렇게 말하는 게 아니라 다 너를 위한 거야.

배가 안 고파서 밥을 조금씩 먹는 건데 아빠가 반찬 투정할 거면 빨리 양치하고 자라고 해요.
➡ 아빠에게 솔직한 마음을 담아 편지를 써 봐.

고민이 없는 게 고민이다.
➡ 학원을 많이 다니면 될 거 같아.
※ 고민을 적는 시간, 적을 것이 없다고 투정하는 아이에게 고민이 없는 게 고민이라고 쓰라고 했어요. 그러고는 그 고민을 해결하는 친구들이 답을 재미있게 해 주네요.

사랑의 퍼즐

- 사랑의 퍼즐 만들기
  - 자신의 고민에 대한 해결 방법을 보고 가족에게 전하고 싶은 메시지 생각하기
  - 퍼즐에 그림과 함께 가족에게 전하는 메시지를 담아 퍼즐 완성하기
  - 가정으로 돌아가 퍼즐을 맞춰 보라고 전하고 퍼즐이 완성되면 자신이 전하고 싶은 메시지를 전하기

Tip 퍼즐 만들기

시중에 그림이 없는 하얀 퍼즐 세트를 삽니다. 그 퍼즐 세트 위에 가족의 모습과 함께 자신이 전하고 싶은 메시지를 담아 그려 주세요. 퍼즐 조각을 쉽게 맞추기 위해서는 처음 완성된 퍼즐을 뒤집은 상태에서 퍼즐 조각 뒷면에 차례대로 번호를 붙여 두면 더 좋아요. 먼저 활동이 끝난 친구는 자신이 그린 그림의 퍼즐을 맞추며 놀이 활동을 하고 있으면 됩니다. 단 비닐 봉투를 준비하여 가정으로 가져갈 때 조각을 잃어버리지 않도록 유의해 주세요.

아이들의 성장 이야기

- 사랑의 퍼즐을 만들 때 선생님께서 고민 비행기에 적었던 고민을 풀고 있는 그림을 그리라고 하셨다. 나는 나랑 엄마가 안고 있는 그림을 그렸다. 왜냐하면 엄마 품은 따뜻하고 천국 같기 때문이다.
- 학교에서 『망태 할아버지가 온다』라는 책을 읽고 퍼즐을 만들었다. 나는 사랑의 퍼즐에 "엄마 저 좀 안아 주세요."라고 썼다. 그리고 집에 가서 엄마와 퍼즐을 맞추었다. 다 맞추고 엄마가 나를 꼭 껴안아 주었다. 엄마 품이 포근했다. 하늘로 날아오를 것 같은 기분이었다.
- 오늘 사랑의 퍼즐 만들기를 했다. 나는 엄마를 선택했다. 퍼즐 조각이라서 그리기가 힘들었다. 집에서 엄마와 퍼즐을 완성하고 나서 엄마는 깜짝 놀랐다. 나는 기분이 더 좋았다. 풍선이 하늘로 날아 올라가는 기분이었다. 엄마 사랑해요.
- 오늘 고민 비행기를 날렸다. 고민이 풀리고 나니까 속이 시원했다. 고민이 있을 때 또 고민 비행기를 날려야겠다.
- 고민 비행기를 했다. 고민이 비행기를 타고 날아가 버렸다. 기분이 구름 타고 날아가는 기분이었다.
- 사랑의 퍼즐에 나는 "엄마 나를 좀 더 사랑해 주세요."라고 썼다. 그림은 내가 서 있고 그 옆에 하트, 그 옆에는 엄마가 있었다. 아빠는 없었지만 나는 엄마만 사랑하는 게 아니라 아빠도 사랑한다. 아빠에게 죄송하다고 말해야겠다. 그런데 엄마가 퍼즐을 맞추고 글을 보고 나서 "네가 잘해야 엄마가 잘해 주지."라고 말할까 봐 겁났다. 그런데 엄마가 "응, 노력해 볼게."라고 말해 줘서 구름 위로 올라가는 거 같았다.

교사의 성장 이야기

『망태 할아버지가 온다』라는 책은 자극적인 그림과 내용으로 겁이 많은 아이들이 무서워할 수도 있는 책이다. 그러나 읽을수록 말 안 듣는 아이에게 무서움을 주기 위한 책이라는 생각보다 쉽게 화를 내고 야단치는 부모에게 주는 메시지를 담은 책이라는 생각이 든다.

그림책은 글에서 주는 메시지뿐만 아니라 그림으로 수많은 메시지와 감정을 전하는 경우가 많다. 이 책 역시 아이의 변화되는 감정을 그림으로 잘 풀어내 준 책이다. 아이들과 그림을 읽는 법을 배우기에 너무 좋은 책이며 더불어 같은 고민을 갖고 있는 아이들의 이야기를 들어 보는 시간이었다.

그리고 '아이들이 일찍 자야만 하는가?'라는 주제로 토론을 했을 때는 매년 자신의 생활과 직결된 문제라 그런지 적극적으로 자신의 입장에 대한 이야기를 쏟아 내었다. 일찍 자야만 한다고 주장하는 아이들의 이야기는 일찍 자야 성장호르몬이 나와 키가 크고 다음 날 학교생활에 지장을 주지 않는다 등의 매년 반복된 주장이 펼쳐졌지만 일찍 자지 않아도 된다고 주장하는 쪽의 근거는 해마다 다른 이야기들이었다. 왜 일찍 자기 싫은지에 대한 자신의 다양한 이야기들이 펼쳐지기 때문이다. 수년간 해 본 결과 가장 기억에 남는 근거는 2학년 남학생의 '자식으로서 아버지를 보고 잘 권리가 있다.'는 말이었다. 교도관이 직업이셨던 아버지께서 늦은 퇴근을 하는 것이 그 이유였다. 아침에 눈 뜨면 출근하시고 잠이 들면 퇴근해 들어오시기에 일찍 자지 않고 아버지를 보고 자고 싶다는 주장을 듣는 순간 아버지를 사랑하는 그 아이의 마음이 느껴져 감동적인 순간을 맞았었다.

또 고민 비행기를 통해 아이들의 다양한 불평과 불만을 만났지만 사랑의 퍼즐을 만들 때 부모님께 전하고 싶은 메시지를 쓰라는 순간 대부분의 아이들이 "엄마 사랑해요."라는 메시지를 담았다. 화나고 밉고 서운

해도 결국 아이들의 결론은 사랑이라는 것을 깨닫는 순간이었다. 나도 집으로 돌아가 아이의 이야기에 좀 더 귀를 기울이며 꼭 안아 주고 사랑한다고 말해 줘야겠다.

함께 보면 좋은 책 이야기

진정한 챔피언
파얌 에브라히미 글 | 레자 달반드 그림 | 이상희 옮김 | 모래알

최고가 되길 원하는 부모님과 자신의 모습에 만족하는 아이의 입장에 관한 이야기이다. 압틴의 집안 사람들은 모두 덩치가 큰 스포츠 챔피언으로 입술 위에 점이 있지만 압틴은 덩치도 작고 운동도 못하고 입술 위에 점도 없다. 그러나 자신이 잘하는 것이 무엇인지 알고 있다. 그리고 그 방법으로 모두 행복해지는 방법을 찾게 된다. 가족 간의 소통의 문제를 함께 생각해 볼 수 있는 책이다.

함께 있어 참 다행입니다

| 주제 | 가족, 친구

책마중

그대에게 하고 싶은 말

우리는 '안녕'이라는 말을 참 많이 자주한다. 누군가를 만났을 때, 헤어질 때, 그리고 아침에 만나서 인사를 나누었지만 또 만났을 때에도. '안녕'이라는 말은 애틋하고 설레는 말이기도 하다. 마음속으로 간직한 소중한 감정이나, 보고 싶었지만 만날 수 없었던 사람을 향해 조용히 읊조리기도 하는 말이다.

『안녕』의 배경은 지구가 아닌 어느 다른 행성이다. 하지만 이곳도 인간의 삶과 그리 다르지 않다. 가족이 있고, 만남이 있고, 헤어짐이 있다. 또 등장인물들 중 그 누구도 세상의 중심에서 주목받는 인물은 없다. 평범하다고도 할 수 없는, 오히려 외롭고 쓸쓸하며 세상으로부터 떨어져 있다. 참 안녕하지 못한 인물들이다.

『안녕』에는 글이 거의 없다. 인물들의 생각이나 감정을 파악하는 것은 오롯이 독자들의 몫이다. 하지만 소시지 영감이 죽고 나서도 강아지에게 바랐던 마음은, 외로운 폭탄소년이 누군가에게 간절히 듣고 싶었던 그 마음은, 불꽃 아이가 다른 누군가에게 폐 끼치지 않고 살아가고자 했던 그 마음은 모두 '안녕(安寧 : 아무 탈 없이 편안함)'이다. 우리 모두 서로에게 안녕함을 묻고 따뜻한 손을 내밀 수 있길 바란다.

안녕
안녕달 그림책 | 창비

책과 수업

수업 흐름도

본 7차시 중 활동을 선택해서 조직해도 됩니다.

구분 \ 차시	1차시	2~3차시	4차시
배움 활동	함께 읽기	질문 수업하기	월드카페 토의하기
배움 과정	• '안녕'의 뜻 살펴보기 • 모둠이 함께 읽기	• 해시태그 개인 질문 만들기 • 모둠 질문 고르기 • 모둠 대화하기 • 생각 나누기	• 모둠 질문 만들기 • 월드카페 토의하기 • 토의 내용 나누기
배움 조직	모둠 및 개별	모둠	모둠 및 전체
핵심 역량	지식정보처리 역량 공동체 역량	의사소통 역량 심미적 감성 역량	의사소통 역량 공동체 역량

구분 \ 차시	5~6차시	7차시
배움 활동	인물의 마음과 내 마음 느끼기	토닥토닥 손잡기
배움 과정	• 감정카드로 인물의 마음 살피기 • 안녕 그래프로 내 마음 알아보기 • 갤러리 워크로 활동 나누기	• '안녕하십니까?'를 주제로 글쓰기 • 활동 및 소감 나누기
배움 조직	모둠 및 개별	개별 및 전체
핵심 역량	자기관리 역량	자기관리 역량 창의적 사고 역량

함께 읽기

- '안녕'의 뜻 살펴보기
  - 모둠친구들과 함께 다양한 사전을 이용해 뜻 살펴보기
- 모둠이 함께 읽기
  - 모둠별로 책 읽고 느낌 나누기

Tip. '안녕'의 뜻 살펴보기

'안녕'의 뜻을 국어사전과 한자사전을 통해 찾아봐요. 온라인 검색 사전, 종이 사전 등 무엇을 찾아봐도 돼요. 한자사전은 찾기 어려우니 교사가 찾아 알려 주는 것이 좋아요. 또 언제 '안녕'이라고 말하는지 다양하게 이야기하면 자연스럽게 자신의 경험을 나누고 이야기해요.

'안녕'의 의미 살펴보기

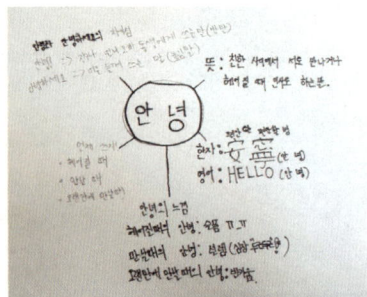

Tip. 함께 읽기

모둠 친구들과 함께 책을 읽어요. 이 책은 글이 없고 그림으로 이루어진 책이기에 천천히 그림을 살펴보는 것이 필요해요. 책이 많으면 좋겠지만, 적으면 최대한 모여서 천천히 책을 읽는 것이 좋아요.

모둠별 태도나 분위기에 따라 읽는 속도도 다르고, 이야기의 수준도 달라요. 가장 늦게 읽기 시작했지만 가장 빨리 읽은 모둠(모둠①)이 있고,

가장 빨리 시작했지만 가장 늦게 끝낸 모둠(모둠②)도 있어요. 분위기는 이후 활동 결과에도 영향을 미쳐요. 모둠①은 다음 활동인 질문 만들기도 대강하고 책과 관련 없는 것에 집중하지만 모둠②는 자신의 생각을 거침없이 나타내고 질문의 수준도 높아요. 때문에 이 책을 읽을 때는 특히 분위기를 잘 조성하는 것이 중요해요.

함께 책 읽기

 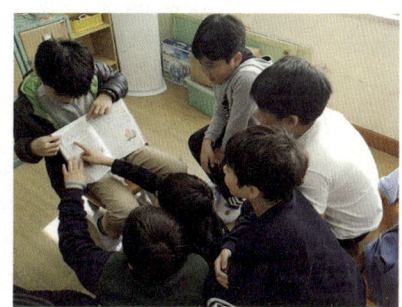

질문 수업하기

- 해시태그로 개인 질문 만들기
- 모둠 질문 고르기
- 모둠 대화하기
- 생각 나누기

해시태그 질문 만들기

이 책은 글이 거의 없고 각자 이해하는 정도가 달라 질문 만드는 것이 어려워요. 해시태그 질문 만들기는 질문을 만드는 데 도움을 주는 활동이에요. 먼저 종이 한 장에 모둠 친구들의 수만큼 칸을 나눠요. 자기 칸 안에 책을 읽고 난 뒤 생각나는 낱말이나 생각 세 가지를 해시태그(#)를 붙여 써요. 그 다음 해시태그 낱말이 들어가게 질문을 만들어요. 다양하게 변형해서 질문 만들기를 할 수도 있어요. 이 활동은 다른 친구들의 활동을 보고 참고할 수 있고, 다양한 질문을 한 눈에 볼 수 있어 좋아요.

교실 장면

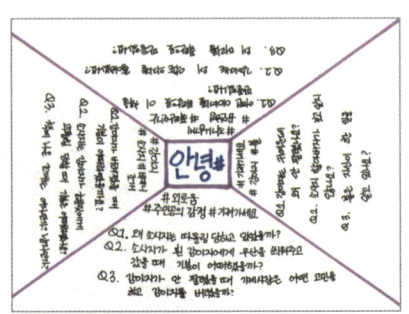

해시태그(#)	질문 만들기
# 외로움 # 주인공의 감정 # 가져가세요	Q1. 왜 소시지는 따돌림 당하고 있었을까? Q2. 소시지가 흰 강아지에게 우산을 씌워 주고 갔을 때 기분이 어떠했을까? Q3. 강아지가 안 팔렸을 때 가게 사장은 어떤 고민을 하고 강아지를 버렸을까?
# 강아지 # 소시지 # 비키니 조개	Q1. 강아지가 버려졌을 때 기분은 어떠하였을까요? Q2. 소시지는 강아지가 초콜릿에게 괴롭힘 당할 때 기분은 어떠하였나요? Q3. 책에 나온 조개는 남자인가? 여자인가?
# 작가님께 # 곰 인형 # 폭탄 인간	Q1. 어떤 이야기를 바탕으로 이 책을 만들었나요? Q2. 강아지는 왜 약손 의자를 좋아했나요? Q3. 왜 머리를 폭탄으로 만들었나요?

해시태그(#)	질문 만들기
# 가져가세요	Q1. 강아지는 귀여운데 왜 안 팔렸나요?
# 강아지	Q2. 소시지 할아버지가 보고 싶지 않나요?
# 불	Q3. 불은 자신이 한 일을 알고 있나요?

📖 모둠 질문 고르기

모둠 친구들과 함께 질문을 살펴보고, 우리 모둠의 대표 질문을 골라요. 질문을 고르는 기준은 아래와 같아요.
① 책의 내용을 잘 담고 있는 질문
② 친구들의 생각이 궁금한 질문
③ 다양한 대답이 나오는 질문
④ 질문할 의미가 있는 질문

기준을 생각하지 않으면 자기주장이 강하거나 공부를 잘하는 친구의 질문을 선택하는 경우가 많아요.

'선택되지 않은 좋은 질문'이 있어요. 그럴 때는 교사가 따로 질문을 적어 두고 생각을 나눠요.

모둠 질문
- 소시지 할아버지는 왜 강아지를 데리고 왔나요?
- 폭탄아이의 머리를 왜 폭탄으로 했나요?
- 불이 왜 물에서 안 꺼졌나요?
- 왜 주인공을 사람으로 안 하였나요?
- 강아지는 귀여운데 왜 팔리지 않았을까요?
- 별사탕 캐릭터는 왜 그렇게 생겼나요?
- 소시지의 어머니가 떠날 때 제목처럼 슬픈 "안녕"을 남기고 가셨을까?

모둠 질문을 고르고 나면 큰 종이에 적은 뒤 칠판에 게시해요. 게시가 다 되면 다른 모둠의 질문 중에서 모둠토론하고 싶은 질문을 하나 선택해요. 다른 친구들의 생각을 나누고 미리 답해 보는 기회가 되기 때문에 의미 있어요.

- 모둠 질문을 선택할 때, 무조건 자신의 질문을 선택하고 싶어 하는 이유가 있어요. 친구들이 설득하고, 공감하고, 기준과 규칙을 이야기해도 토라지고 화내요. 자신이 생각해도 다른 질문이 더 적합하지만 자존심이나 고집 때문에 꺾지 않아요. 어떻게 하는 것이 좋을까요? 이때는 교사가 개입하는 것이 필요해요. 모둠 질문을 따로 두 가지를 쓴 뒤 칠판에 게시하여 다른 모둠 친구들이 스스로 선택하게 해요. 아이들도 판단하고 생각하기 때문에 자연스럽게 더 나은 질문을 선택해요.
- 정말 좋은 두 질문을 두고 고민하는 모둠도 있어요. '왜 이 질문을 선택하고 싶은지' 물어보면 선택하는 데 도움이 돼요.

🗨 모둠 대화하기

선택한 질문으로 모둠 대화를 해요. 각자의 생각을 나누다 보면 생각이 모아지고 생각하지 못한 것도 찾을 수 있어요.

 # 소시지 할아버지는 왜 강아지를 데리고 왔나요?
- 외로워서
- 먹으려고 하는데 정이 들어서
- 초콜릿들을 피해서 훈련시키고 자기가 죽어서도 잘 살게 하려고
- 친구가 많이 있게 하려고. 다른 사람은 강아지가 있는데 자기만 없어서

왜 주인공을 사람으로 안 하였나요?
- 사람보다 다른 인물들이 감정을 더 잘 표현할 수 있어서
- 등장인물을 가지각색으로 표현할 수 있어서
- 이곳은 지구가 아니기 때문에
- 자기만의 캐릭터로 해 보고 싶어서
- 사람보다 소시지가 더 그리기 쉬워서
- 소시지 캐릭터도 다른 캐릭터와 교감할 수 있어서

불이 왜 안 꺼졌나요?
- 만화라서
- 머리까지 물이 안 닿아서
- 겉모습은 불인데, 속마음은 물처럼 차가워서
- 불 모양 모자여서

소시지의 어머니가 떠날 때 제목처럼 슬픈 "안녕"을 남기고 가셨을까?
- 아쉬운 안녕을 남기고 갔을 것 같다.
- 기쁜 안녕을 남기고 갔을 것 같다. 그 이유는 마음이 편안할 것 같기 때문이다.
- 안녕을 남기지 않았을 것 같다.

아무것도 하지 않는 아이가 있어요. 이 아이가 왜 아무것도 하지 않는지 알아야 해요. '하기 싫어서'하지 않는다면 약속을 해요. 말하지 않아도 되지만 열심히 듣고, 다른 행동을 하지 않는다고요. 비록 토론하는데 의견을 내지는 않지만 다른 친구들의 활동을 보는 것만으로도 분명 의미 있는 시간이 돼요. 만약 '참여하고 싶은데 무엇을 말해야 할지 몰라서' 토론하지 못하는 아이가 있다면 교사가 도와줘야 해요. 모둠 질문과 관련된 다른 질문을 하면서 아이가 내용을 파악하고 조각나 있는 생각

을 모을 수 있게 해요. 이 아이가 자신의 의견을 낼지, 내지 않을지는 알 수 없지만 자신의 의견을 생각해 보았다는 것이 중요해요.

월드카페 토의하기

- 장면 질문 만들기
  - 주어진 장면을 보고 질문 만들기
- 월드카페 토의하기
  - 모든 모둠을 다니며 장면 질문에 대하여 생각 나누기
- 토의 내용 나누기

 장면 질문 만들기

이 책은 양이 많아 아이들의 해석과 감상이 제각각이에요. 그래서 앞선 활동에서 다뤄지지 않은 중요한 내용을 좀 더 생각해 볼 필요가 있어요.

교사가 중요하다고 생각한 장면을 제기하기 때문에 아이들에게는 이해하기 어려울 수 있어요. 교사가 내용에 대한 질문을 이어 나가면 도움이 돼요.

교실 장면

152-159쪽 장면에서 장면 질문 만들기

교사 Q 불꽃아이가 물이 가득한 튜브 안에 있어. 왜 그럴까?
학생 A 물이 없으면 불이 나기 때문이에요.
교사 Q 불이 안 나도록 조심하면 될 것 같은데 왜 안 나오려고 하지?
학생 A 자기 마음대로 안 되니까 그런 거 아닌가?
학생 A 불쌍해. 그래서 더 화가 나는가 봐.

◎ 선택한 장면

쪽수	내용
64-69	강아지가 가게 앞에서 비를 맞고 있다. 소시지 영감은 자신의 우산을 강아지에게 씌워 주고 다시 길을 나선다. 비가 그쳤지만 강아지는 계속 줄에 묶여 자신을 데려가 줄 주인을 기다리고 있다. 그 모습을 본 소시지 영감을 강아지를 데리고 자신의 핑크색 집으로 데려간다. 하지만 집에 들이지는 않고 마당에 풀어 둔다. ➡ 만든 질문 : 왜 집을 핑크색으로 했을까?
94-101	동네 초콜릿 아이들이 강아지에게 물건을 집어 던지며 괴롭힌다. 그 모습에 소시지 영감이 강아지를 집 안으로 데려온다. 강아지의 친근한 표현과 애교에 배를 쓰다듬어 준다. 강아지가 소시지 영감을 핥자 다시 문 밖으로 보낸다. ➡ 만든 질문 : 강아지는 왜 소시지 할아버지를 먹으려고 했나요?
112-123	초콜릿 아이들이 강아지를 다시 괴롭힌다. 소시지를 미끼삼아 강아지를 놀리고 장난치는 모습에 소지 영감은 다시 집 안으로 데려온다. 자신을 먹을까 두려워 우주복 같은 보호복을 입고 있다. 지친 소시지 영감이 의자에 털썩 앉는다. 그때 강아지가 다가와 소시지를 옆에 두고 기쁜 얼굴로 소지지 영감을 바라본다. 소시지 영감은 보호구를 벗고 강아지를 품 안에 꼬옥 안는다. ➡ 만든 질문 : 소시지 할아버지는 왜 우주복을 벗었나요?

쪽수	내용
152-159	소시지 영감이 세상을 떠났다. 소시지 영감이 늘 앉아 있던 약손의자에도 앉아보고 거실도 거닐어 본다. 어디에도 소시지 영감이 없자 강아지는 밖으로 나온다. 하지만 강아지에게 관심을 가지는 이는 아무도 없다. 강아지는 숲 속에 들어가고 그곳에서 폭탄머리를 한 아이를 만난다. 함께 더 깊은 숲 속으로 들어오고 그곳에서 물이 가득 찬 튜브 안에 들어가 있는 불꽃 아이를 만난다. 불꽃 아이에게 다가가지만 불꽃 아이는 자신이 위험하기 때문에 가라고 한다. 하지만 둘은 점점 더 불꽃 아이에게로 다가간다. ➡ 만든 질문 : 개와 폭탄은 불이 위험한 걸 아는데 왜 주변에 갔나요?
160-169	셋은 함께 숲속을 빠져나온다. 폭탄머리를 한 아이 머리에 불꽃이 붙었다. 어느새 점점 심이 짧아져 간다. 불꽃 아이가 지나온 자리에는 불이 붙고 점점 불길이 커진다. 그 모습에 불꽃 아이는 괴로워하지만 강아지와 폭탄머리 아이는 알지 못한다. 오히려 기쁘게 반겨 준다. ➡ 만든 질문 : 불은 산을 태우고 있는데 왜 아무도 몰랐을까?
234-239	소시지 영감은 죽은 이를 위한 별에서 세 아이의 모습을 지켜보고 있다. 소시지 영감은 강아지가 밖으로 나온 순간부터 초조하다. 강아지가 폭탄머리 아이와 불꽃 아이를 만나고 함께 길을 나서자 불안함과 두려움으로 온 몸을 떨며 긴장한다. 하지만 강아지로 인해 폭탄의 불이 꺼지자 안도한다. 세 아이가 함께 평온하게 잠든 모습을 지켜보던 소시지 영감의 표정이 미묘하게 변한다. ➡ 만든 질문 : 소시지 할아버지는 왜 아무 소리도 내지 못했을까?

🌐 월드카페 토의하기

월드카페는 각 모둠이 만든 질문을 모둠별로 이동하면서 모두 살펴보고 답해 보는 활동이에요. 모둠 질문을 종이에 써서 책상 위에 올려 둬요. 그리고 다른 모둠으로 이동해 질문에 답해요. 이때 한 명은 자리에 남아(카페 지킴이) 다른 친구들에게 질문을 소개하고 나눈 이야기를 정리하는 역할을 해요. 5분 정도 이야기 나눌 시간을 줘요. 시간이 다 되면 다음 모둠으로 이동해 또 이야기 나눠요.

지킴이 대사 2모둠 질문카페에 오신 것을 환영합니다. 234쪽에서 239쪽의 내용을 질문으로 만들었습니다. 내용은 책상 위의 책을 봐 주세요. 우리 모둠의 질문은 '소시지 할아버지는 왜 아무 소리도 내지 못했을까?'입니다. 여러분들의 생각을 이야기해 주세요. (친구들이 이야기하는 동안 열심히 듣고, 요약해 정리한다.)
정리하겠습니다. 4모둠의 의견을 모아 책상 위의 붙임종이에 써 주세요. (붙임 종이를 질문 종이에 붙인다.)
이제 다른 모둠의 생각을 나누겠습니다. 1모둠은 '소심한 성격이라서'라고 이야기 나눴고 3모둠은… (이하 생략).

월드카페 활동

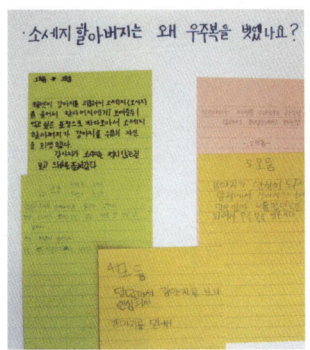

월드카페 활동이 끝나면 자기 모둠으로 돌아와 다른 친구들의 의견을 살펴보고 발표해요. '질문+우리 모둠의 생각과 비슷한 답변+우리 모둠의 마음에 드는 답변+(예상치 못한 답변)'을 발표해요. 모둠

평가가 자연스럽게 이루어지고, 길지 않기 때문에 모두가 집중할 수 있어요.

◎ 월드카페 질문

모둠 Q 소시지 할아버지는 왜 우주복을 벗었나요?
- 강아지를 믿어서
- 앞 장에서 강아지가 소시지를 먹지 않아 나를 안 먹는 걸 알게 되어서 우주복을 벗은 거다. 강아지가 안심이 되어서
- 용기가 생겨서
- 답답해서
- 소시지 할아버지가 강아지를 위해 자신을 희생한 것이다.

모둠 Q 소시지 할아버지는 왜 아무 소리도 내지 못했을까?
- 소심한 성격이라서
- 원래 말이 없는 캐릭터라서
- 친구들이 잘 있어서
- 소시지 할아버지가 아무 소리를 못 낸 게 아니라 거미가 아무 소리도 못 낸 거다.
- 강아지가 친구들이랑 잘 놀고 있어서
- 거미가 입이 없어서

모둠 Q 강아지는 왜 소시지 할아버지를 먹으려고 했나요?
- 먹으려고 한 게 아니라 애교를 부렸는데 소시지 할아버지는 오해한 것 같다.
- 먹으려고 한 게 아니고 애정표현을 하는 것이다. 그리고 좋아서 하는 것이다.
- 먹지 않고 발 냄새를 좋아해서 그런 것이다.

- 소시지 할아버지가 좋아서

모둠 Q 개와 폭탄은 불이 위험한 걸 아는데 왜 주변에 갔나요?
- 불이 위험한 줄 모르고 갔을 수도 있고 폭탄아이가 추워서 강아지가 데려갔을 것 같다.
- 호기심 때문에
- 외로워 보여서, 같이 놀고 싶어서
- 모두 혼자여서 친구가 되려고
- 할아버지를 대신할 사람을 찾고 있어서
- 위험한 걸 몰라서

모둠 Q 왜 집을 핑크색으로 했을까?
- 주인공 할아버지가 분홍색이라
- 강아지, 할아버지 모두 친구가 없고 할아버지에게서 자기 자신의 모습을 봐서
- 소시지 색이 핑크색이고, 그 집에서 살고 싶어서

모둠 Q 불은 산을 태우고 있는데 왜 아무도 몰랐을까?
- 친구를 사귀어서 기분이 좋아 정신이 없어서 불이 났는지 모른 것 같다.
- 자신에 대한 관심이 없어서
- 자신도 뜨거워서 주변의 열기를 느끼지 못했다.
- 불, 강아지, 폭탄아이는 앞을 보는데 불은 뒤에서 생겨서

인물의 마음과 내 마음 느끼기

- 감정카드로 인물의 마음 살피기
  - 각 인물의 마음을 감정카드를 이용하여 상상하기
- '안녕 그래프'로 내 마음 알아보기
  - 내 감정의 높낮이 그려 보기
- 활동 나누기
  - 갤러리 워크로 활동 나누기

💡 감정카드로 인물의 마음 느껴 보기

감정카드를 이용하여 각 인물의 마음이 어떠했을지 이야기해요.

> ~했을 때(상황), △△는(대상) ~했을 것 같아(행동이나 감정).
> 왜냐하면 ~했기 때문이야(이유).

라고 말해요. 만약 이유나 마음을 생각하기 어려우면 모둠 친구들이 도와줄 수 있어요.

교실장면

인물 : 강아지

- 소시지 할아버지가 돌아가셨을 때, 강아지는 무슨 일이 일어났는지 몰라서 어리둥절했을 것 같아.
- 강아지가 불꽃 아이를 만났을 때 너무 기뻤을 것 같아. 친구를 만나서 더 이상 외롭지 않기 때문이야.
- 강아지가 안마의자에 앉았을 때 안심이 되었을 것 같아. 소시지 할아버지의 손길과 같다고 느꼈을 것 같아.
- 강아지가 소시지를 주었는데 할아버지가 먹지 않았잖아. 그때 사실 강아지는 좀 서운했을 것 같아. 할아버지가 좋아할 줄 알고 가져왔는데, 드시지 않았잖아.

🅃🄸🄿 '안녕 그래프'로 내 마음 알아보기

나의 '안녕 그래프로' 자신이 언제 긍정적인 감정과 부정적인 감정을 느끼는지 알아봐요. 이 활동은 자기 자신을 좀 더 알아 가고 단단하게 해요. 또 사람마다 기쁨이나 슬픔을 느끼는 것은 모두 다르지만 누군가가 알아주면 큰 위안이 된다는 것을 자연스럽게 느낄 수 있어요.

그래프의 내용은 시간/사건 순서 등 자유롭게 정할 수 있어요. 어떤 아이는 장기간을 나타내고, 어떤 아이는 짧은 몇 년 이내의 감정을 나타내요. 왜 그렇게 정했는지 이야기 나누면 서로를 이해하는 데 도움이 돼요.

나의 '안녕 그래프'

위 그래프를 만든 아이는 4학년 ○○이에요. 영민하고 차분하고 생각이 깊은 친구예요. ○○에게는 3살 어린 쌍둥이 동생이 있는데, 매일 등하교를 챙겨 줘야 해요. 동생들이 미숙아로 태어나 어렸을 때부터 부모님의 관심이 집중되어 있지요. 부모님께는 무뚝뚝한 딸이라고 하는데, 교사인 저에게는 정말 밝고 애교도 많고 귀여운 아이였지요. 부모님과 상담을 하면서 많이 놀랐어요. 이 그래프의 그림을 보니 부모님의 온전한 사랑을 원한다는 것, 그것에 대한 화가 있다는 것을 알 수 있었어요.

갤러리 워크로 활동 나누기

갤러리 워크는 자신의 활동 결과를 책상 위 또는 칠판 등에 게시하고 이동하며 살펴보는 활동이에요. 친구들과 함께 작품을 살펴보며 자연스럽게 이야기 나눠 보도록 해요.

토닥토닥 손잡기

- '안녕하다는 것'을 주제로 글쓰기
  - 내가 생각하는 '안녕'에 대하여 글쓰기
- 활동 및 소감 나누기
  - 서클로 활동 나누기

Tip '안녕하다는 것'에 대해 글쓰기

지금까지 '안녕'의 의미와 '나-우리'의 관계에 대하여 생각해 보았어요. 이제 자신의 생각과 마음을 글로 정리해 봐요. 이 주제가 어려울 수 있지만 아이들은 자신이 이해하는 대로 써요. 자신이 편안함을 느낄 때가 언제인지, 자신이 진심으로 안녕이라고 말할 때가 언제인지 다양하게 표현해요. 일기, 편지, 설명하는 글 등 다양한 형식으로 쓸 수 있어요.

◎ 학생 예시 작품

'안녕하다'는 보통 헤어질 때, 만날 때 쓰는 말이다. 하지만 내가 생각하는 안녕은 '누군가가 돌아가셨을 때', '누군가와 다시는 못 만날 때'인 것 같다. 왜냐하면 안녕이라는 말은 '당신이 편안하길 바랍니다.'라는 뜻이니, 누군가가 돌아가셨을 때 그렇게 편안하라고 기도하고, 누군가와 다시는 만나지 못할 때도 그렇게 기도하고 싶고 그렇게 할 것이기 때문이다. ○○이에게 '안녕하다'고 해 주고 싶다. ○○이는 이제 이사를 가서 다시는 못 보니 '당신이 편안하길 바랍니다.'라는 뜻으로 안녕이라고 해 주고 싶다.

Tip 활동 및 소감 나누기

지금까지 모든 활동을 마무리하고 소감을 나누는 활동이에요. 옆자리 친구에게 '친구야. 너는 안녕하니? 괜찮아?'라고 물어봐요. 그러면 자신이 안녕한지, 안녕하지 않다면 왜 그런지 이야기해요. 자신의 이야기가 끝나면 다시 옆자리 친구에게 '친구야. 너는 안녕하니? 괜찮아?'라고 물어봐요.

누군가에게 물어보고, 위로해 주는 것은 간단해 보이지만 마음의 준비가 필요한 일이에요. 마음이 힘든 친구에게는 토닥토닥 손잡아 주었어요. 따뜻하게 친구에게 인사하고 '괜찮아?'라고 물어봐 주는 것이 얼마나 소중한 일인지 다 함께 느낄 수 있었어요.

책과 성장

아이들의 성장 이야기

- 나에게 '안녕'이라는 것은 "잘 가/다음에 보자"라는 말인 것 같다.
- 헤어질 때, 만났을 때 쓰는 인사. 헤어질 때 기분은 기쁜 안녕, 슬픈 안녕, 아쉬운 안녕 등. 만났을 때 기분은 기쁜 안녕, 반가운 안녕, 행복한 안녕. 안녕은 나에게 편안하고 평화로운 인사이다. 그리고 상대방에게 기분 좋게 해 주는 것 같고 또 다른 안녕은 반대인 것 같지만 나는 안녕이 좋다.
- 아무리 잘 모르는 사람이나 친구여도 이 한 단어면 좀 더 가까워 질 수 있고, 좀 더 친해질 수 있다. 안녕 하나로 감정을 느낄 수 있다.
- 나의 '안녕'은 인사할 때 쓰는 안녕이다. 따뜻한 안녕을 사람들에게 나누면 어떨까?
- 나에게 '안녕'이란 이사를 해서 친구들과 선생님과 헤어져야 하기 때문에 헤어질 때의 안녕이다. 하지만 언젠가 다시 만날 수 있으니 만났을 때의 안녕이다. 이것이 나의 안녕이다.

교사의 성장 이야기

『안녕』은 작가인 안녕달의 이름만을 보고 선택한 책이다. 처음 몇 장을 보고는 후회했다. 조금은 엽기적이고 난해한 내용에 당황스러웠다. 다 읽고 나니 이 책은 작가의 고민과 철학이 담긴 작품이라는 생각이 들었다. 이 책은 글이 없고 오직 그림으로만 엮여 있다. 각 인물의 상징은 뚜렷하지만 우리 아이들(4학년)이 이해하기 어려웠다. 그래서 목표를 '① 책 속 인물 이해하기 ② 나와 다른 사람의 관계 생각하기'로 정하고 활동을 시작했다. 아쉬운 점은 1차시 활동과 2~3차시 활동 간에 시간 간격이 너무 길었다는 것이다. 학급의 사정으로 책을 읽고 약 2주 뒤에 질문 만들기를 하였다. 그 사이 책을 읽으며 느꼈던 감정과 감동이 모두 옅어져 몰입하지 못했다. 이 수업을 구성하는 선생님은 시간을 넉넉하게 확보하여 짧은 시간 내에 활동하는 것이 좋겠다.

이 수업을 하며 아이들에게서 큰 영감을 얻었다. 아이들은 교사가 생각지 못한 부분을 흥미로워하고, 감동을 받았다. 예를 들어 해시태그 키워드로 '70% 세일'이나, '가져가세요'를 쓴 아이들이 많았고, 교사가 중요하다고 생각했던 불꽃이나 폭탄의 의미는 생각하지 않았다. 아이들의 느낌과 그 감정을 있는 그대로 받아들이는 것이 교사인 내가 가져야 할 미덕인 것 같다. 학년 말, 이 수업을 마쳤다. 그리고 아이들과 나는 서로의 안녕을 바라며 안녕했다. 진심으로 안녕하기를, 행복하게 자라나기를 바란다.

함께 보면 좋은 책 이야기

누가 상상이나 할까요?

주디스 커 글·그림 | 공경희 옮김 | 웅진주니어

주인공의 남편 헨리는 세상을 떠났다. 하지만 할머니의 상상 속에서 남편은 항상 곁에 있다. 함께 만나 춤도 추고 차도 마시며 일상을 나눈다. 주변 사람들은 할머니를 안타까워하지만, 매일 아름다운 여행을 하고 있는 할머니는 행복하다. 반려자의 죽음은 슬픈 일이지만 기억하고 추억하는 사람들에게 마음으로 이어질 수 있음을 보여 주는 그림책이다.

친구는 잡아먹는 게 아니야!
조이 카울리 글 | 개빈 비숍 그림 | 홍한별 옮김 | 고래이야기

사막에는 다양한 동물이 살아간다. 서로 돕고, 어울리기도 하지만 잡아먹기도 한다. 사막의 두 동물은 서로 친구가 되지만 약육강식의 본능은 어쩔 수 없다. 이 두 동물은 진정한 친구가 될 수 있을까?

그는 나에게로 와서 꽃이 되었다

| 주제 | 사랑, 행복, 관계

> 책마중

그는 나에게로 와서 꽃이 되었다

책의 표지에는 촉촉하게 젖은 눈과 삐쭉한 입으로 '나 외로워'라고 외치는 듯한 퍼그 한 마리가 보인다. 반면 책의 뒤표지에는 '아까 그 강아지와 같은 퍼그가 맞나?' 싶을 정도로 순진하고 편안한 표정으로 목걸이를 끌어안고 있는 퍼그가 보인다. 과연 이 강아지는 어떤 이야기를 가지고 있을까?

'혼자인 너에게'는 『나는 퍼그』를 펼치면 보이는 첫 문장이다. 외로운 강아지 퍼그는 목걸이를 착용한 개가 쓰다듬을 받는 장면을 보게 된다. 퍼그는 자신도 목걸이를 하면 누군가에게 사랑받을 수 있다고 생각하게 된다. 목걸이를 찾으려고 가방끈과 벨트 사이를 헤매다 울상인 표정의 퍼그가 보인다. 거리에서 발견한 빵을 먹지 않고 자신의 목에 슬며시 끼우며 기대하는 눈빛을 발산하는 퍼그가 보인다. 아기같이 순수한 마음으로 목걸이를 찾는 퍼그의 모습을 보면 슬며시 웃음이 나오기도 하고, 또 한편 마음이 찡해진다. 한 장, 한 장 퍼그의 모습을 따라가다 보면 우리는 외로운 퍼그의 마음에 공감하게 되고, 퍼그에게 목걸이를 선물할 누군가를 꼭 만나기를 응원하게 된다. 사랑과 행복을 찾는 퍼그의 여정은 우리에게 사랑이 얼마나 소중한 것인지를 깨닫게 한다. 그리하여 나도 주변의 퍼그 같은 친구들에게 꿀벌이나 소녀 같은 따뜻한 존재가 되고 싶다는 마음까지 가지게 된다.

나는 퍼그

카나자와 마유코 글·그림 | 박종진 옮김 | 키즈엠

책과 수업

수업 흐름도

본 4차시 중 활동을 선택해서 조직해도 됩니다.

구분 \ 차시	1차시	2차시	3~4차시
배움 활동	책과 만나기	함께 읽기	좋은 친구 다짐하기
배움 과정	• 감정카드로 표지 살피기 • 경청의 메아리 하기	• 질문 릴레이로 책 읽기	• 모둠 토의하기 • 어울림 컵 만들기 • 좋은 친구 다짐하기
배움 조직	모둠 및 전체	전체	모둠 및 개인
핵심 역량	창의적 사고 역량 의사소통 역량 공동체 역량	의사소통 역량 창의적 사고 역량 심미적 감성 역량	의사소통 역량 창의적 사고 역량 공동체 역량

책과 만나기

- 감정카드로 표지 살피기
  - 퍼그의 표정을 보고, 퍼그의 감정이 무엇인지 추측하기
  - 감정카드에서 퍼그의 감정을 선택하고, 왜 그 감정카드를 선택했는지 모둠에서 이야기 나누기
- 경청의 메아리 하기
  - 앞서 고른 감정을 자신은 어떨 때 느끼는지 생각하기
  - 한 친구가 자신이 선택한 감정을 느낄 때에 대하여 이야기하면, 나머지 친구가 듣고 따라서 답해 주기

감정카드로 표지 살피기

감정카드는 '좋다, 나쁘다'로 막연하게 표현되는 기분을 세심하게 살펴서 표현하도록 도와요. 이 활동에서는 다양한 감정이 적힌 카드를 모둠별로 한 세트씩 줘요. 각 모둠에서는 감정카드를 책상 위에 펼쳐 놓고, 퍼그에게 알맞은 감정카드를 골라요. 이를 위해 학생들은 책의 제목, 표지의 분위기, 인물의 표정 등을 유심히 살피게 되지요. 감정카드를 고른 후에는 고른 카드와 그 이유에 대해 모둠 내에서 돌아가며 발표해요. 비슷한 카드를 골랐다면 그 카드를 고른 이유를 공유하면서 자신의 생각을 좀 더 풍부하게 넓혀요. 서로 다른 카드를 골랐다면 같은 장면에 대한 다양한 해석을 알 수 있어요. 생각의 다양성을 존중하는 기회로 삼을 수도 있지요. 다른 모둠보다 이야기 나누기가 일찍 끝났다면, '~일이 생겨서 퍼그가 (감정)을 느낀 것 같다.'는 식으로 책에 어떤 이야기가 담겨 있을지를 상상해 보도록 해요. 이러한 활동은 앞으로 읽을 책에 대한 호기심을 높여 줘요.

감정카드는 직접 만들 수도 있고, 시중에 판매되는 제품을 사용할 수 있어요. 감정카드를 활용한 수업을 하기 전에, 각 감정에 대해 이야기 나누는 활동이 이뤄지면 원활한 수업이 진행돼요.

두려운	부끄러운	실망스러운	기쁜	슬픈	무서운
미안한	후회스러운	자랑스러운	안타까운	만족스러운	억울한
짜증나는	용기있는	혼란스러운	우울한	부러운	감사한
감동적인	불안한	귀찮은	뿌듯한	놀라운	미운
괴로운	지루한	긴장한	귀찮은	설레는	든든한
그리운	신나는	좌절한	재미있는	막막한	당황한
행복한	사랑스러운	답답한	외로운	서운한	화난

수업 장면

- 슬픈 것 같다. 왜냐면 퍼그의 귀도 쳐져 있고, 울 것 같은 표정이기 때문이다.
- 우울한 것 같다. 왜냐면 퍼그가 힘이 없어 보이기 때문이다.

🆃🅸🅿 경청의 메아리

경청의 메아리 활동은 친구가 한 대답을 듣고, 친구의 답을 따라서 전체가 답해 주는 활동이에요. 앞선 활동에서 수현이라는 학생이 '슬프다'라는 단어를 뽑았다면, 자신이 어떨 때 슬픈지에 대해 이야기해요. 예를 들면 "내가 슬펐을 때는, 친구랑 싸웠을 때야."라고 말합니다. 그러면 그 말을 들은 나머지 친구들이 "수현이는 친구랑 싸웠을 때, 슬프구나."라고 답해 주는 것이지요. 이 활동을 하면, 발표하는 친구의 말을 주의 깊게 듣게 됩니다. 친구들의 메아리를 듣는 친구는 쑥스럽지만 공감을 받게 되지요. 각자 어떨 때 어떤 감정을 느끼는지에 대해 이야기 나누다 보면 서로에 대해 더 잘 알아가게 된답니다.

- 편안하게 발표할 수 있는 분위기가 형성되도록 선생님부터 예시를 들어 발표한 후, 발표 내용이 떠오르는 친구부터 말할 수 있어요.
- 발표의 단위는 모둠 혹은 전체로 가능해요.
- 수업에서는 서클(모두가 둥글게 앉는 형식)로 앉아 발표했으며 발표의 형태는 본 수업처럼 서클의 형태를 비롯하여, 모둠에 앉은 채로 1모둠의 1~4번에서 2모둠의 1~4번으로 이어지는 방식, 모두가 자기 자리에 서 있다가 자신의 발표가 끝나면 앉는 방법 등 다양하게 가능해요.

수업 장면

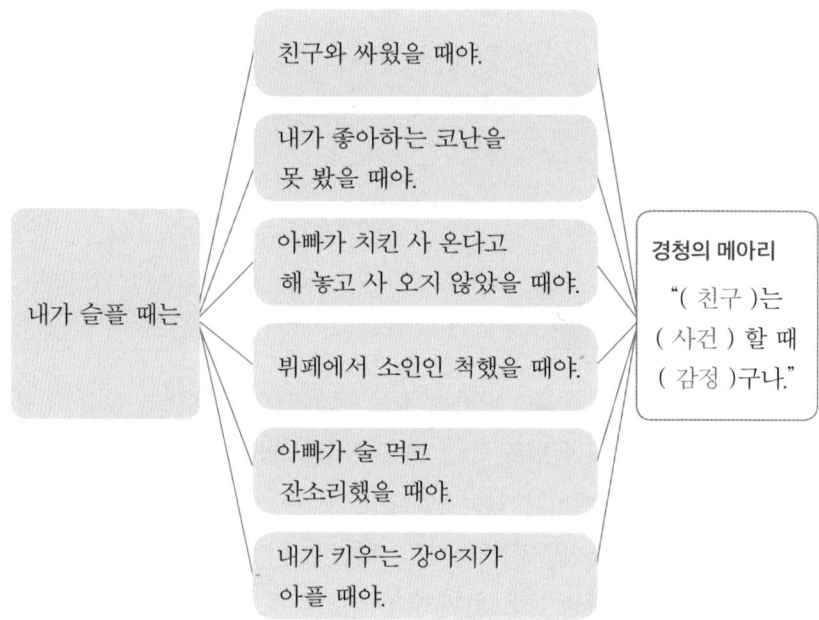

서클 형태로 기린 모양의 토킹스틱을 들고 발표하는 장면
※ 토킹스틱은 질문 릴레이 활동의 자세한 설명 참고

함께 읽기

- 질문 릴레이로 책 읽기
  - 토킹스틱을 든 사람이 한 장면을 읽고, 그 장면에 대한 질문 만들기
  - 토킹스틱을 받은 다음 사람이 질문에 답하고 이어서 다음 장면을 읽은 후, 읽은 장면에 대한 질문 만들기

회복적 생활교육: 토킹스틱과 서클

해당 교실은 '회복적 생활교육'을 실천하고 있는 교실이에요. 따라서 원형으로 둘러앉아 이야기를 나누는 서클의 형태가 익숙해요. 서클 내에서 발표를 할 때는 토킹스틱(기린인형)을 들고 말해요. 교실 중앙에는 안정된 학급 분위기를 형성하는 물건(인형들)인 센터피스를 둘 수도 있어요.

서클과 토킹스틱

1. 서클: 학급 구성원 전체가 원형으로 둘러앉는 형태
2. 토킹스틱: 발언권을 가진 사람이 가지고 있는 도구로써 발언권을 보장하고, 다른 사람들이 경청해야 한다는 규칙을 시각적으로 보여 줌.
※ 교사나 학생에게 의미 있는 다양한 물건을 토킹스틱으로 활용 가능함.

〈서클의 기본규칙〉
① 토킹스틱을 가진 사람만 이야기할 수 있다.
② 다른 사람의 이야기를 경청한다.
③ 서클은 처음부터 끝까지 유지되어야 한다.
④ 서클에서 나온 이야기는 비밀이 보장되어야 한다.

Tip 질문 릴레이로 책 읽기

질문 릴레이로 책 읽기는 모든 친구가 순차적으로 장면을 읽고 질문을 만들며 답하는 전체 활동이에요. 한 친구가 책의 한 장면(한 문장)을 읽고, 자신이 읽은 장면(문장)과 관련된 질문을 만들어요. 그러면 다음 차례의 친구가 그 질문에 대한 답을 하고, 다음 장면을 읽은 후 자신이 읽은 장면에 대한 질문을 만들어요. 해당 수업에서는 서클로 둘러앉아 차례대로 각 장면을 읽고 질문하고 답했어요. 이렇게 읽으면, 각 장면의 문장이나 그림을 주의 깊게 살피게 되고, 듣는 친구들의 집중도도 굉장히 높아져요. 만든 질문과 답을 들어 보면 이야기에 대한 이해 정도도 살펴볼 수 있어요. 또한 구성원 모두가 읽기에 참여할 수 있다는 것도 큰 장점이에요.

- 질문 릴레이 활동 전에는 '질문과 답에는 정답이 없음'을 알려 주는 것이 중요해요. 그래야 아이들이 책 읽기에 집중할 수 있고, 자신의 생각을 부담 없이 표현할 수 있어요. 미리 여러 장의 사진이나 그림을 보면서 질문 릴레이 활동을 해 보면 도움이 돼요.
- 질문 릴레이 전에는 아이들이 나눠 읽을 장면이나 단락을 교사가 나눠서 제시해 주면 더욱 좋아요. 책을 펼쳤을 때 두 쪽에 한꺼번에 드러나는 장면도, 내용에 따라 둘로 나눠서 제시해 주면 질문 만들기가 더 쉬워지기도 하고 뒷 장면에 어떤 내용이 이어질지 더욱 궁금해해요.
- 해당 책은 23장으로 교사의 단락 나눔에 따라 20~26명이 나눠 읽기에 적당해요.

수업 장면

문밖의 퍼그가 문 안쪽을 들여다보면서 '좋겠다'라고 말하는 장면(3쪽)	몸을 숙이고 있는 퍼그가 무언가를 보고 '어?'라고 말하는 장면(7쪽)	빛나는 눈빛의 퍼그가 책상 위의 물건을 바라보며 '흠'이라고 말하는 장면(9쪽)
1. 왜 좋겠다고 했을까?	2. 왜 놀랐을까?	3. 왜 목걸이를 찾을까?
2. 집이 있어서	3. 무언가를 찾아서	4. 목걸이가 있으면 행복해진다고 믿어서
침대에 턱을 괸 퍼그가 무언가를 보고 '앗!'이라고 말하는 장면(11쪽)	초롱초롱한 눈빛의 퍼그가 진열장에 턱을 괴고 빵을 바라보는 장면(21쪽)	크로아상 빵을 자신의 얼굴에 끼우고 기대하는 눈빛의 퍼그가 등장하는 장면(24쪽)
4. 무엇을 봤을까?	5. 왜 빵을 보고 있을까?	6. 왜 빵을 목에 끼웠을까?
5. 목걸이를 봤다	6. 먹고 싶어서	7. 목걸이인 줄 알고
울적한 표정의 퍼그가 인사하는 벌을 바라보며 '으응'이라고 말하는 장면(31쪽)	퍼그가 원형으로 길게 이어진 계단을 벌과 함께 올라가는 장면(33-34쪽)	나무와 꽃이 가득 펼쳐져 있는 장면(35-36쪽)
7. 벌은 언제부터 있었을까?	8. 계단은 왜 올라갈까?	9. 왜 꽃밭에 갔을까?
8. 계속(함께 있었다)	9. 강아지가 많은 곳으로 가려고	10. 가족을 만나려고
퍼그와 벌이 멀리서 소녀의 뒷모습을 바라보는 장면(37-38쪽)	무언가를 집고 있는 소녀의 주변에서 소녀를 조심스럽게 바라보는 퍼그가 등장하는 장면(40쪽)	목에 꽃목걸이를 걸고 벅차고 행복한 눈빛의 퍼그가 등장하는 장면 (43-44쪽)
10. (소녀가)진짜 주인일까?	11. 소녀는 뭘 하고 있을까?	12. 왜 꽃목걸이를 줬을까?
11. 아니다, 멀뚱멀뚱 떨어져 있으니까	12. (선물할)과일이나 꽃을 줍고 있다	13. (퍼그를) 키우고 싶어서

※ 질문과 답 앞에 있는 숫자는 1번 친구, 2번 친구라는 뜻으로, 누가 질문을 만들고 답했는지를 보여 주기 위함이에요.

좋은 친구 다짐하기

- 모둠 토의하기
  - '소녀는 퍼그에게 어떤 친구일까?', '퍼그의 곁에 있는 검정 점은 무엇이며, 왜 주위를 맴돌까?'에 대해 모둠별로 토의한 후 발표하기
- 어울림 컵 만들기
  - 종이컵에 세로로 6줄 나눠 자신의 장점과 단점을 번갈아 쓰기
  - 자신의 단점을 1~5단계로 나눠 표시하고 자르기
  - 자신의 컵에 과자가 얼마나 담겼는지 살피기
  - 친구와 컵을 함께했을 때 과자가 얼마나 담기는지 살피기
- 좋은 친구 다짐하기
  - 어울림 컵 활동에 대한 소감 나누기
  - 이미지 프리즘으로 자신은 어떤 친구가 될 것인지 다짐하기

모둠 토의하기

책에서 핵심이 되는 질문을 교사가 직접 제시했어요. 학생들이 직접 질문을 만들고 답하는 활동도 가능하지만, 때에 따라서 교사가 중요하다고 여겨지는 질문을 선정해서 학생에게 제시할 수도 있어요. 해당 수업의 경우에는 '소녀는 퍼그에게 어떤 친구일까?', '퍼그의 곁에 있는 검정 점은 무엇이며, 왜 주위를 맴돌까?'를 제시했어요. 학생은 질문에 대해 자신의 생각을 학습지에 써요. 적은 내용은 모둠에서 나눈 뒤, 전체 발표를 통해 공유해요.

'소녀는 퍼그에게 어떤 친구일까?' 하는 질문은 외로운 퍼그에게 먼저 손을 내민 것이 얼마나 고맙고 소중한 일인지를 알게 해요. '퍼그의 곁에 있는 검정 점은 무엇이며, 왜 주위를 맴돌까?' 하는 질문은 우리 주변에도 자신이 인식하지 못하지만, 늘 자신을(퍼그) 생각해 주고 살펴봐 주는 존재가 있음을 알려줘요. 그동안은 퍼그의 마음으로 이야기를 읽었다면, 이 활동에서 주변 인물을 자세히 살핌으로써 자신이 어떤 '친구'가 될지에 대해 생각해 볼 수 있어요.

수업 장면

'나는 퍼그'를 읽으며

너에게 난, 나에게 넌

3학년 3반 이름: (김태연)

1. 나는 퍼그를 함께 읽은 뒤, 다음 질문에 대해 생각해봅시다.

■ 소녀는 퍼그에게 어떤 사람일까요?

내 생각: 특별한 사람 왜냐하면 퍼그의 마음은 목걸이를 찾느라 지쳤는데 그 마음을 포근하게 만들어 주어서

■ 퍼그의 곁을 따르는 (벌) 은 무엇이며, 왜 주위를 맴돌까요?

내 생각: 벌은 친구를 만들어 주고 싶으며 퍼그가 혼자가 아니라 누군가와 함께 어울릴수 있는 강아지 라고 알려주고 싶어서

◎ 소녀는 퍼그에게 어떤 친구일까?

- 특별한 사람이다 : 왜냐면 퍼그의 마음은 목걸이를 찾느라 지쳤는데, 그 마음을 포근하게 만들어 주어서이다.
- 천사다 : 왜냐면 처음으로 퍼그에게 사랑을 준 고마운 사람이기 때문이다.
- 가족이다 : 왜냐면 가족이 없는 퍼그에게 사랑을 줬기 때문이다.
- 좋은 친구다 : 왜냐면 퍼그에게 먼저 다가가 주었기 때문이다.
- 좋은 사람이다 : 왜냐면 꽃목걸이를 만들어서 선물했기 때문이다. 그냥 지나치지 않았다.
- 좋은 사람이다 : 왜냐면 (외로운) 퍼그의 마음을 알아줬기 때문이다.

◎ 퍼그의 곁에 있는 (   )은 무엇이며, 왜 주위를 맴돌까?
- 꿀벌은 (퍼그에게) 친구를 만들어 주고 싶으며, 퍼그가 혼자가 아니라 누군가와 함께 어울릴 수 있는 강아지라는 것을 알려 주고 싶어 주위를 맴돈다.
- 꿀벌은 퍼그가 불쌍하고 귀여워서 친구가 되어 주려고 한다. (그런데) 친구를 안 사귀어 봐서 어떻게 해야 할지를 모른다.
- 퍼그가 마음에 들어서이다. 그런데 부끄러워서 말을 못 했다.
- (퍼그와) 친구가 되고 싶고, 말을 걸고 싶어서이다.
- 퍼그와 같이 있고 싶고, 퍼그의 친구가 되고 싶어서이다.

어울림 컵 만들기

준비물

개인별 종이컵 1개, 가위, 사인펜, 쌀과자/죠리퐁(학생에게 비밀)

※ 과자를 비밀로 하는 이유는 활동 전에 과자를 보면 활동에 집중하기 어렵고, 자른 종이컵에 과자를 부어 준다는 것을 알아채면 활동의 목적을 달성할 수 없기 때문이에요. 이 활동에서 과자는 살면서 얻는 배움과 성장을 뜻해요.

활동 방법

1. 종이컵에 세로로 6개의 줄을 그어 6칸을 만든다.
2. 자른 6개의 세로 면 아래쪽에 자신의 장점과 단점을 번갈아 쓴다.
   (장단점 각 3개씩이고, 장단점은 단어로 간단히 쓰도록 한다.)

※ 장단점을 빠르게 쓰고 기다리는 친구는 '인내(기다림)'의 미덕을 갖추도록 해요. 혹은 장점 찾기를 어려워하는 친구의 장점을 찾아 줘도 좋아요.

3. 장점은 그대로 두고, 단점을 쓴 칸에 1~5단계로 눈금을 그린다.
   (내려갈수록 단계가 높아진다. 컵 입구 쪽이 1단계, 컵 바닥 쪽이 5단계)
4. 자신의 단점에 단계를 매겨서, 그 단계에 더 진하게 선을 긋는다.

5. 종이컵에 그려 놓은 세로 선과, 자신이 진하게 그은 가로 선을 오린다.

6. 바닥에 A4용지를 깔고 그 위에 컵을 둔다.

7. 다 자른 종이컵에 과자를 부어 준다. 학생들은 자신의 컵에 과자가 얼마나 담기는지 살펴본다.

※ 이때, 흐른 과자 양을 직접 보는 것이 교육적 효과가 있으므로, 흐른 그대로 둬요.

교사 이 컵은 여러분 자신입니다. 컵 안에 담긴 과자는 여러분이 인생을 살면서 얻게 되는 소중한 배움과 성장입니다. 우리 인생의 소중한 배움과 성장이 밖으로 흘렀습니다. 무엇 때문일까요? (예상 대답: 단점 때문입니다.)

8. '누구에게나 장점과 단점이 있습니다. 그런데 아무리 장점이 많은 사람도 큰 단점을 가지고 있으면, 인생에서 얻을 수 있는 배움과 성장이 줄어들게 됩니다.'라고 말한 후, 어울림 컵에 담긴 과자를 '모둠의 빈 종이'에 다시 모으게 한다.

9. '어떻게 해야 과자를 덜 흘릴까?'를 모둠이 상의하도록 한다.

10. 학생들이 방법을 찾았는지 살피고, 그렇지 않다면 힌트를 준다.
    - 1단계. 컵끼리 겹치기: 밖으로 새어 나가는 과자의 수는 많이 줄어들지만, 아까 전에 모아 둔 모둠의 과자를 모두 담지는 못한다.
    - 2단계(목표). 나의 단점에 친구의 장점을 기대게 하기: 아까 전에 모둠에 모아 둔 과자를 모두 담아도 공간이 남아서 과자를 더 부어 줘야 한다.

어울림 컵

< 준비물 >
종이컵 1개, 가위, 사인펜

흘러 나간 과자

1단계: 컵끼리 겹치기

2단계(목표): 장단점 서로 기대기

- 친구들의 컵을 모아 겹치는 방법은 과자를 흐르지 않게 할 수는 있지만, 모둠에서 기존에 받았던 과자의 총량보다 더 많이 담지는 못해요. 따라서 서로 기대는 방법까지 나아가도록 해요. 목표인 2단계까지 나아가면 개인의 컵에 담을 수 있는 과자의 양(배움과 성장)이 늘어남은 물론이고, 모둠 전체에 담기는 과자의 양 또한 늘어나요. 방법 8에서 개인의 컵에 담겼던 과자를 모둠 중앙에 모은 것도 이 때문이에요. 서로의 장단점을 기대게 한 후, 아까 전에 모아 둔 과자를 부으면, 다 붓고도 공간이 남아서 추가로 과자를 더 부어야 해요. 학생들이 그 과정을 직접 눈으로 보는 것이 교육적 효과가 있어요.

11. '우리들이 서로 기대며 함께 어울리면, 혼자일 때보다 더 많이 배우고 성장할 수 있습니다.'라는 어울림 컵 활동의 의미를 나눈다.

1. 종이컵에 세로로 6개의 줄을 그어, 6칸을 만든다.
(크기 비슷하게)

2. 자른 6개의 세로 면의 밑부분에 자신의 장점과 단점을 번갈아 쓴다.
(장단점 각 3개씩)

장단점은 단어로 간단히!
장점: 솔직, 성실, 웃음, 유머
단점: 미룸, 욕, 욱함, 질투, 참을성X

3. 장점은 그대로 두고, 단점을 쓴 칸에 1~5단계로 눈금을 그린다.

내려갈수록 단계가 높아진다
위쪽 1단계, 컵 바닥 쪽 5단계

4. 자신의 단점에 단계를 매겨서 그 단계에 더 진하게 선을 긋는다.

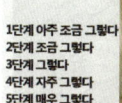

1단계 아주 조금 그렇다
2단계 조금 그렇다
3단계 그렇다
4단계 자주 그렇다
5단계 매우 그렇다

5. 종이컵의 세로선과 진하게 그은 가로선을 오린다.

6. 바닥에 A4용지를 깔고, 그 위에 컵을 둔다.

7. 자신의 종이컵에 담긴 과자를 살핀다. *흘러 나간 과자는 그대로 둔다.

8. 어울림 컵에 담겼던 과자를 모둠 중앙의 종이에 모은다.

*어울림 컵은 다시 텅 빈 상태가 됩니다.
*개개인의 컵에 담겼던 과자들이 모둠 중앙에 다 모입니다.

<모둠원과 상의 3분>
어떻게 하면
밖으로 덜 흐르게 할까?

*자른 것을 다시 붙일 수는 없습니다.
*힌트: 이 활동의 이름은 '어울림' 컵입니다.

📌 좋은 친구 다짐하기

학급 구성원 모두가 둥글게 모여 앉는 서클의 형태로 진행돼요. 이때 토킹스틱을 활용하면 발표자만 이야기할 수 있고 나머지 친구들은 경청해야 한다는 규칙을 시각적으로 보여 줄 수 있어요. 첫 번째 발표는 '어울림 컵 활동 소감'이에요. 어울림 컵 활동이 단순히 놀이에 끝나지 않도록 활동의 의미를 알아본 후 소감을 나눠요.

두 번째는 앞으로 자신이 어떤 친구가 될 것인지를 이미지 프리즘으로 발표해요. 서클 형태로 앉으면 원의 중앙에 빈 공간이 생겨요. 여기에 이미지 프리즘(사진카드)을 쫙 펼쳐 놓고, 오늘 자신의 새롭게 배우고, 느끼고 실천할 것과 관련이 있는 사진을 뽑도록 해요. 모든 친구가 사진을 고르면, 선생님부터 예시 발표를 하거나 원하는 친구부터 발표를 시작해요. 발표 방향은 첫 번째 발표자가 정해요. 이미지 프리즘(사진카드)을 통해 발표하면 자신이 표현하고 싶은 것을 구체화할 수 있고, 동시에 발표 내용에 대한 아이디어도 얻을 수 있어요. 특히, 비슷하거나 단순한 대답이 이어질 것 같은 질문에서 이미지 프리즘을 활용하면, 각자의 생각이 드러나는 다양한 대답을 들을 수 있어서 좋아요.

수업 장면

◎ '어울림 컵 활동'을 해 보니 어떤 것을 배우고, 생각하고, 느꼈나요?

- 처음에 제 컵에 과자를 부었을 때, 단점 때문에 과자가 다 흘러내렸거든요. 그런데 저의 단점이 딴 친구의 장점 부분에 기대서 다시 부으니까 진짜 가득 차더라고요. 그게 너무 좋았고, 친구들이랑 잘 지내야겠다고 생각했어요.
- 장점이 있는데도, 단점이 너무 심해서 과자가 다 밖으로 흘렀어요. 그래서 장점이 있는 것도 중요하지만, 서로가 서로의 단점을 보완해 주는 것이 중요하다고 생각했어요.

- 다른 모둠에서 서로 겹치고 기대서 과자가 늘어나는 걸 봤을 때 머쓱했어요. 왜 함께할 생각을 못했을까 싶었어요.(모둠 상의를 했으나, 다른 방법을 찾지 못한 학생)

◎ [이미지 프리즘] 앞으로 어떤 친구가 될 것인가요?

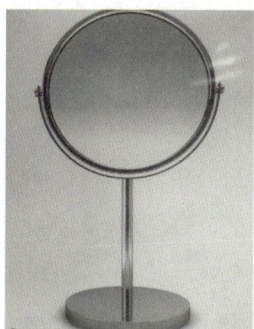  

거울처럼 다른 사람의 외롭고 쓸쓸한 마음을 알고, 먼저 친구가 돼 줄 거예요.

외로워 보이는 친구가 있으면 먼저 다정하게 말을 걸고, 같이 놀면서 친절하게 대할 거예요.

함께 모여 있는 장독대처럼 저도 친구들과 잘 어울려서 지내야겠다고 생각했어요.

책과 성장

아이들의 성장 이야기

- 퍼그처럼 친구가 없어서 외로운 적이 있어요. 그래서 퍼그의 마음을 알아요. 제가 만약 퍼그라면 소녀가 천사로 보일 거예요. 그래서 다음에 외로워 보이는 친구가 있으면 먼저 제가 말을 걸 거예요. 그게 어려우면 편지로 대화할 거예요. 아니면 선물을 주면서 말을 걸어 볼 거예요.
- 앞으로 퍼그 같은 친구를 만나면 "안녕"이라고 인사하고 조금씩 같이 놀면서 친근해질 때 "나랑 친구 하자."라고 말할 거예요. 친구가 돼서 더는 외롭지 않게 해 줄 거예요.
- 앞으로 주변 친구들을 많이 도와주고, 말도 걸어 줄 거예요. 차별하지 않고 "같이 놀자!"라고 말할 거예요.

교사의 성장 이야기

퍼그의 애처로운 눈빛에 바로 마음이 갔다. 이 아이는 왜 이렇게 뾰로통한 얼굴로 외롭게 나를 바라보고 있을까. 궁금증이 생겼다. 지저분한 거리의 바구니에 버려진 퍼그는 무언가를 찾기 위해 고군분투한다. 초롱초롱한 눈빛으로 빵을 바라보는 퍼그의 모습을 보고선, '그래, 너도 배가 고프구나. 얼른 빵을 먹어.'라고 생각했다. 그런데 퍼그는 빵을 조심스럽게 자신의 목에 두르고 기대하는 눈빛으로 나를 바라봤다. 앙증맞은 퍼그의 모습에 빵 터졌다가도, 너무 마음이 아팠다. '아, 어쩌면 사랑이라는 욕구는 식욕보다도 원초적이고 필수적인 것이로구나.' 하는 생각이 들었다.

'교실에도 퍼그와 같은 마음을 가진 아이가 있지 않을까?' 하는 생각이 들었다. 퍼그가 자신만의 꽃목걸이를 걸었을 때, 내가 느꼈던 기쁨을 함께 나누고 싶었다. 그래서 아이들과 함께 읽었고, 한 친구가 말했다.

'저는 퍼그의 마음을 알아요.' 그 아이도, 나도 이 책을 통해 따뜻한 위로를 선물 받았다.

늘 퍼그의 곁을 맴돌면서 퍼그를 걱정해 주던 꿀벌 또한 매우 특별한 존재다. 비록 퍼그는 꿀벌의 존재를 모르고 있었지만…. 생각해 보면 나에게도 나를 사랑해 주는 아이들, 늘 마음으로 함께하는 가족, 일상을 나누는 친구와 동료가 내 삶을 꽉 채우고 있다. 어쩌면 우리는 정말 소중한 것을 가까이에 두고 잊은 채, 멀리서 행복을 찾는다는 생각이 들었다. 이 책과 함께하는 시간 동안 깜찍한 퍼그에게 매료되어 울고 웃었고, 나만의 꽃목걸이를 떠올릴 수 있는 소중한 시간이었다.

함께 보면 좋은 책 이야기

닭장에 간 개

팔봉 글 | 이석구 그림 | 예림당

진돗개 하트는 날마다 만나는 쿨을 못마땅하게 여기고 구박한다. 하지만 쿨이 다른 집으로 가 버리자 그리워하다 이웃집 닭장으로 뛰어든다. 언제나 곁에 있어서 소중한 줄 몰랐던 친구와 가족의 의미를 깨닫게 해 주는 책이다.

도와줄까? 도와줄래?

| 주제 | 관계, 가치, 배려

책마중

도움에도 질문이 필요하다

『도와줄게』는 아이들에게 '도움'의 가치에 대해 다양한 생각을 해 볼 수 있도록 하는 그림책이다. 평소에 아이들 삶은 친구, 선생님, 가족들과의 여러 관계 속에서 도움을 매개로 채워진다. 받는 도움, 주는 도움, 그에 대한 가치를 아이들이 이야기할 수 있을까?

이 책을 처음 접했을 때 도움에 대한 따뜻한 시선을 느꼈다. 그런데 막상 수업을 계획하고, 실행하며, 아이들 생각을 알아내는 순간 아이들의 다채로운 생각에 한껏 놀라고, 감사함을 느꼈다. 그저 어떻게 하면 도움 받고, 도움 주는지에 대한 다짐 정도에서 생각하다가, 그 도움이 과연 필요할까? 그 도움은 언제 필요할까? 에 대해 생각 질문으로 다가가자 수업이 완전히 바뀌었다.

누구나 처음부터 끝까지 혼자서 잘할 수 있을까? 도움은 필요하다. 언제 필요할까? 시행착오를 겪으며 해낼 수 있도록 격려하는 도움도 필요하다. 도움을 받아 본 아이는 '나는 어떤 도움을 줄 수 있을까?' 하며 자신의 삶을 따뜻한 시선으로 바라볼 것이다.

도움에도 질문이 필요하다. 어떤 질문이 필요할까? 도와줄래? 도와줄까? 언제 그 질문을 할 수 있을까? 도움에도 판단력이 필요하다. 그 판단력의 힘을 기르기 위한 수업을 시작해 보자.

도와줄게

김예원 글·그림 | 걸음동무

책과 수업

수업 흐름도

본 9차시 중 활동을 선택해서 조직해도 됩니다.

구분 \ 차시	1차시	2~3차시	4~5차시
배움 활동	도와줄게 월드컵	책과 만나기	함께 읽기
배움 과정	• 도움 피라미드 만들기 • 도움 피라미드 월드컵 펼치기	• 제목과 표지 그림 보며 이야기 나누기 • 책 속 인물로 이야기 상상하기	• 인물의 마음 짐작하며 선생님과 책 읽기 • 생각 신호등으로 책 속 장면 탐구하기 • 만약 생각 만들기
배움 조직	전체 및 개별	전체 및 개별	개별
핵심 역량	심미적 감성 역량 창의적 사고 역량	공동체 역량 의사소통 역량	의사소통 역량 공동체 역량

구분 \ 차시	6~7차시	8차시	9차시
배움 활동	소크라틱 세미나로 펼치기	도움의 창	도움 가치 사전
배움 과정	• 질문기차 만들기 • 소크라틱 세미나로 모두의 질문 나누기	• 다양한 입장에서 주는 도움 / 받는 도움 예상하기 • 입장에 따른 생각 나누기	• 나의 도움 키워드 만들기 • 우리 반 도움 가치 사전 만들기
배움 조직	전체 및 개별	모둠	개별
핵심 역량	심미적 감성 역량 창의적 사고 역량	심미적 감성 역량 의사소통 역량	의사소통 역량 공동체 역량

도와줄게 월드컵

- 도움 피라미드 만들기
  - 내가 받았던 최고의 도움 떠올리기
- 도움 피라미드 월드컵 펼치기
  - 나의 도움 이야기로 1:1, 2:2, 4:4 생각 나누기
  - 우리 반 최고의 도움 전체 생각 나누기
  - 우리 반 최고의 도움 투표하기, 소감 나누기

도움 피라미드 만들기

책을 읽기 전에, 평소 학생들이 경험해봤던 '도움'에 대한 이야기를 펼쳤던 시간이에요. 도움을 주거나 받았던 경험 중에서, 자신에게 가장 기억에 남은 일을 떠올려 보고, 생각종이(A4 1/4)에 네임펜으로 생각을 썼어요. 친구, 부모님, 선생님에게 도움 받았던 경험들이 많았어요. 생명에 관한 일부터, 잃어버린 물건을 찾아 준 일까지 아이들이 도움을 받고, 기억에 남은 일들은 다양했어요.

수업 장면

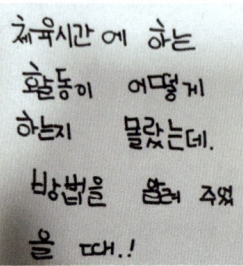

- 내가 어릴 때 쇠구슬을 삼켰을 때, 부모님께서 빼내 주셨어요.
- 내가 물건을 잃어버렸을 때, 친구가 내 물건을 끝까지 찾아 주었어요.
- 내가 다리를 다쳐서 혼자 있을 때, 친구가 같이 놀아 주었어요.

도움 피라미드 월드컵 펼치기

평소에 학생들이 겪는 도움에 대한 다양한 생각을 들을 수 있는 활동이에요.

"누구라도 도움을 받았던 경험은 대단히 소중하고, 고귀한 일입니다."라고 사전 생각 울타리 치기가 굉장히 중요했어요. "이 활동에서 필요한 미덕은 무엇일까요?"와 같이 친구들의 소중한 생각에 대해 존중, 배려할 수 있도록 사전 분위기를 형성하는 것이 중요합니다. 이 활동에서는 자신의 경험에 대해 가장 공감되는 근거를 들어 말하는 생각을 대표 의견(1:1, 2:2, 4:4)으로 뽑으면 됩니다. 뽑히지 않은 의견은 칠판에 붙이도록 합니다. 함께 팀이 된 친구들은 상대방 팀이 "그거 정말 고마웠겠다."라고 공감할 수 있도록 자신의 팀 의견에 적극적으로 근거를 들 수 있도록 도와줍니다.

1:1 생각 나누기

2:2 생각 나누기

4:4 생각 나누기

칠판 피라미드판

🔖 도움 피라미드 전체 월드컵 펼치기

최종 4:4 생각 나누기가 끝나고, 3개의 대표 후보 의견이 뽑혔어요. 이에 대해 3명의 친구들에게 자신의 의견과 생각을 들은 뒤, 반 전체 친구들은 스티커(1인 1표) 투표를 하였어요.

수업 장면

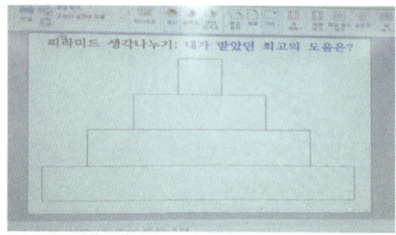

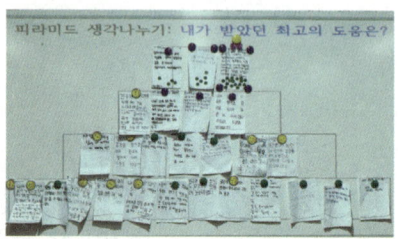

'제가 나중에 살 컴퓨터, 모니터를 아빠가 미리 빌려 주어서, 아빠는 작고 느린 노트북으로 일을 하고 저는 고사양 컴퓨터로 녹화했는데 아빠에게 매우 고마움과 감동을 느꼈다. 내 인생 최고의 도움이다.'

1위로 뽑힌 의견으로, 평소 이 친구는 유튜버 활동을 합니다. 반 친구들은 크리에이터가 꿈인 이 친구를 알고 있기에 더욱 마음 따뜻한 이야기였어요.

그밖에
- 제가 코에 땅콩을 집어넣어 숨을 못 쉴 때 엄마께서 빼 주셨습니다.

- 내가 콩나물이 목에 걸렸을 때 친구가 뒤에서 등을 두드려 주었습니다.
- 늪에 빠진 친구를 다른 어른이 구해 주는 것을 보았습니다.
- 팔이 부서졌을 때 병원에 사범님이 데려다주셨습니다.
- 물건이 떨어졌는데 친구가 모르는 척하지 않고, 주워 준 도움을 받았습니다.
- 발표를 해야 했는데 많이 긴장했어요. 그때 친구가 잘할 수 있다고 응원해 주었어요.
- 부모님께서는 제가 포기하려고 할 때마다 항상 응원해 주셨어요.
- 길을 가다가 율하천 물에 핸드폰을 빠뜨렸는데 아빠가 바로 건져 내주셔서 핸드폰을 살릴 수 있었어요.

책과 만나기

- 제목과 표지 그림 보며 이야기 나누기
  - 『도와줄게』 책 표지를 펼쳐 보이며 어떤 이야기일지 상상해 보기
- 책 속 인물로 이야기 상상하기
  - 『도와줄게』 인물들로 상상이야기 만들기
  - 교실 산책으로 상상이야기 나누기

읽기 전 책 마주하기

책 표지에는 도와줄게 제목과 함께 게 한 마리가 있어요. 아이들은 주인공이 게일 것이고, 도움에 관한 이야기라는 것을 알아내었어요. 앞 면지, 뒷 면지 각각의 장면에 대해 생각을 나누고, 달이 뜬 밤이 될 때까지 어떤 일이 있었을지 상상해 보았어요.

책 표지 앞 면지 뒷 면지

〈책 마주하기 학생활동 예시〉
- 게가 하루 종일 친구들을 돕기 위해 여행을 했을 것 같아요.
- (앞 면지를 보고) 갯벌에서 놀고 있는 오빠를 찾기 위해 엄마가 동생과 함께 다니다가 행복한 시간을 보내고 집으로 갔을 것 같아요.
- 게가 아이를 도와주고, 행복한 시간을 보냈을 것 같아요.

책 속 인물로 이야기 상상하기

책에 등장하는 인물들(게, 쇠똥구리, 반딧불이, 개미, 소라게, 나비)만 보여주고, 펼쳐질 이야기를 상상해 보게 하였어요. 제목을 통해 아기 게와 도움에 관한 일임을 알고, 학생들은 도움에 관한 이야기를 펼쳤어요.

수업 장면

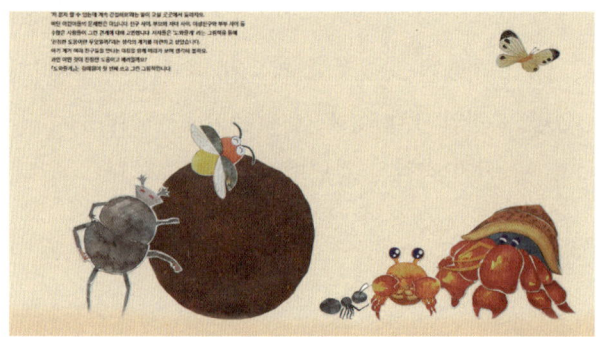

읽기 전-상상 이야기 1

작고 작은 한 해변가에 게 한 마리가 있었어요. 그 게가 살고 있는 해변가에는 개미, 쇠똥구리, 반딧불이, 소라게, 나비 등의 많은 친구들도 함께 살고 있었지요. 어느 날 게는 자신보다 작은 개미가 열심히 곡식을 옮기고 있는 것을 보았어요. 그 모습을 본 게는 개미에게 다가가 말했어요. "개미야 힘들지 않니?" 개미가 대답했어요. "안 힘들어. 난 힘이 세서 네가 도와주지 않아도 돼."

그때 쇠똥구리가 나타났어요. 쇠똥구리는 개미의 얼굴을 보더니, "너 지금 땀을 뻘뻘 흘리고 있잖아! 별로 힘센 것 같지도 않네."라고 말했어요. 그러자 개미는 화가 나 "아니야! 너도 힘 약하잖아!"라고 소리를 질렀어요. 그 모습을 본 게가 이렇게 말했어요. "얘들아 너희들은 지금 서로를 배려하지 못했어. 내가 도와줄게." 그러자 둘은 어떻게 도와줄 것이냐고 물었어요. 그러자 게가 대답했어요. "너희들은 지금 무엇을 잘못했는지 생각해 봐." 쇠똥구리와 개미는 잠시 생각하더니 서로 사과했어요. 게는 둘을 화해시키고 기쁜 마음으로 걷고 있었어요.

그러다 자신이 더 인기가 많다며 서로 싸우고 있는 반딧불이, 나비, 소라게를 만났어요. 게가 물었어요. "얘들아 무슨 일이야?" 그러자 셋은 "얘들이 자기가 더 예쁘다고 우기잖아!"라고 말했어요. 그것을 지켜보던 게는 "모두 그만! 내가 도와줄게."라고 말했어요. 그러자 반딧불이, 소라게, 나비는 게에게 어떻게 도와줄 것이냐고 물었어요. 게는 "너희가 무엇을 잘못했는지 생각해 봐."라고 말했어요. 반딧불이, 소라게, 나비는 잠시 생각하더니 서로에게 미안하다고 사과했어요. 게는 그 모습을 보고 흐뭇해했어요. 그리고 다시 길을 걸어갔지요. 한 해변가에 사는 게는 오늘도 친구들을 도와줄게요.

- 양○○ 학생 글

························· **읽기 전-상상 이야기 2** ·························

어느 날 땅에서 게와 소라게가 놀고 있었습니다. 쇠똥구리가 저 멀리서 구덩이에 빠져 똥을 굴리고 있었지요. 그때 게와 힘센 소라게가 "도와줄게." 하고는 구덩이에서 힘껏 똥을 올려 주었어요. 쇠똥구리는 고맙다고 말하고는 가고 있을 때였습니다. 개미가 하수구에 빠졌습니다. 그때 쇠똥구리는 "도와줄게!"라고 말하고, 개미를 꺼내 주었지요. 개미는 날개가 뜯겨져 못 날고 있는 나비를 만났어요. 개미는 "도와줄게!" 하고 치료해 주었어요. 나비는 개미 덕분에 잘 날 수 있었지요. 나비가 날아가고 있을 때였어요. 반딧불이가 사람에게 잡혀가고 있었어요. 나비는 "도와줄게!" 하고 반딧불이를 낚아채고 바다로 갔지요. 그 모습을 본 게와 소라게는 이제야 알았습니다. 자신들이 도와줄게라고 한 한마디의 말이 친구들에게 도와줄게 전염병이 되어 버렸습니다. 게와 소라게가 쇠똥구리한테, 쇠똥구리가 개미한테, 개미가 나비에게, 나비가 반딧불이에게… 그들은 도와줄게 한마디로 깨달은 것입니다. 반딧불이도 언젠가는 깨달을 거예요. 또 게와 소라게는 먼저 도움을 나누어 주었으니, 도움을 받을 거라고 믿어요.

 - 서○○ 학생 글

함께 읽기

- 인물의 마음 짐작하며 선생님과 책 읽기
  - 아기 게의 마음을 따라가며 함께 읽기
- 생각 신호등으로 책 속 장면 탐구하기
  - 주요 장면에서 색깔 신호등에 따라 생각 나누기
- 만약 생각 만들기

함께 읽기

교사와 아이들은 교실 (전자)칠판 화면에 그림책 PPT를 통해 전시회에서 작품을 감상하는 느낌으로 그림책을 함께 읽었어요. 아기 게의 섬세한 감정을 따라가기 위해서 교사는 인물들의 감정을 최대한 살려 읽어주었어요. "도와줄게?"와 "도와줄게!"의 아기 게의 대사 또한 최대한 감정을 살려 읽었어요.

수업 장면

생각 신호등으로 책 속 장면 탐구하기

생각 신호등은 기존의 에드워드 드 보노가 개발한 6색 모자 사고 기법을 교실 상황에 맞게 변형한 활동으로 어떠한 장면이나 생각에 대해 4가지 색 신호의 디딤 질문을 통해 학생들의 생각을 다양하게 나타낼 수 있는 활동 방법이에요. 빨강 ⋯> 노랑 ⋯> 검정 ⋯> 초록 각 색종이를 칠판에 붙이고, 교사는 자석을 이동하며, 정해진 장면이나 그림에서 각 신호에 맞는 질문을 던집니다. 전체 학생들은 손을 들고 발표하거나 생각 신호등 색깔 밑에 붙임쪽지를 붙여요. 두 활동 중 본 수업은 붙임쪽지 붙이기로 활동했어요.

◎ 기존 6색 모자 사고 기법

하얀색 모자-객관적인 내용   빨간색 모자-감정적인 내용
검정색 모자-부정적인 내용   노란색 모자-긍정적인 내용
초록색 모자-창의적인 내용   파란색 모자-결론을 끌어내는 내용

생각 신호등 칠판자료

감정적 내용   긍정적 내용   부정적 내용   창의적 내용

◎ 생각 신호등 질문

빨간(감정) 신호 – 어떤 감정이 드나요?
노란(긍정) 신호 – 어떤 점이 도움이 될까요?
검정(부정) 신호 – 어떤 점에서 어려움이 있을까요?
초록(창의) 신호 – 어떻게 이 상황이나 문제를 해결할 수 있을까요?

빨간 신호등 생각
- 아기 게가 당황했을 것 같습니다. 왜냐하면 지금까지는 아기 게가 도움을 주어 고맙다고 하거나 영웅이라고 칭찬해 주었는데 쇠똥구리는 화를 내었기 때문입니다.
- 쇠똥구리가 화가 났을 것 같습니다. 자기의 힘으로 조심해서 해야 하는 일인데, 아기 게가 무턱대고 도와줘서 쇠똥구리 애벌레가 위험해질 뻔했기 때문입니다.

노란 신호등 생각
- 저는 아기 게가 경험을 했다는 점에서 좋았을 것 같습니다. 왜냐하면 실수를 함으로써 해야 하는 것과 하면 안 되는 것을 구분할 수 있기 때문입니다.
- 저는 아기 게가 한 번의 실수를 통해서 "도와 달라."는 말을 듣고 도와줄 수 있게 되었다는 점이 좋은 점인 것 같습니다.

검정 신호등 생각
- 아기 게가 자신의 기분이 좋아 아무 생각 없이 도와주다 쇠똥구리 애벌레를 위험에 빠뜨리는 실수를 할 뻔했습니다.
- 한 번 실수한 일에 대해 쇠똥구리가 아기 게에 대해 화를 낸 것은 너무한 일이라고 생각합니다.

초록 신호등 생각
- 저는 굳이 필요 없는 도움은 직접 나서지 말고, 응원을 하는 것도 도움이라고 생각합니다.
- 저는 그 사람의 입장이 되어서 생각해 보고, 자기가 가진 도구의 성질도 잘 생각해서 적절한 도움을 주어야 할 것 같습니다.
- 쇠똥구리에게 사과하고, 쇠똥을 다시 모아서 붙여 주어야 할 것 같

습니다. 물론 도와줄까 물어보고 해야 할 것 같습니다.

🗨️ 만약 생각 만들기

다함께 읽고, 장면에 대해 생각을 나누고 난 뒤에는 "만약, ~했더라면?"으로 책의 장면에 대해 다양한 생각을 해 볼 수 있도록 생각쪽지에 각자의 생각을 써 보았어요. 각 장면에 대해 '도움'을 비판적으로 생각해 볼 수 있었어요. 개미의 입장에서, 쇠똥구리의 입장에서, 나비의 입장에서 아기 게의 행동에 대해 다양한 각도의 생각이 펼쳐졌어요. 자신이 가진 신체의 특징에 맞게 상대방을 도와주어야 한다는 생각, 실수를 통해 상대방에게 어떻게 해야할지 배울 수 있다는 생각이 나타났어요.

수업 장면

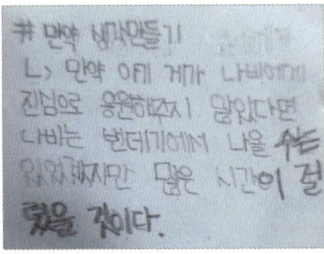 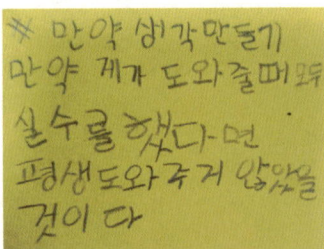

- 만약 처음에 아기 게가 사람에게 도움을 받지 않았다면 다른 동물들을 도와주지 못했을 것이다.
- 만약 아기 게에게 도움을 받은 친구들이 아기 게에게 칭찬을 해 주지 않았다면 아기 게는 곧 도와줄게의 흥미를 잃어 도움을 계속 주지는 않았을 것이다.
- 만약 게가 도와줄 때마다 모두 실수를 했다면 평생 도와주지 않았을 것이다.
- 만약 아기 게에게 집게발이 없었다면 도와주지 못했을 것이다.

- 만약 개미의 비스킷이 부서졌으면 쇠똥구리의 똥을 부서뜨리지 않았을 것이다.
- 만약 아기 게가 개미의 과자를 부쉈다면 쇠똥구리에게는 응원을 해 주었을 것 같다.
- 만약 아기 게가 도와주려던 쇠똥구리의 똥이 갈라지지 않았다면 나비의 번데기 날개가 찢겨지는 일이 벌어졌을 것이다.
- 만약 아기 게가 나비에게 진심으로 응원해 주지 않았다면 나비는 번데기에서 나올 수는 있었겠지만, 많은 시간이 걸렸을 것이다.

소크라틱 세미나로 펼치기

- 질문기차 만들기
  - 질문기차 표지와 나의 질문 만들기
  - 친구의 질문에 대해 꼬리에 꼬리를 무는 질문 만들기
  - 나의 질문기차로 질문 순위 정하기
- 소크라틱 세미나로 모두의 질문 나누기

 질문기차 만들기

　질문기차 활동은 학생이 선택한 질문에 대해 깊이 있는 생각을 이끌어 내기 위한 활동이에요. 질문기차에 꼬리를 달면서 꼬리에 꼬리를 무는 질문 활동을 한 후 소크라틱 세미나 활동과 연결하여 활동해요. 학생들은 전체내용 또는 한 가지 장면에서 한 개의 질문을 생각쪽지에 써요. 질문이 꼬리로 만들어지기 때문에 자신의 질문을 책상 제일 끝에 놓아두어요. 이후 학생들은 자연스럽게 돌아다니면서, 자신이 추가하고 싶은 질문을 기차 종이에 꼬리를 연결하여 질문을 달아 줘요. 정해진 시간(10분)이 지나고 난 뒤, 원래 자리로 돌아가 친구들이 달아 놓은 질문의 순위를 매겨 자신의 대표 질문으로 쓰일 생각쪽지를 표지 바로 다음에

두고 칠판에 제출해요. ○○의 질문기차 표지에는 자신의 질문을 포함한 총 질문의 개수도 적어 두어요. 소크라틱 세미나에서 교사는 질문의 개수에 따라 학생들이 관심 있어 하는 질문을 파악할 수 있어요.

수업 장면

학생이 순위를 결정한 질문기차

만약 아기 게가 개미를 도와줄 때 과자가 부서졌다면, 개미는 아기 게에게 화를 냈을까?
- 과자가 산산조각이 나면 작은 개미가 더 들고 가기 쉽지 않을까?
- 아기 게가 개미를 도와줬을 때, 과자가 부서질 수 있을까?
- 실제로는 금만 갔지, 부서졌나요?
- 아기 게가 개미를 모른 척 안 도와줬다면?

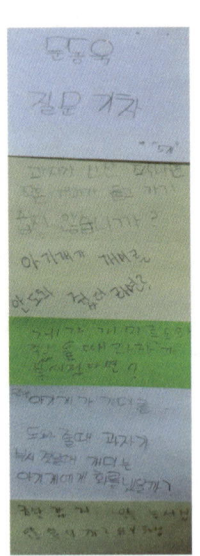

수업 장면

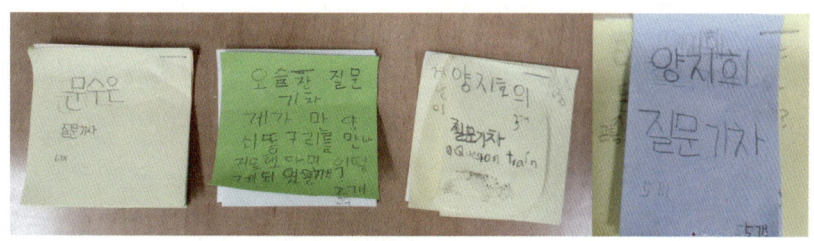

학생들이 뽑은 대표 질문

[소크라틱 세미나에서 활용된 질문]

① 개미의 비스켓이 부서졌다면, 더 고마워하지 않을까요?
② 아기 게가 만약 쇠똥구리를 만나지 못했다면 어떻게 되었을까요?
③ 쇠똥구리는 도움이 필요하지 않다는 것을 말하지 않았는데, 이것은 쇠똥구리의 잘못은 아닐까요?
④ 진정한 도움은 무조건 고맙다는 말을 들어야 할까요?
⑤ (도와줄게) 책의 작가는 어떤 뜻과 마음으로 이 이야기를 만들었을까요?

[그 외 질문]

- 처음 사람이 아기 게를 도와주었을 때, 왜 당황스러운 표정을 지었을까요?
- 아기 게는 쇠똥구리의 쇠똥을 부수고 어떤 생각이 들었을까요?
- 쇠똥구리의 애벌레가 전혀 다치지 않았다는 것을 알았다면 쇠똥구리가 화를 냈을까요?
- 쇠똥구리의 화는 꼭 필요했을까요?
- 아기 게의 집게발이 뾰족하지 않았다면 어땠을까요?
- 도와줄 때는 꼭 어떤 생각을 해야 하나요?
- 쇠똥구리는 아기 게에게 화를 냈는데, 화를 낸다고 문제가 해결될까요?

- 쇠똥구리에게서처럼 꼭 도움이 급하게 필요한 것처럼 보일 때, 도움을 안 줘도 될까요?
- 나중에 쇠똥구리를 똑같은 상황으로 만날 때, 아기 게는 어떤 반응을 할까요? 응원을 할 수 있을까요?
- 아기 게는 왜 나비에게만 응원을 했을까요? 또 나비에게 한 말이 어떻게 해서 응원의 말이 될 수 있나요?
- 아기 게가 나비에게 행동으로 도와줄 수 있다면 어떤 도움이 있을까요? 응원의 말도 도움이 되나요?

소크라틱 세미나란

안쪽 원에 앉은 학생(파일럿)만 발언권이 있어요. 바깥 원에 학생(코파일럿)은 안쪽 원을 관찰하며 메모할 수도 있어요. 질문, 답할 때 구체적인 질문을 제시하여 코파일럿 친구들이 근거를 찾을 수 있도록 해요. 코파일럿 친구들이 파일럿 친구들과 이야기를 나눌 수 있는 작전타임을 주어, 토론이 이루어질 때는 팀별로 근거를 나누지 않아야 토론에 집중할 수 있어요. 그리고 학생들의 시선은 선생님이 아닌 원 안쪽 방향 친구들을 볼 수 있도록 합니다. 바깥 원에 있는 학생(코파일럿)이 말하고 싶을 경우 안쪽 원 친구(파일럿) 어깨를 두드리는 신호를 사용해요. 안쪽 원에 있는 학생이 더 이상 할 말이 없는 경우 뒤에 앉은 친구를 쳐다보면 자리를 바꿀 수 있도록 해요.

소크라틱 세미나의 흐름

소크라틱 세미나 팀(1팀당 3명) 구성하기
⬇
(질문기차에서 나왔던 질문 활용) 교사의 순차적 질문 제시

차례대로 각자의 생각 발표

자유 질의응답

최종 생각 발표

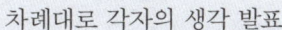
소크라틱 세미나 수업 장면

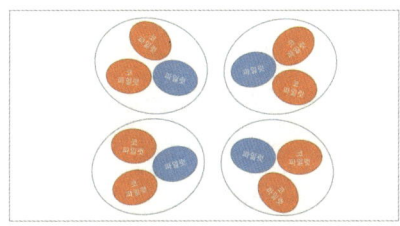
소크라틱 세미나 대형

소크라틱 세미나 실제 대형

소크라틱 세미나 작전타임

교사 지금부터 소크라틱 세미나를 시작하겠습니다. 선생님이 들려주는 여러분의 질문기차의 질문 중 대표 생각에 대해 파일럿 친구들은 자신의 생각과 그 이유를 밝혀 주십시오.

(파일럿 차례대로 발표 및 코파일럿은 근거 준비하며 발표 듣기)

교사 각자의 생각을 잘 들어 보았습니다. 그럼 지금부터 자유롭게 각자에 대한 질문과 답을 들어 보겠습니다. 질문은 순서 없이 누구나 할 수 있지만 질문을 받은 입장에서는 코파일럿과 생각을 모아서 답을 해 주시기 바랍니다.

교사 (질문 1) 아기 게가 개미를 도와줄 때, 개미의 과자가 부서졌다면 어땠을까요?

학생 1 과자가 부서져서 개미가 더 이동하기 편하게 도와준 것이 아닐까요?

학생 2 과자가 부서지면, 개미의 먹이가 땅에 떨어져 산산조각이 나고 먹을 양이 줄어들 수 있어서 개미가 화가 날 수도 있다고 생각합니다.

학생 3 아무리 개미를 도와줬다고 하더라도, 아기 게가 자신의 집게발을 잘 사용하지 못해 개미의 먹이를 부서지게 했다면 개미에게 멋지다는 소리를 못 들을 것 같습니다.

(중간 생략)

교사 (질문 2) 아기 게가 쇠똥구리를 만나지 못했다면 어땠을까요?
이번에는 파일럿과 코파일럿 친구들 자리를 이동하면서, 동시에 작전 시간 2분을 가지겠습니다.

학생 1~10 (교사의 질문 2에 대해 순서대로 발표, 1번의 패스는 가능)

학생 4 아기 게는 쇠똥구리와의 일로 큰 경험을 했다고 생각합니다. 왜냐하면 상대방이 도와 달라고 말하지 않았는데 무작정 도와줬을 때, 그것이 상대방에게 도움이 안 될 수 있다는 것을 깨달을 수 있기 때문입니다.

학생 5 실수 경험이 아기 게에게 큰 도움이 되었다고 생각합니다. 상대방을 기다려 주는 것도 도움이 되는 것을 배웠을 것 같기 때문입니다.

(차례대로 생각 발표 생략)

학생 6 저는 학생 4에게 질문하겠습니다. 아무리 상대방이 물어보지 않는다고 해도, 친구가 아주 무거운 짐을 들고 가고 있고 너무 무거워서 말할 힘도 없을 때는 함께 들어 주는 것이 옳지 않나요? 만일 쇠똥구리의 쇠똥이 부서지지 않았다면, 쇠똥구리가 화를 내지 않았다면…. 물어보지 않아도 그것은 도움이지 않나요?

학생 7 저도 5번 친구의 생각에 동의합니다. 아기 게는 쇠똥구리와의 경험으로, 나중에 나비 번데기를 만났을 때, 자신의 집게발로 바로 도와주려는 마음을 진정시키고 조용히 나비 번데기 옆에서 응원을 했습니다.

(중간 생략)

교사 (질문 3) 쇠똥구리는 도움이 필요하지 않다고 말하지 않았는데, 이것은 쇠똥구리의 잘못이 아닐까요?

이번에는 파일럿과 코파일럿 친구들 자리를 이동하면서, 동시에 작전 시간 2분을 가지겠습니다.

학생 1 쇠똥구리는 아기 게가 도와주려고 했을 때, '괜찮아, 지금은 도와주지 않아도 돼.'라는 거절의 표현을 하지 않았습니다. 상대방이 무작정 도와주려고 할 때, 거절의 표현을 해야 한다고 생각합니다. 그래서 저는 아기 게보다 쇠똥구리에게 배움이 있어 이 일이 더 도움이 된다고 생각합니다.

학생 2 저는 다르게 생각합니다. 쇠똥구리에게는 아주 급한 상황입니다. 쇠똥이 크고, 굴리고 있기 때문에 주변의 상황을 살피기 어려웠을 것입니다. 자신이 쇠똥을 굴려 가기도 힘든데, 주변에 잘 알지도 못하는 아기 게에게 말할 틈이 있었을까요? 보통 모르는 사람이 지나갈 때는 모르는 척하는 게 도와주는 것이 아닐까요?

(중간 생략)

교사 (질문 4) 진정한 도움은 무조건 고맙다는 말을 들어야 할까요?
이번에는 파일럿과 코파일럿 친구들 자리를 이동하면서, 동시에 작전 시간 2분을 가지겠습니다.

학생 1 진정한 도움에는 고맙다는 말이 필요하다고 생각합니다. 아기 게의 입장에서도 소라게에게 멋지다는 말, 개미에게 너는 아주 멋져라는 말, 반딧불이에게 너는 나의 영웅이라는 말로 점점 도움을 실천할 수 있게 되었다고 생각합니다. 상대방이 그렇게 표현해 주지 않았다면 아기 게는 진정한 도움의 느낌을 잘 몰랐을 것 같습니다.
학생 2 저는 진정한 도움에는 굳이 말이 필요 없다고 생각합니다. 도움은 상대방을 위해서 내가 스스로 도와주는 것입니다. 돈을 받고, 일을 하는 것과는 다르다고 생각합니다. 칭찬의 말이나 물건 등을 대가로 바라면 그것은 도움이 아니라, 일이라고 생각합니다. 그래서 도움에는 내 스스로의 뿌듯함이 있으면 되기 때문에 굳이 고맙다는 말은 필요 없을 것 같습니다.

(중간 생략)

교사 오늘 우리는 질문기차에서 나온 대표 생각으로 소크라틱 세미나 생각 나누기를 해 보았습니다. 여러 친구들의 소중하고, 귀한 의견 감사합니다. 나비의 옆에서 조용히 응원하는 아기 게 와 아기 게의 쇠똥구리 와의 일도 소중한 경험 배움이 되었다고 말한 여러분이 선생님의 배움 에도 도움이 되어 주었습니다. 오늘 열심히 참여해 주셔서 다시 한 번 더 감사합니다.

이런 활동도 있어요 (추가활동)

• 입장 일기 쓰기

 입장 일기 쓰기

◎ 제목: 개미의 고마운 하루(개미 입장에서)

　오늘은 내가 길을 가다가 어떤 사람이 과자를 줬다. 그래서 나는 너무 고마웠다. 그래서 그 과자를 개미 친구들과 함께 열심히 가지고 가고 있는데 과자가 크고 무거워서 개미 친구들과 함께 들고 가도 많이 힘들어 끙끙 거리며 가고 있는데 아기 게가 다가오더니, "힘들지? 내가 도와줄 게!"라고 말했다. 그래서 나와 친구들은 너무 감동 받았고, 고마웠다. 세상에 이런 착한 친구들이 있다니…. 하지만 아기 게의 집게가 뾰족해 부서졌다. 하지만 개미 친구들과 나는 좋아했다. 왜냐하면 크고 무거운 과자가 부서져 편하게 가져갈 수 있게 되었기 때문이다. 오늘 정말 고맙고 감사한 마음이 들었다. 나도 나와 개미 친구들을 도와준 사람, 친구에게 도움을 주고 싶다.

－ 박○○ 학생 글

◎ 제목: 천 마디의 응원(나비 입장에서)

　나는 옛날에 알에서 부화한 후 지금까지 혼자 외롭게 지내 왔어. 아기 게를 만나기 전까진 말이야. 그 일은 바로 번데기가 된 지 5일이 된 오늘 일어났지. 오늘도 난 끙끙대며 혼자서 외롭게 세상을 향해 가려고 노력하다 포기하려는 중에 갑자기 멀리서 인기척이 들리더니, 갑자기 아기 게가 왔어. 나를 해치려고 온 줄 알았는데 내가 번데기인 나를 만지지 말고 하였더니, 만지지 않고 나를 응원해 주었어. 응원은커녕 다른 동물들과는 말도 섞어 보지 못한 나에겐 그 한마디의 응원이 천 마디의 대단한 말처럼 들려서 노력해 세상을 훨훨 날아갈 수 있게 되었어. 너무 기뻤어. 나도 아기 게처럼 남을 많이 도울 거야.

- 한○○ 학생 글

◎ **제목: 쇠똥구리의 마음**(쇠똥구리 입장에서)

안녕? 나는 쇠똥구리야. 난 그때 정말정말 깜짝 놀랐어. 왜냐하면 난 애벌레를 잘 돌보고 있는데! 정말이지 아기 게가 도와준다고 했는데 부서져서 애벌레가 죽을 뻔해서 나는 머리끝까지 화가 나, 아기 게에게 소리를 질러 버렸어. 하지만 난 아기 게에게 무지 후회가 되었어. 왜냐고? 아기 게는 도움을 주고 칭찬을 받고 싶어서 그런 행동을 한 것이 아닐까? 다행히 애벌레는 다치지 않았고… 난 아기 게의 진심을 이제야 깨닫게 되었어. 아기 게는 일부러 그런 게 아니기 때문이야. 마지막으로 아기 게야! 미안해!

- 서○○ 학생 글

도움의 창

- 다양한 입장에서 주는 도움/ 받는 도움 예상하기
  - 가족, 친구, 선생님, (선택)입장에게 어떤 도움을 바랄지 / 어떤 도움을 줄 수 있을지 예상해 보기
- 입장에 따른 생각 나누기

도움의 창이란

도움의 창은 각 입장에 대해 어떤 도움을 줄 수 있고, 또 바라는지 모둠별로 생각해 보는 활동이에요. 이 과정을 통해 학생들은 다양한 입장에서 바라는 점, 도와줄 수 있는 점을 깊이 있게 생각해 볼 수 있는 기회가 되었어요.

수업 장면

 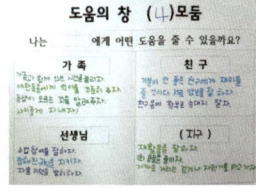 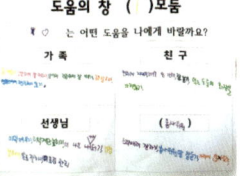

도움의 창 : 나는 ☐ 에게 어떤 도움을 줄 수 있을까요?

[가족]
가족과 함께 있기, 애완동물 잘 키우기, 동생에게 잘 알려 주기,
동생과 사이좋게 지내기.

[친구]
기분이 안 좋은 친구에게 재미있게 해 주기, 양보 잘하기,
친구 몸에 손대지 않기.

[선생님]
수업 참여 잘하기, 규칙 잘 지키기, 자율 미덕을 발휘하기.

[(지구)]
재활용 잘하기, 1회용품 사용 줄이기, 가까운 거리는 걷거나 자전거 타기.

도움의 창 : [　　　　]는 어떤 도움을 나에게 바랄까요?

[가족]
꿈 이루기, 건강하게 자라기, 공부 잘하기, 편식하지 않기, 강아지 잘 키우기.

[친구]
친하게 지내기, 잘 놀기, 먹는 도중에 화장실 가지 않기.

[선생님]
미덕 깨우기, 더 나은 내가 되기, 경청 잘하기, 발표 잘하기, 표정관리 잘하기.

[봉사위원]
조용히, 경청 잘하기, 봉사위원 말 잘 들어주기, 자리에 앉아 있기.

도움 가치 사전 만들기

- 나의 도움 키워드 만들기
  - 도움에 대한 다양한 생각을 한 문장으로 나타내기
- 우리 반 도움 가치 사전 만들기

도움 가치 사전 만들기

도움 가치 사전 만들기를 할 때 핸드폰이나 태블릿 pc를 제공하여 활동할 수 있도록 도와요. 파워포인트 프로그램이나 그림 편집 어플을 활용해서 도움 가치 사전을 만들 수 있어요. 본 수업에서는 '캔바'어플을 활용하여 여러 가지 그림이나 템플릿(배경서식)을 사용해서 제작했어요. 먼저 학생 번호 순서대로, 1번-'ㄱ', 2번-'ㄴ', 3번-'ㄷ'을 제시하여 우리 반 전체가 모든 한글 자음을 사용해 "도움은 ( )다."로 한 문장 생각 만들기를 하였어요. 먼저 공책에 자신이 맡은 초성에 대한 도움 가치 사전 한 문장을 써 보았어요. 그 후, 문장에 어울리는 그림과 글자체를 골라 사전 디자인을 했어요.

수업 장면

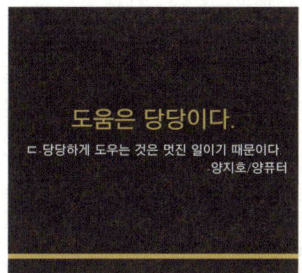

책과 성장

아이들의 성장 이야기

- 친구가 진짜 도움이 필요할 때 도와주어야겠다고 생각했습니다. 그리고 친구를 직접 행동으로 도와주지 않아도 되는 상황이면 굳이 행동을 하지 않고, 응원 등으로도 도와줄 수 있다는 것을 알게 되었습니다.
- 쇠똥구리의 일처럼 내가 도움이 필요하지 않을 때, 친구가 무작정 도와주는 일을 저도 경험한 적이 있습니다. 친구의 착한 마음은 알겠지만, 제 스스로 해 보고 싶은 점도 있기 때문에 친구가 저에게 물어보면 좋겠습니다. 저도 굳이 도움이 필요하지 않을 때는 '도와주지 않아도 돼.'라고 친절하게 말할 것입니다.
- 평소에 저를 도와주는 사람이 많습니다. 부모님, 선생님, 친구들이 수업을 통해서 제가 받았던 도움에 대해 생각을 많이 해 보았고, 다음에 저도 사람들을 도울 수 있는 일을 하고 싶습니다.
- 저는 도움에도 때와 방법이 있다는 것을 느꼈습니다. 저희 집에 4살 동생은 자기 혼자 가위질을 하려고 합니다. 부모님께서는 위험해 보여서 저에게 무조건 도와주라고 하시지만, 이번 『도와줄게』 책 수업을 하고 나니, 일단 동생이 어떻게 하는지 지켜보고, 도와줄 방법을 찾아봐야겠다는 생각을 하게 되었습니다.

교사의 성장 이야기

평소 아이들과 미덕과 관련된 이야기를 교실에서 자주 하는 편이다. 다양한 가치 중에서 '도움'이라는 가치에 대해서 깊이 있게 생각해 볼 수 있는 기회였다. 주는 도움, 받는 도움… 도움이 필요한 시간과 도움의 방법… 모든 것은 그 상황 속에서 그 사람이 겪는 일에 따라 달라질 수 있음을 알게 되었다. 갈등이 생긴 쇠똥구리의 장면뿐만 아니라, 아기 게가 개미를 돕는 장면에서도 아이들은 도움 본연의 가치, 도움의 결과물로 인한 가치 등을 따져 보고 이야기를 나누어 볼 수 있었다. 도움 가치 사전 활동을 통해 수업 마무리 단계에서 한 친구의 생각이 선생님의 마음 속에도 남는다. "선생님, 도움에는 판단력이 중요한 것 같아요." 수업을 마무리한 상황에서 그 친구에게 이렇게 답해 주고 싶다.

"응, 선생님도 너와 같은 생각이야. 도움을 받기 위한, 주기 위한 그때 그때의 판단력이 굉장히 중요한 것 같아. 그 상대방의 상황과 마음을 잘 살피는 우리의 공감 마음도 꼭 필요할 것 같다. 그치?"

오늘도 뿌듯한 수업을 한, 선생님과 아이들은 서로의 배움에 도움을 주었다는 점에서 행복한 교실을 만들어 가고 있다.

함께 보면 좋은 책 이야기

네 마음을 알고 싶어!

피오나 로버튼 글·그림 | 이정은 옮김 | 사파리

『네 마음을 알고 싶어!』는 여자아이와 작고 이상한 동물의 전혀 다른 마음과 생각으로 읽는 사람들에게 질문을 던져 준다. 우리가 속한 사회 속에서 만나는 모든 사람들은 물론이고, 우리 집에서 키우고 있는 반려동물에게 해 주는 나의 친절과 배려가 진정으로 상대방을 위한 것이었는지에 대해 다양한 질문거리로 생각을 깊게 해 준다.

작은 관심이 만든 나의 우주 호텔

| 주제 | 관계, 이웃

책마중

지금 여기, 이곳이 우주 호텔

길을 걷다 보면 허리는 굽은 채 땅만 보며 힘겹게 폐휴지를 싣고 가는 할머니, 할아버지를 볼 수 있다. 한 번쯤 그들의 무거운 수레를 뒤에서 밀어 준 사람이 있을까? 착한 배려도 호의로 받아들이지 않고 괜한 오지랖이라며 오해를 받기도 하는 요즘의 세상에서 길가다 마주치는 힘겨운 사람에게 선뜻 도움의 손길을 내미는 것을 기대하기는 더욱 힘든 일일 것이다.

『우주 호텔』에는 반지하 단칸방에서 다른 사람들과 관계를 맺지 않고 갈라진 시멘트 틈 사이로 언젠가는 나도 사라져 버려도 된다고 생각하는 종이할머니가 마음의 문을 닫은 채 외롭게 살아가고 있다.

하지만 메이는 꽉 닫힌 종이할머니의 마음을 두드린다. 다 쓴 공책과 스케치북을 들고 종이할머니의 집을 찾아간다. 종이할머니는 순수한 메이의 눈동자와 따뜻한 그림을 보면서 마침내 다른 사람에 대한 관심을 가지게 되며 타인과의 관계 맺기를 시작한다. 잊었던 동심을 찾고 궁금한 것이 생기고, 품고 싶은 것이 생긴다. '지구에서의 삶'의 의미를 깨닫고 이제는 구부정한 허리를 펴고 매일 보던 땅이 아닌 하늘을 쳐다본다. 무기력했던 나의 삶에 애착을 가지기 시작한다.

여행에서 잠시 머물다 가는 곳이 호텔이라면, 종이할머니는 인생이라는 긴 여행에서 친구와 함께 머물고 차 한 잔 마실 수 있는 이곳을 우주 호텔이라고 생각하게 된 것이 아닐까? 지금부터 우주 호텔 속으로 들어가 보자.

우주 호텔

유순희 글 | 오승민 그림 | 해와나무

책과 수업

수업 흐름도

본 6차시 중 활동을 선택해서 조직해도 됩니다.

구분 \ 차시	1차시	2차시	3차시
배움 활동	책과 만나기	질문 수업하기	인물 소개도 만들기
배움 과정	• 지우개 지우기 활동하기 • 함께 읽고 공감하기	• 보석맵에 나의 질문 만들기 • 사회자 토의로 질문 나누기 • 인상 깊은 질문 공유하기	• 인물 소개도 병풍책 만들기 • 학급 홈페이지에 공유하고 생각 나누기
배움 조직	전체 및 개별	개별, 모둠, 전체	개별
핵심 역량	심미적 감성 역량 창의적 사고 역량	창의적 사고 역량 의사소통 역량	지식 정보처리 역량 공동체 역량

구분 \ 차시	4차시	5차시	6차시
배움 활동	뜨거운 의자 활동하기	미덕 상장 만들기	나의 우주 호텔 그려 보기
배움 과정	• 모둠에서 역할 나누기 • 모둠 뜨거운 의자 활동 후 전체 뜨거운 의자 활동하기	• 인물과 관련 있는 미덕을 선정하기 • 인물에게 빛나는 미덕을 담아 미덕 상장 만들기	• ☐가 있는 나만의 우주 호텔 그리기 • 포스트잇 PMI로 공유하기
배움 조직	모둠 및 전체	개인	개별 및 전체
핵심 역량	의사소통 역량 공동체 역량	심미적 감성 역량 의사소통 역량	심미적 감성 역량 창의적 사고 역량

책과 만나기

- 지우개 지우기 활동하기
  - 우주 호텔 표지 보며 등장하지 않을 것 같은 낱말을 찾아 지우기
- 함께 읽고 공감하기
  - 함께 책을 읽은 후 포스트잇에 한 줄 소감 쓰기

지우개 지우기 활동하기

지우개 지우기 활동은 읽기 전 활동의 하나로, 표지만을 본 후 짝 또는 모둠 활동으로 진행을 해요. 그림책에 나오지 않을 것 같은 낱말을 고르고 그 이유를 말하며 하나씩 지우도록 합니다. 이 활동을 통해 '이 책의 내용은 뭘까? 궁금해진다!'라는 생각이 든다면 실제로 책을 읽을 때에도 매우 흥미를 가지고 읽겠지요? 본인이 상상을 한 내용과 맞는지 확인을 하며 책을 읽는 것도 재미있을 것 같아요.

1~4학년은 9개의 낱말에서 3개 지우기, 5,6학년은 16개의 낱말에서 5개 지우는 활동지를 만드는 것이 적당해요. 우리는 4학년이라서 9개 낱말을 아래와 같이 제시하였습니다.

할머니	손수레	포도
외계인	깡통	지하계단
커피	하늘	폐지

책의 제목과 표지만 보고 하는 활동이라 학생들은 자신들의 배경지식을 활용하여 지우개 지우기 활동을 합니다. 아래는 우리 반 학생들이 짝과 함께 지우개 지우기 활동을 하며 이야기 한 내용입니다.

할머니 호텔이라는 곳과 할머니는 조금 어울리지 않는 것 같아요.
폐지, 손수레 호텔은 조금 고급스러운 곳인데 폐지나 손수레는 나오지 않을 것 같아요.

커피 호텔에서 커피를 마시는 것을 보았어요.
외계인 우주라고 꼭 외계인이 나올 것 같지는 않아요.
지하계단 우주 호텔의 지하계단에서 무슨 일이 생길 것만 같아요.

함께 읽기

💡 함께 읽고 한 줄 소감 쓰기

교사는 작은 의자에, 아이들은 교실 가운데에 앉아 그림책을 보며 선생님이 읽어 주는 이야기를 함께 들어요. 내용이 조금 긴 책이라 20~30분 정도 걸린 것 같아요. 중간중간에 아이들과 함께 나누고 싶은 그림이나 문장은, 읽는 것을 멈추고 즉흥적으로 이야기를 나누기도 했어요. 앞서 지우개 지우기 활동을 했기에 나오지 않을 거라고 했던 단어들이 나오면 웃음을 띠며 더욱 집중하며 이야기를 듣는 모습을 살펴볼 수 있었어요.

책을 읽은 후 한 줄 소감 쓰기 활동을 했어요. 학습 활동판에는 각자의 이름이 적혀 있는 30칸이 있어요. 포스트잇을 활용하여 자신의 책에 대한 느낌을 적어 보도록 하고 친구들과 공유해 보았어요. 학습 활동판은 간단한 느낌 및 소감 쓰기나, 찬반 토론(두 가지 색 포스트잇 이용), 배움 활동 정리에 유용합니다.

작은 관심이 만든 나의 우주 호텔　　105

〈한 줄 소감 쓰기 활동 예시〉
- 내가 사는 곳 바로 여기가 우주 호텔이라는 말이 제일 기억에 남는다.
- 할머니는 메이를 만나서 허리를 펼 수 있게 되고 친구도 만들 수 있게 된 것 같다.
- 나는 할머니가 땅만 보다가 허리를 펴서 하늘을 쳐다보는 것이 긍정을 가지는 것 같았고, 혹이 난 할머니는 종이할머니의 친구고 메이와 뽀뽀나도 친구다. 할머니를 메이와 비유한 것 같다. 우리도 긍정을 가지면 좋겠다.
- 종이할머니처럼 나의 우주 호텔은 어디인지 생각해 봐야겠다.
- 종이할머니가 슬프다고 생각했다. 종이할머니와 혹이 난 할머니가 친구가 되니까 감동적이다.

질문 수업하기

- 보석맵에 나의 질문 만들기
  - 인상 깊은 키워드 2개 선정 후 나의 질문 만들기
- 사회자 토의로 질문 나누기
  - 모둠에서 개인의 질문에 대해 사회자 토의로 생각 나누어 보기
- 인상 깊은 질문 공유하기
  - 사회자 토의를 하며 인상 깊은 질문에 대하여 전체 공유해 보기

 보석맵

보석맵은 모둠원 네 사람이 동시다발적으로 작성하고 서로 내용을 확인하며 협력하고 소통할 수 있는 생각맵입니다. 4절지나 8절지를 접어서 만들거나, 틀을 만들어 출력하여 활용할 수 있습니다. 보석맵을 수업에 적용하는 방법은 다양하지만 본 활동에서의 활용 방법은 다음과 같습니다.

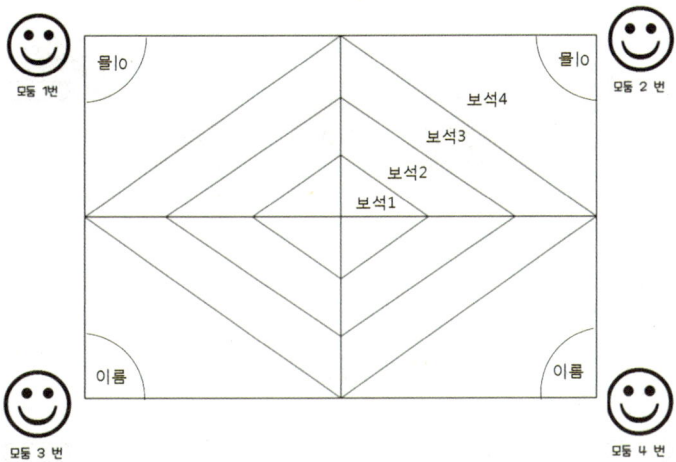

① 보석맵의 각자의 칸에 이름을 적고, 가운데 보석 첫 번째 칸(보석1)에 활동주제와 모둠이름을 씁니다.

② 두 번째 칸(보석2)에는 주제와 관련한 키워드를 적습니다.

③ 세 번째 칸(보석3)에는 키워드를 활용하여 나의 질문을 적어 봅니다.

④ 마지막 네 번째 칸(보석4)에는 모둠원이 돌아가며 각자의 질문을 말하고 모둠원 모두에게 대답을 듣는 사회자 토의 활동 후 나의 질문에 대한 생각을 종합하여 작성합니다.

보석맵 접는 방법

① 필요한 크기의 종이를 준비하여 세로로 반을 접는다.

② 가로로 반을 접어 올린다.

③ 막힌 쪽을 아래로 두고 대각선 위로 접어 올린다.

 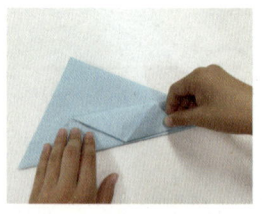 

④ 2/3만큼 다시 접어 내린다. ⑤ 남은 부분을 다시 접어 올린다. ⑥ 펼치면 보석맵 완성

🔍 키워드 적기와 질문 만들기

보석맵의 두 번째 칸(보석2)에 그림책을 떠올려 보며 나에게 인상 깊은 키워드 두 개를 적어요. 키워드 떠올리기는 질문 만들기 활동의 준비 작업이라고 할 수 있습니다. 책에 관한 키워드를 바탕으로 하여 질문을 만들면 질문 만들기가 훨씬 쉬워져요. 나의 키워드나 모둠의 다른 친구들이 나타낸 키워드를 활용하여 나의 질문을 만들어 보고 보석맵의 세 번째 칸(보석3)에 적어요. 친구들은 각자의 색깔 펜으로 생각을 적어 자기 생각에 책임감을 높였어요.

〈학생들이 적은 인상 깊은 키워드〉

종이할머니, 폐지, 우주, 메이, 뽀뽀나, 우주 호텔, 집, 하늘, 친구, 혹이 난 할머니 등

〈학생들이 만든 나의 질문 예시〉

Q : 할머니는 하늘의 색이 무엇인지 왜 까먹었을까요?
Q : 할머니는 왜 허리가 굽었을까요?
Q : 종이할머니는 왜 메이가 그린 그림이 궁금했을까요?
Q : 종이할머니와 혹이 난 할머니는 어떻게 친구가 되었을까요?
Q : 내가 만약에 종이할머니라면 폐지를 모으며 어떤 생각을 했을까요?
Q : 왜 메이는 외계인 친구의 이름을 뽀뽀나라고 지었을까요?

〈보석맵 활동 결과물 예시〉

🆙 사회자 토의로 질문 나누기

　사회자 토의란 모둠 안에서 한 명이 사회자를 맡아 토의를 진행하며 주제에 대하여 모둠원끼리 의사소통을 하는 방법입니다. 사회자가 모둠 마이크를 들고 진행을 하며, 발언권을 줄 때에는 말하는 사람에게 마이크를 건네어 줍니다. 이 활동을 통하여 모든 학생들은 주제에 관하여 자신의 생각을 이야기해 볼 기회가 생깁니다.

　개인의 질문이 모두 보석맵에 나타내어지면 사회자 토의로 각자의 질문을 모두 나누며 묻고 답하기를 하였습니다. 혹시 질문을 받고 대답하기가 어려울 때에는 '패스'라고 해도 되고, 다른 친구와 말차례를 바꾸어도 좋다고 미리 이야기해 주었어요. 질문에 대한 학습 대화를 나누며 친구들의 대답을 모두 듣고 난 후, 마지막 네 번째 칸(보석4)에 자신의 질문에 대한 나의 생각을 최종적으로 적어 보도록 했어요.

　마지막 네 번째 칸에 질문에 대한 대답을 적는 것을 토의 활동을 하지 않고 보석맵을 돌려가며 다른 친구들의 질문을 읽고 자기만의 색깔로 나의 생각을 적어도 되지만, 이번 수업에서는 의사소통 역량 신장에 초점을 두고 사회자 토의를 통하여 질문에 대한 생각 나누기를 한 후 대답은 질문을 만든 사람이 적어 보도록 하였어요.

수업 장면

사회자 지금부터 1모둠 사회자 토의를 시작하겠습니다.

먼저 저의 질문에 대하여 생각을 나누어 보겠습니다. "종이할머니는 왜 종이할머니가 되었을까요?"에 대한 생각을 말해 주세요. (모둠원 2에게 마이크를 넘겨준다.)

모둠원 2 종이할머니가 늘 하는 일이 종이를 줍는 일이기 때문입니다.

모둠원 3 할머니가 살면서 의지하는 것이 종이 줍는 일밖에 없기 때문에 종이할머니라고 불리게 된 것 같습니다.

모둠원 4 제 생각도 비슷해요. 땅만 보며 오로지 폐지 모으는 일에만 열중하기 때문입니다.

사회자 좋은 생각 감사합니다. 그럼 김○○(모둠원 2)님의 질문을 나누어 보겠습니다. 질문을 말씀해 주세요.

모둠원 2 저의 질문은 "메이는 친구의 이름을 왜 뽀뽀나라고 지었을까요?"입니다. 여러분의 생각을 듣고 싶어요.

모둠원 3 뽀뽀하는 것을 좋아하기 때문입니다.

모둠원 2 뽀뽀나는 왜 뽀뽀하는 것을 좋아하는 걸까요?

모둠원 3 제 생각에는 어렸을 적에는 친한 친구들끼리 스스럼없이 뽀뽀를 하곤 했었습니다. 뽀뽀나는 누구에게나 뽀뽀를 하며 친해지고 친구가 되고 싶은 것 같습니다.

- 이하 생략-

〈사회자 토의 활동 모습〉

👆 인상 깊은 질문과 대화 공유하기

모둠에서 활발하게 생각을 나누어 보았어요. 모둠에서 어떤 이야기들이 오고 갔는지 학급 전체 친구들과 함께 공유해 보아야겠지요. 발표를 통하여 학생들은 기억에 남는 대화를 이야기하면서 사회자 토의의 내용을 전체 공유로 이끌 수가 있어요.

수업 장면

교사 사회자 토의를 하며 나눈 대화 중에서 인상 깊었던 질문이나 대답을 나누어 봅시다.

학생 1 저는 제가 만든 질문이 "종이할머니는 왜 내가 사는 집을 우주 호텔이라고 생각하였나요?"였는데 ○○님이 "메이와 뽀뽀나가 차를 함께 마시며 우주 호텔에서 쉬어 가는 것처럼 종이할머니도 혹이 난 할머니와 차를 마시며 쉬고 있었기 때문이다."라고 말한 것이 인상 깊었습니다.

왜냐하면 ○○님이 그 대답을 하면서 책의 뒷면을 보여 주었는데 진짜 차를 마시는 그림이 있었기 때문입니다.

학생 2 저는 우리 모둠 ○○님의 질문이 기억에 남습니다.

"왜 혹이 난 할머니를 보고 외계인을 상상했을까요?"라는 질문이었는데, 저는 혹이 난 할머니의 얼굴이 메이가 그린 뽀뽀나의 모습처럼 눈과 입이 불룩 튀어 나와서라고 생각했었는데 △△님이 종이할머니가 혹이 난 할머니를 보고 자기처럼 외롭다고 생각하여 친구가 되고 싶다는 생각이 들어 메이의 친구인 뽀뽀나를 떠올린 것 같다고 한 대답이 기억에 남습니다.

- 이하 생략-

인물 소개도 만들기

- 인물 소개도 병풍책 만들기
  - 등장인물 4명에 대하여 소개하는 병풍책 만들기
- 학급 홈페이지에 공유하고 생각 나누기
  - 각자가 만든 병풍책을 학급 홈페이지에 올리고 잘한 점 칭찬하기

인물 소개도 만들기

그림책 속 등장인물들의 소개도 만들기 활동을 했어요. 이 활동은 등장인물의 이해를 높일 수 있고, 다음 수업인 뜨거운 의자 활동을 위한 전 단계로도 의미가 있어요. 크게 드러나는 인물이 4명이라 4쪽으로 구성되는 병풍책으로 인물 소개도를 만들었습니다. 등장인물의 이름과 그림을 그리고, 성격이나 특징 등 소개하고 싶은 점을 적어 보도록 했어요. 그림 그리기에 부담을 느끼는 친구들에게는 그림은 따로 인쇄해 주어도 좋아요.

병풍책 만드는 방법

아코디언 북 접기에서 조금 더 변형된 것으로 위, 아래를 한 번 더 접어 삼각형 지붕을 만들고 병풍처럼 세워 한눈에 내용을 파악할 수 있는 북아트 방법입니다.

① B4색지 준비하여 8쪽 기본 아코디언 북 접기

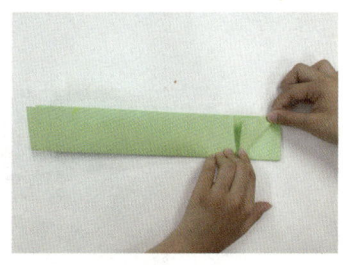
② 아코디언 북을 옆으로 길게 놓고, 오른쪽 끝에서 첫 번 째 삼각형을 위로 향하여 접기

③ 밑에 있던 3장도 삼각형 모양으로 접기

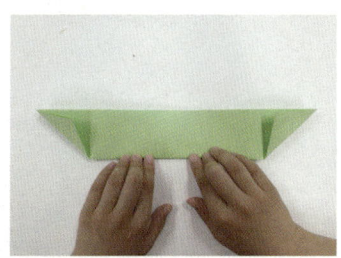
④ 왼쪽도 오른쪽과 같이 4장 모두 삼각형 모양으로 접기

⑤ 펼쳐서 위, 아래 각각 4개씩 만들어진 삼각형 모양을 확인하기

⑥ 삼각형 꼭지점을 연결하여 위쪽과 아래쪽 모두 접기

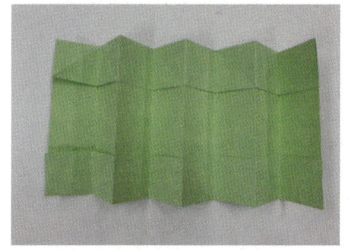
⑦ 지그재그로 아코디언 북 접 듯이 접어 주기

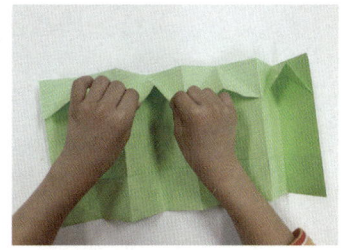
⑧ 삼각형의 높이 부분을 위로 올려 접고 세우면 병풍책 완성

〈인물 소개도 만들기 활동 모습과 결과물〉

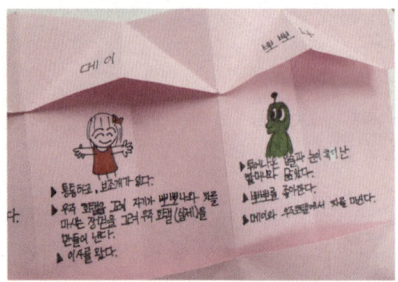

뜨거운 의자 활동하기

- 모둠에서 역할 나누고 뜨거운 의자 활동하기
  - 책 속에서 등장하는 인물 역할 이름표 나누기
- 모둠 뜨거운 의자 활동 후 전체 뜨거운 의자 활동하기
  - 모둠 활동 후에 전체 학생이 다함께 참여하기

 뜨거운 의자

    뜨거운 의자(핫시팅) 기법은 상담 분야에서 활발하게 활용되고 있지만, 수업에 적용할 수도 있어요. 학생들은 뜨거운 의자 활동을 통하여 등장 인물이 직접 되어 봄으로써, 인물에 대하여 공감하고 그 입장에 대하여 깊게 생각해 볼 수 있어요. 학생 중 한 명이 탐구하고자 하는 인물의 역할을 맡고 나머지 학생들은 그 인물에 대하여 궁금한 점을 질문하고 대

답을 듣는 형식으로 진행됩니다.

🅣🅘🅟 모둠에서 역할 나누기

보통의 뜨거운 의자는 한 명의 주인공과 질문자들로 구성하지만, 본 수업에서는 모든 아이들이 그림책 속 인물을 맡아 뜨거운 의자 활동에 참여하게 했어요. 메이 역을 맡은 아이는 메이 입장에서 종이할머니에게 질문을 하는 거죠. 이렇게 역할을 나누면 모두가 책 속의 인물이 되어 뜨거운 의자 활동에 더욱 몰입할 수 있어요.

라벨지에 이름표 세 장씩 들어가게 출력하여 자른 후 모둠바구니에 넣어 놓았어요. 역할을 뽑는 방법은 모둠원들에게 자율로 맡겼는데 대부분 대화를 통하여 원하는 역할을 맡았고, 역할 이름표는 가슴에 붙여 어떤 인물을 맡았는지 알 수 있게 했어요. 역할 머리띠 등을 활용해도 좋을 것 같아요.

〈뜨거운 의자 활동 역할 이름표〉

🅣 모둠 뜨거운 의자 활동하기

모둠에서 각자 자신이 맡은 인물 이름표를 가슴에 붙인 후 네 명이 함께 돌아가며 뜨거운 의자 활동을 해요. 모둠마이크를 주고받으며 말차례를 나타내고 모둠원 1번 학생부터 나머지 세 사람에게 질문을 받고 대답을 한 후, 모둠원 2번 차례로 넘어가면 됩니다. 뜨거운 의자 활동을 하면서, 나와는 다른 생각에 대하여 질문을 할 수도 있고 주인공의 대답에 대하여 질문을 다시 할 수도 있습니다.

수업 장면

교사 지난 시간에 인물소개도 병풍책을 만들며 우주 호텔 속 등장인물의 성격과 특징 등을 살펴보았습니다. 오늘은 여러분이 직접 그 인물이 되어 어떤 이야기를 할 수 있을지, 어떤 말을 더 하고 싶은지, 마음은 어떠할지 이야기하며 뜨거운 의자에 앉아 보겠습니다. 모둠바구니에 있는 역할 이름표를 붙이는 순간, 여러분은 진짜 우주 호텔 속으로 들어가는 겁니다. 뜨거운 의자 활동 시작하겠습니다.

🅣 모두 함께 뜨거운 의자 활동하기

모둠에서의 뜨거운 의자 활동 후, 이제 다함께 뜨거운 의자 활동을 이어서 합니다. 나와 같은 역할을 맡은 다른 친구들은 어떤 생각을 하고 있는지 알고 함께 공유하기 위하여 모둠에서 전체 활동으로 확장시켰어요.

각 역할의 대표 학생들은 교실 앞에 있는 의자에 앉습니다. 이때에도 역시 아이들은 자신이 맡은 역할(입장)에서 질문을 하도록 합니다. 앞에 나와 있는 대표 학생이 질문에 답을 하지 못하거나, 나의 생각과 다를 때에는 앉아 있는 같은 역할의 다른 학생이 답을 해도 좋고 자신의 생각을 말해도 좋아요.

뜨거운 의자 활동을 할 때 학생들이 자연스럽게 할머니의 말투로 이야기를 하거나, 뽀뽀나처럼 입술을 쭈욱 내밀고 대답을 하는 등 재미있게 참가하여 더욱 몰입할 수 있었어요.

수업 장면

교사 모둠 친구들과 뜨거운 의자 활동을 해 보았습니다. 여러분 중에 앞에 나와서 질문에 대답을 할 대표 학생을 희망 받아 볼게요. 먼저 종이할머니 역할을 해 주실 분은 앞으로 나와 주십시오.(역할별로 희망자 앞으로 나오기) 지금부터는 다 함께 뜨거운 의자 활동을 해 보겠습니다.

혹이 난 할머니 종이할머니! 나도 폐지가 필요했고 채소가게에서 나오는 건 할매가 가져가는지 몰라서 주웠을 뿐인데 왜 나를 밀쳤습니까? 말로 하면 되지.

종이할머니 내가 말을 했는데 좀 못 알아들었잖수. 너무 당황해서 그랬어. 그 부분은 지금 생각해도 조금 미안햐. 사과하겠수. 혹이 난 할머니는 내가 당신을 밀었을 때 어떤 기분이 들었나요?

혹이 난 할머니 발랑 넘어졌을 때 너무 아팠어. 새로 이사 와서 어색하고 막막했는데 나를 막 대하는 사람까지 있으니 더욱 외롭고 슬퍼졌어요.

메이 종이할머니는 왜 저에게 요구르트를 주며 방으로 들어오라고 하셨어요?

종이할머니 초록색으로 그려진 게 도대체 무엇인지 몰라 너무 궁금했거든. 그걸 물어보려고 들어오라고 했지. 그리고 나한테 웃어 주는 메이가 너무 귀여웠단다. 나는 손녀가 없거든.

뽀뽀나 메이에게 질문합니다. 왜 저를 그렸나요?

메이 저도 친구가 필요했어요. 이사를 와서 아직까지 친구가 많이 없었거든요.

- 이하생략 -

미덕 상장 만들기

- 인물과 관련 있는 미덕을 선정하고 교실 산책하기
  - 인물에게 어울리는 미덕을 정하여 생각 보드판에 적고 생각 나누기
- 인물에게 빛나고 있는 미덕을 담아 미덕 상장 만들기
  - 인물에게 좋은 점에 대한 미덕 상장을 만들어 주기

교실 산책이란?

학생들이 교실 가운데로 나와 두 명씩 만나 자신의 생각을 나누는 활동입니다. 자유롭게 친구를 만나고 자유롭게 앉을 수 있기 때문에 산책이라는 단어와 어울리는 것 같습니다. 다른 친구와 생각을 나눌 때에는 자리에 앉아서 하고 다른 짝을 만날 때는 자리에서 일어서 있으면 짝을 잘 찾을 수 있어요.

인물에게 어울리는 미덕 선정하기

인물 소개도 만들기, 뜨거운 의자 활동을 통하여 인물에 대한 충분한 공감이 이루어졌을 거예요. 그림책 속 인물들 중 한 명을 선정하여 그 인물에게 빛나고 있는 미덕을 생각해 보고 개인 생각 보드판에 적어 봅니다. 그 후 교실 산책으로 자신의 생각을 나눈 후 동그라미로 앉아 다함께 공유하는 시간을 가졌어요.

〈학생 미덕 성찰 예시〉
메이 상냥함, 배려, 이해, 도움, 너그러움
종이할머니 성실, 인내, 소신, 책임감, 근면
혹이 난 할머니 유연성, 초연, 협동
뽀뽀나 친절, 화합, 우의

〈교실 산책 활동 모습〉

미덕 상장 만들기

인물에게 어울리는 미덕 뽑기 활동을 한 후, 인물에게 주고 싶은 미덕 상장 만들기 활동을 했어요. 상장 만들기 활동을 하면서 앞서 선정한 미덕에 대한 자신의 생각과 이유가 더욱 구체적으로 드러날 것입니다.

〈미덕 상장 만들기 활동 예시〉

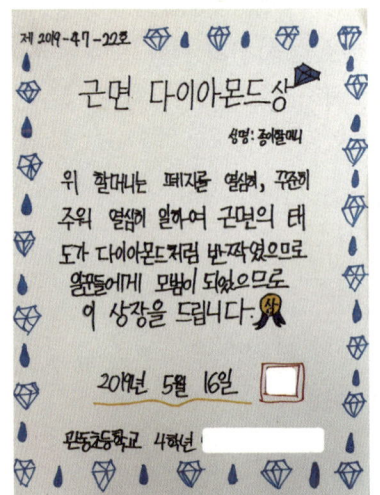 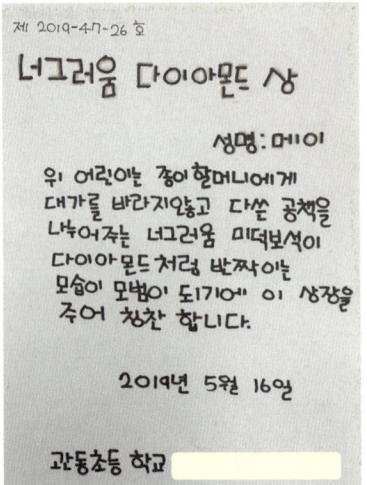

나의 우주 호텔 그려 보기

- ▪ ☐ 가 있는 나만의 우주 호텔 그리기
  - 나만의 우주 호텔 그려 보기
- ▪ 포스트잇 PMI로 공유하기
  - 친구들의 작품을 공유하고 PMI 평가하기

🌱 ☐ 가 있는 나만의 우주 호텔 그리기

메이가 그린 우주 호텔에는 포도 모양의 성에 뽀뽀나와 함께 쉬고 있었지요. 종이할머니는 혹이 난 할머니와 차를 나누어 마시며 쉴 수 있는 이 곳이 우주 호텔이라고 여기게 되었어요. 『우주 호텔』 책과 함께하는 마지막 수업으로 아이들에게 나만의 우주 호텔을 그려 보게 했어요. 그리고 메이에게 뽀뽀나가 있었던 것처럼 나만의 ☐도 함께 그려 보게 했어요. 학생들이 무엇을 소중하고 중요하게 생각하는지 알게 되어 서로를 더 잘 이해하는 데 도움이 되었던 활동이었습니다.

수업 장면

교사 종이할머니가 메이의 스케치북을 보며 인상 깊게 본 게 있었지요? 바로 뽀뽀나와 메이가 있는 우주 호텔이었습니다. 종아할머니는 내가 사는 이곳이 우주 호텔이라고 생각하지요. 여러분들이 살아가는 곳에는 무엇이 꼭 있었으면 좋겠나요? 그것을 생각하며 ☐가 있는 나만의 우주 호텔을 그려 봅시다.

〈우주 호텔 작품 학생 예시〉

저는 저에게 가장 소중한 친구가 있는 우주 호텔을 그렸습니다. 반짝이는 깜깜한 세상에서도 친구가 있다면 제 주변은 밝아지기 때문입니다.

📝 포스트잇 PMI로 친구 그림 공유하기

학생들에게 3장의 포스트잇을 나눠 줍니다. 포스트잇을 4등분하여 PMI 평가를 하고 친구 그림 밑에 붙여 줬어요. 그림 밑에 포스트잇이 3~4장이 이미 붙어 있다면 다른 친구들을 평가하도록 합니다. 이렇게 하면 골고루 상호평가가 이루어질 수 있어요.

PMI란

P(plus :잘한 점, 칭찬하고 싶은 점), M(minus :부족한 점, 조언해 주고 싶은 점), I(intereating :흥미로운 점, 재미있는 점, 특별한 점)으로 구분하여 평가하는 방식입니다.

〈포스트잇 PMI 틀〉

이름:	P:
M:	I:

〈PMI 상호평가 활동모습〉

책과 성장

아이들의 성장 이야기

- 우주 호텔을 읽기 전에는 무서울 것 같았는데… 읽으니까 슬프고 마음이 뭉클했다.
- 지우개 활동을 하고 이야기를 읽으니 정말 있는지 몰랐던 반전의 단어들이 나와서 정말 재밌었다. 보석맵 활동이 있었는데 자꾸 질문을 만드니 내 생각이 커진 것 같았다. 뜨거운 의자 활동을 할때는 내가 그 우주 호텔 주인공이 되어 질문을 만들었는데 내가 그 주인공이 되니 그 사람의 심정이 이해가 갔다.
- 내가 상상하는 우주 호텔 그리기 수업을 할 때 어떤 방식으로 그려야 할지 고민하다가 나는 책이 좋고 책을 항상 가까이 하기 때문에 책 모양 우주 호텔을 그렸습니다.
- 나는 이 책을 읽고 난 뒤 나 자신이 좀 못한다는 생각이 들었다. 왜냐하면 뭐든지 좀 힘들면 안 하고 싶고 귀찮게 느껴지기 때문이다. 앞으로 나를 위해 노력을 더 많이 하고 뭐든지 해 볼만 하면 부딪혀 보겠다.
- 아는 친구들에게 『우주 호텔』이라는 좋은 책을 많이 소개해 주고 싶다.
- 짧은 책 1권으로 재미있고 생각 주머니가 커지는 수업으로 더 기억에 남은 것 같습니다. 그리고 책의 제일 인상 깊었던 말은 "내가 사는 곳, 바로 여기가 우주 호텔!"이라는 대사가 정말 기억에 남았습니다. 다음에도 이렇게 재미있는 책으로 수업을 하면 좋겠습니다.
- 이 책을 읽고 저는 소중함을 느꼈습니다. 친구가 없고 엄마, 아빠, 동생이 없으면 어떨까라는 생각을 했습니다. 그래서 가족과 친구들이 있을 때 더 잘하도록 하겠습니다.
- 『우주 호텔』책을 읽고, 세상에는 이렇게 힘들게 살아가고 있는 사람들이 많다는 걸 느꼈다. 그래서 앞으로 힘든 일을 하고 계시는 할머니

나 몸이 불편하신 사람을 보면 많이 도와주어야겠다. 남에게 먼저 "도와 드릴까요?"라고 말할 수 있는 용기가 생긴 것 같다. 또 남의 외모만 보고, 좋다, 나쁘다 이렇게 판단하면 안 된다는 것도 깨달았다. 그 사람이 자신이라고 생각해 보면 그 사람의 마음도 이해해 볼 수 있을 것이다.

교사의 성장 이야기

우리는 타인과 함께 살아간다. 모두 다 제각각인 저마다의 삶이 있다. 우리는 그들과 관계를 맺고 이해하며 어울려 살아간다. 우리 아이들에게도 관계와 이해에 대하여 말하고 싶었다. 혼자서는 이 세상을 살아갈 수는 없음을 말하고 싶었다. 이 책을 읽고 난 뒤 아이들은 자신이 하는 행동 하나, 말 한마디가 다른 사람에게 큰 영향을 미칠 수 있음을 알게 된 것 같다. 부모님과 친구와 주변의 모든 사람들의 소중함과 가치를 알게 된 것 같았다. 종이할머니와 혹이 난 할머니가 친구가 되어, 지금 사는 여기가 우주 호텔이라고 생각하는 것처럼 우리 반 아이들도 소중한 무언가와 함께 행복한 희망을 가지기를 바란다.

미덕 상장 만들기 활동을 할 때 한 아이가 인물에게 빛나는 미덕 말고 주고 싶은 미덕을 써도 되냐고 물었다. 누구에게 무엇을 주고 싶으냐고 물으니 혹이 난 할머니를 놀린 아이들에게 '이해'라는 미덕을 주고 싶다고 했다. 혹이 난 할머니가 겉모습 때문에 놀림 받은 것이 못마땅한 모양이다. 할머니를 놀린 철없는 아이들이 이해와 예의의 미덕을 가졌으면 하고 생각했나 보다. 내가 미처 떠올리지 못한 생각이다. 오늘도 나는 아이들을 가르치며 아이들에게 배운다.

모니터와 마주 보고 앉아 있는 지금, 쓰고 지우고 쓰고 지우고를 반복하다가 문득 창밖을 내다보았다. 내가 보고 있는 풍경은 오늘도 평화롭다. 새가 날아간다. 구름이 예쁘다. 나무가 흔들린다. 가방을 맨 아이들이 삼삼오오 웃으며 지나간다. 혼자 걸어가는 사람이 보인다. 뭐가 바쁜지 뛰어가는 사람도 있다. 노란색 버스가 왔다. 엄마들이 아이들을 마중한다. 아이들은 버스에서 내려 폴짝폴짝 뛴다. 손을 잡은 모녀는 마주 보고 웃는다.

오늘따라 이렇게 글을 쓰고 있는, 아니 쓸 수 있는 내가, 지금, 이곳이 참 소중하게 느껴진다. 나도 나를, 내 삶을, 내 주변의 모든 것을 아끼고 사랑해야겠다.

함께 보면 좋은 책 이야기

뒷집 준범이

이혜란 지음 | 보림

새로 이사 온 준범이, 그런데 친구도 사귀려 하지 않고 온종일 집에 혼자 있다. 창문 밖으로 보이는 이웃의 친구들을 관찰하기만 하다 짜장면 집 강희와 눈이 마주치지만 같이 놀자는 제안을 거절한다. 강희와 친구들이 준범이 집에 놀러가면서 준범이에게 따스한 관계를 선물하는 그림책이다.

너에게 닿기를

| 주제 | 유기견, 생명, 책임

> 책마중

당신을 향한 내 마음

    길을 걷다 보면 강아지도, 고양이도 많이 있다. 그중에는 목걸이를 하고, 작아진 옷을 입고 있는 동물이 있다. 분명 예전에는 사람에게 사랑을 많이 받은 모습이다.
    『검은 강아지』는 버려진 유기견 이야기다. 첫 장면에서 주인은 '조금만 있으면 데리러 온다.'고 말하고 가 버린다. 강아지(검은 강아지)는 주인의 말을 믿고 사계절을 기다린다. 그 사이에 점점 몸이 더러워지고 검어진다.
    도중에 만난 하얀 강아지는 검은 강아지의 친구가 된다. 하얀 강아지는 주인을 기다리는 검은 강아지에게 핀잔을 주지만 함께 기다린다. 점점 날씨는 추워져 겨울이 되고 강아지들의 몸 위로 눈이 덮여 간다. 버려진 거울에 비친 검은 강아지가 하얀 강아지처럼 보인다.
    선택에는 책임이 따른다. 무엇을 하든 결과는 자신의 몫이다. 하지만 책임지지 않을 선택과 비겁한 행동은 잘못되었다. 있어서는 안 될 일이다. 아이들과 함께 생명과 존재에 대한 소중함, 그리고 선택에 대한 책임에 대해서 생각하고 용기 있게 자신의 생각을 표현해 보고자 한다.

검은 강아지

박정섭 그림책 | 웅진주니어

책과 수업

수업 흐름도

본 8차시 중 활동을 선택해서 조직해도 됩니다.

구분 \ 차시	1차시	2차시	3차시
배움 활동	함께 읽고 질문 수업하기	인물의 감정 찾기	가족의 탄생
배움 과정	• 이야기 나누기 • 함께 읽기 • 도란도란 질문하기	• 인물의 감정 찾아 표현하기 • 교실 산책하며 나누기	• 다양한 가족의 형태 알기 • 가족 형성하고 이야기 만들기 • 활동 나누기
배움 조직	전체	개별 및 전체	개별 및 전체
핵심 역량	의사소통 역량 지식정보처리 역량	심미적 감성 역량 의사소통 역량	심미적 감성 역량 의사소통 역량

구분 \ 차시	4~6차시	7차시	8차시
배움 활동	UCC 만들기	입장 되어 보기	미덕으로 소감 나누기
배움 과정	• 이야기 재구성하기 • 상영회 및 감상 나누기	• 유기견 동영상 시청 • VR 가상체험하기	• 나의 한마디 • 활동 및 소감 나누기
배움 조직	모둠 및 전체	개별 및 모둠	개별 및 전체
핵심 역량	의사소통 역량 지식정보처리 역량 창의적사고 역량	심미적 감성 역량 의사소통 역량	의사소통 역량 자기관리 역량

함께 읽고 질문 수업하기

- 이야기 나누기
  - 두 강아지를 보고 이야기 나누기
- 함께 읽기
  - 선생님을 중심으로 둘러 앉아 그림책 읽기
- 도란도란 질문하기
  - 책 내용에 대해 마주 보고 질문하기

🆙 이야기 나누기

책을 읽기 전에 『검은 강아지』에 등장하는 두 강아지(검은 강아지, 하얀 강아지)를 보고 이야기를 나눠요.

※ 39-40쪽을 펼쳐 보여 줬어요.

선생님Q 이 두 강아지를 보니 어떤가요?

학생A 귀여워요. 우리 집 강아지도 귀여워요.

선생님Q 이 강아지들에 대해서 이야기해 볼까요?

학생A 한 마리는 회색이고, 한 마리는 하얀색이에요.

학생A 꼬질꼬질한 강아지는 눈이 동그랗고, 하얀 강아지는 눈이 또렷해요.

학생A 하얀 강아지는 무섭게 노려보고, 다른 강아지는 소심해 보여요.

함께 읽기

책을 함께 읽는 방법

◎ **그림책일 때**

여러 권을 확보했다면 모둠별로 1권씩 함께 책을 읽어요. 글이 많거나 장수가 많으면 한 사람씩 소리 내어 읽어요.

그림책 수가 적거나 한 권밖에 없다면 교사가 직접 읽어 주는 것이 좋은데, 교실의 빈 곳을 이용하여 교사가 의자 등 높은 곳에 앉고, 학생들이 주변에 앉아요. 만약 학생 수가 많아 주변에 다 앉지 못하거나 책 크기가 작다면 실물 화상기를 이용해요.

◎ **그림책이 아닐 때**

책이 많이 없다면 몇 권만 책을 돌려 읽어요. 한 사람씩 소리 내어 한 장씩 읽으면 혼자서 책 읽기를 힘들어하는 아이들(난독 포함)도 책을 읽을 수 있어요.

📖 도란도란 질문하기

선생님과 함께 책을 읽으며 자유롭게 질문하고 아이들이 대답하는 과정이에요.

학생Q 저 하얀 강아지가 왜 나와?
학생A 상상 아닐까?
학생A 쟤는 주인이 있어. 잠시 놀러 나온 거야. 참견 하는 거야.
학생A 나도 상상인 것 같아. 예전에 예뻤던 자기 자신이야.

핵심 질문

학생Q 강아지를 왜 버렸지?
학생A 돈이 너무 많이 들어서.
학생A 키우기가 힘들어서지.
교사Q 힘들면 버려도 되나요?
학생A 안 돼요. 나쁜 사람들이에요.

학생Q 저기에 노란 별이 있다!
학생A 저건 검은 강아지야.
학생A 맞아! 검은 강아지가 죽어서 별이 된 거야. 반짝이면서 바라보고 있어. 아마 계속 버리고 간 주인을 보고 있을걸?
학생A 맞아. 주인을 기다렸잖아.

교사Q 검은 강아지는 죽은 걸까?
학생A 죽었을 것 같아.
학생A 지나가던 사람이 데려가면 좋겠다….

이중 핵심 질문인 '주인이 왜 강아지를 버렸을까?'를 골라 전체 활동으로 생각 나누기를 했어요.

> ① 짝과 이야기 나누기
> ② 모둠 친구들과 이야기 나누기
> ③ 전체 나누기(나도! 나만!)

나도! 나만! 발표하기

모든 친구 생각을 겹치지 않게, 빠르게 나누는 활동이에요. 학급 전체 친구들이 모두 일어서요. 그 다음 자신의 생각을 말해요. 만약, 나의 생각과 같다면 '나도!' 하고 자리에 앉아요. 내 생각을 말했는데 아무도 앉지 않는다면 '나만!' 하고 자리에 앉아요.

인물의 감정 찾기

- 인물의 감정 찾아 표현하기
  - 각 장면에 나오는 감정을 딕싯카드를 이용해 표현하기
- 교실 산책하며 나누기
  - 친구와 함께 읽으며 이야기 나누고 전시하기

🅣🅘🅟 인물의 감정 찾기

학생들에게 그림책 장면을 각각 나눠 주고, 책 속에 등장하는 인물의 감정을 딕싯카드를 이용해 표현했어요. 드러나지 않은 책의 내용을 이해하는 데 도움이 되고, 다음 활동인 'UCC 만들기'의 기초 활동이기도 해요. 각 장면에는 버린 주인, 검은 강아지, 하얀 강아지가 등장해요. 이중 한 인물을 골라 어떤 감정일지 생각해 봐요. 책에 등장하지 않는 인물을 상상해도 좋아요.

| 딕싯 카드 | 이 장면에서 느껴지는 감정 |
| | 이 카드를 고른 이유 |

한 장면

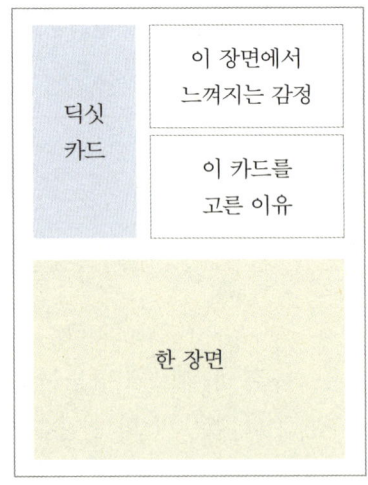

※ 이 그림책은 양쪽으로 펼치면 33장이에요. 학생 수에 따라 장면을 선택하거나 중복하여 나눠 주세요.

강아지의 감정 검은 강아지는 하얀 강아지를 믿고 있는 것 같고 하얀 강아지는 검은 강아지를 믿지 못하고 있는 것 같다.

이 카드를 고른 이유 검은 강아지가 흰색 강아지에게 믿음과 신뢰가 있는 것 같아 판다가 아기 판다를 안는 카드를 골랐다.

책 속 장면   선택한 딕싯카드

인물의 감정과 카드 선택 이유 비가 오는 날에 식물에게 물을 주는 것이 힘

들지만 같이 있어 줘서 고마운 마음이 있기 때문이다. 다리까지 물이 차도 식물을 키우겠다는 듯, 힘들어도 감사를 표해서 어울리는 것 같다. 힘들어도 같이 있어 주니까 좋다.

책 속 장면

선택한 딕싯카드

인물의 감정과 카드 선택 이유 검은 강아지가 원래 주인에게 돌아가서 행복하게 지내기를 바라는 마음이 있을 것 같다. 돌아가기 전 희망의 끈이 그네의 줄 같아서 이 카드를 선택했다.

🆙 교실 산책하며 나누기

완성한 친구들은 교실을 돌아다니며 다른 친구들과 함께 바꿔 읽었어요.

◎ 교실 산책이란?

과제나 작품을 완성한 친구들이 교실을 다니며 다른 친구들과 바꿔 읽어 보는 활동이에요. 활동 속도가 다른 아이들이 서로 부담 가지지 않고 나눌 수 있는 방법이에요.

가족의 탄생

- 다양한 가족의 형태 알기
- 가족 형성하고 이야기 만들기
- 활동 나누기

📖 다양한 가족의 형태 알기

검은 강아지에게 새로운 가족이 필요해요. 먼저 가족의 다양한 형태를 알아봤어요.

> 대가족, 핵가족, 1인 가족, 조부모 가족, 한 부모 가족,
> 다문화 가족, 재혼가정, 입양가족….
> 아이들은 '혈연으로 이루어지지 않아도 가족이 될 수 있다.'라고 했어요.
> 또 '애완동물'이 아니라 '반려동물'인 것처럼 주인-동물이 아니라
> 함께 마음을 나누는 보금자리가 되어야 한다고도 했어요.

📖 가족 형성하고 이야기 만들기

'인물의 감정 찾기'를 바탕으로 검은 강아지가 언제 행복한지, 어떤 가족과 함께 있을 때 행복할지 생각해 봐요. 반대로 검은 강아지로 인해 행복해질 수 있는 가족을 생각해 봐도 좋아요.

김해의 흔한 남매가 추위에 떨고 있는 검은 강아지를 집으로 데려갔다. 검은 강아지가 남매와 장난을 많이 쳐서 자주 혼난다.

시골에 계신 할머니가 강아지를 데려갔다. 그곳에서 할머니를 도우며 집을 지키며 살고 있다. 할머니도 안심하고 사신다.

'저쪽에서 범인 냄새가 나요!'
검은 강아지는 죽지 않았다. 길을 가던 경찰관이 검은 강아지를 경찰서로 데려갔다. 몸에 덮인 눈이 녹고, 하얗게 변했다. 냄새를 잘 맡아서 경찰견으로 범인을 잘 잡는다.

UCC 만들기

- 이야기 재구성하기
  - 인물의 입장이 되어 이야기 새로 만들어 보기
  - 다양한 방법으로 UCC 제작하기
- 상영회 및 감상 나누기
  - 다 함께 UCC 감상하고 느낀 점 나누기

이야기 재구성하기

각 인물의 입장에서 이야기를 새롭게 재구성하는 과정이에요. 예를 들어 '검은 강아지의 속마음은 어떠했을까?'가 궁금하다면 검은 강아지의 시선에서 좀 더 이야기를 더해 재구성해요. 제작 과정은 4단계로 나뉘어요.

UCC 제작과정

```
1. 스토리 구성하기
       ↓
2. 대본 작성하고 역할 나누기
       ↓
3. 촬영장소 정하고 촬영하기
       ↓
4. 편집하기(음악, 자막 등)
```

여기서 가장 중요한 것은 '1. 스토리 구성하기'예요. 먼저 4컷 정도 기획하고 구체적으로 이야기를 만들어 나가는 것이 좋아요. 이때, 자유롭게 만들어 나가도 좋지만 교사가 피드백하며 도움을 주어도 돼요. 또, 미리 발표대상(청중)을 정하면 '대상을 고려한 글쓰기'가 저절로 되고, 생각지 못한 역량을 뽐내기도 해요.

UCC는 그림자극, 연극 등 다양한 방법으로 촬영할 수 있어요. 단, 제작하기 전에 반드시 모둠 친구들과 충분히 대화해야 해요. 간혹 모둠 분위기 때문에 이야기를 하지 않다가 촬영 후 얼굴이 나오는 것이 부담스럽고 부끄럽다는 아이가 있기 때문이에요. 이때는 모둠 친구들과 의논해 모자이크 처리를 하던가, 촬영 방법을 바꿔 재촬영하는 것이 좋아요. 제작기간은 1주일 정도 주어 너무 짧지도, 길지도 않게 했어요.

※ 주인의 입장에서 이야기를 재구성하는 경우, 주인의 행동을 미화하거나, 변명 같은 이유에 집중하는 경우가 있어요. 유기한다는 것 자체가 잘못된 일이므로 교사가 피드백해 주세요.

6모둠 UCC 제작 과정

1. 스토리 구성하기 (4컷)
① 강아지가 버려진다.
② 검은 강아지와 하얀 강아지가 만난다.
③ 하얀 강아지와 친구가 된다.
④ (반전) 하얀 강아지는 엄마였다. 함께 천국으로 간다.

2. 대본 만들기 (검은 강아지 : 검은 / 하얀 강아지 : 하얀)

검은 제 이름은 뭉치예요. 하얀 솜뭉치 같아서 뭉치랍니다. 저는 주인님을 기다리고 있어요. 그날은 미세먼지도 없는 맑은 날이었어요. 오랜만에 산책을 나왔어요.

주인 조금만 기다려. 곧 데리러 올게.

검은 물론이죠! 저는 주인님을 믿어요.

(시간이 흘렀어요. 추워졌어요.)

하얀 너 그걸 믿니?

검은 당연하지! 우리 주인님이 얼마나 친절하고 상냥한데. 조금만 기다리라고 했어.

하얀 모두들 그래. 처음에는 예뻐 하다가 시간이 지나면 귀찮아 해. 너 사료도 많이 먹고 똥도 많이 눴지? 눈치가 없구나? 조금만 먹고 조금만 눠야지. 산책 가자니까 좋아서 나오고. 뻔하지.

검은 내가 많이 먹고 똥을 많이 눠서 그렇다고? 아니야. 내가 토실토실한 게 솜뭉치처럼 귀엽다고 했어.

하얀 적게 먹고 적게 똥 누고 귀여워야지.

검은 …. 주인님은 오시겠지?

하얀 안 와. 그러니까 혼자 살아가는 방법을 알아야 해.

검은 난 사랑이 필요해. 주인님이 날 보고 예쁘다고 했으면 좋겠어. 산책도 가고 같이 놀고 싶어.

하얀 나랑 같이 놀래?

검은 좋아. 하지만 주인님이 돌아오시면 어떻게 하지? 너도 함께 가자!

하얀 고마워! 우리 같이 놀자!

검은 네 이름은 뭐야?

하얀 난 뭉치야.

검은 내 이름도 뭉치야!

(시간이 지났어요. 점점 더 추워져서 눈이 내렸어요.)

검은 뭉치야. 너무 추워. 이제 어떻게 하지?

하얀 이제 따뜻한 곳으로 함께 가자.

검은 거기가 어딘데?

하얀 천국이라는 곳이야.

검은 천국?

하얀 응. 뭉치야. 난 사실 네 엄마란다. 네가 버림받고 슬퍼할까 봐 하느님께 부탁 드려 내려왔단다. 이제 함께 천국에서 행복하게 살자.

검은 그래도 주인님을 기다려야 해요. 엄마.

하얀 주인님 대신 엄마와 함께 가자. 이제 너무 추워서 여기 있을 수 없어. 천국에 가면 주인님도 볼 수 있단다.

검은 정말요?

하얀 그럼. 하늘에서는 뭐든지 내려다볼 수 있어.

검은 좋아요. 엄마랑 같이 갈래요. 저는 천국에 있어요. 죽었지만 주인님을 볼 수 있어 행복해요.

3. 촬영 방법

그림자 극

4. 촬영 장소
시청각실

5. 배역
검은 강아지-아○, 하얀 강아지-소○, 주인-채○, 촬영-미○

6. 음악
바람 소리, 자막 : 넣기

Tip 상영회 및 감상 나누기

완성된 UCC는 학급에서 함께 봤어요. 만약 학년 단위의 주제 책이라면 학년 전체 상영회를 열어도 좋아요. 미리 아이들과 함께 상영회 예절에 대해 이야기 나누면 집중하며 시청해요.

◎ 상영회 예절
- 비난하거나 야유하지 않아요.
- 응원하고 격려해요.
- 각 모둠의 노력과 과정, 결과를 존중해요.

각 모둠의 UCC를 보고 난 뒤 각자 느낀 점, 칭찬하고 싶은 것을 써요. 자신의 모둠도 솔직하게 써요. 상영이 끝나면 모둠판에 감상평을 붙이고, 자유롭게 살펴보며 이야기 나눠요.

내 응원을 받아라!

친구들의 작품이 참 멋지지요? 여러분의 응원이 친구들에게는 큰 힘이 된답니다. 다른 모둠과 우리 모둠의 작품을 보고 감상평을 적어 주세요.

모둠 UCC를 보고 나서	모둠 UCC를 보고 나서
그림자 극으로 만드니까 재미있었다. 검은 강아지 목소리가 착해서 잘 어울렸다.	반전! 하얀 강아지가 엄마였어! 완전 생각 못 했다.
이름 ( )	이름 ( )
모둠 UCC를 보고 나서	모둠 UCC를 보고 나서
강아지들이 왜 싸우는지 모르겠다. 그래도 재미있었다.	주인이 왜 강아지를 버렸는지 알 것 같다.
이름 ( )	이름 ( )
모둠 UCC를 보고 나서	모둠 UCC를 보고 나서
하얀 강아지도 버려진 적이 있어서 검은 강아지가 불쌍했던 것 같다. 같이 입양돼서 좋다.	채○이가 연기를 잘해서 재미있었다. 현○가 직접 피아노 쳐서 음악이 좋았다.
이름 ( )	이름 ( )

입장 되어 보기

- 입장 되어 보기
  - 유기견 동영상 시청
  - VR 가상체험으로 버려진 강아지 입장 되어 보기

🆙 유기견 동영상 시청

▶ https://www.youtube.com/watch?v=5KyN3yroLSs

강아지가 엄마(사람)와 행복하게 지내다 병들자 버려져 유기견 보호소에서 엄마만을 기다리다 결국 안락사를 당하는 내용이에요. 만화라 저학년도 몰입할 수 있어요.

🆙 가상체험으로 강아지 입장 되어 보기

준비물 : HMD기, 휴대폰

가상체험이란 HMD기를 이용해 영상을 보는 것이에요. 상대방의 입장을 현실처럼 생생하게 느껴 볼 수 있어요.

> ▶ https://www.youtube.com/watch?v=FbzfhNzD4eI
>
> 비 오는 어느 거리, 종이박스에 버려진 유기견 초코의 하루를 담은 내용이에요. '강아지를 공짜로 드립니다.'라는 메시지와 함께 쓰레기를 버리러 온 사람, 지나가는 사람, 발로 박스를 차는 사람을 강아지의 시선에서 볼 수 있게 제작되었어요.

몰입을 위해 바닥에 쪼그리고 앉거나 책상으로 박스를 만들어도 좋아요. 단, HMD기를 쓴 친구가 다치지 않도록 다른 친구가 잘 잡아 주고 도와줘야 해요.

🆙 HMD기가 없을 때는 구글 카드 보드로 대신해요.

천 원 대의 가격으로 조립해서 사용해요. 만드는 방법이 영상으로 나와 있어요.

HMD기로 VR영상 보기   구글 카드 보드

미덕으로 소감 나누기

- 나의 한마디
  - 우리가 소중히 해야 할 미덕을 골라 서클로 이야기하기
- 활동 및 소감 나누기
  - 『검은 강아지』 활동 소감 나누기

나의 한마디

우리 주변의 많은 검은 강아지(유기견)를 위해 우리가 소중히 여겨야 할 미덕은 무엇일까요? 하나의 미덕을 골라 자신의 생각을 서클로 나눠요.

◎ 서클로 나누기란?

학급에 원을 만들어 모여 앉아요. 가운데에 미덕카드를 둬요. 그중 하나의 미덕을 고르고, 그 이유를 말해요. 다른 친구를 위해서 골랐던 미덕은 다시 제자리에 둬요. 빈 종이도 2개 있는데, 제시된 미덕 이외의 미덕을 생각할 수도 있기 때문이에요. 1개를 선택하는 것이 원칙이지만 최대 2개까지 선택할 수 있어요.

미덕의 보석들(출처 : 한국버츄프로젝트)　　　서클로 이야기 나누기

한결같음 처음에는 귀엽다고 길렀다가 나중에는 안 귀엽다고 싫어하거나 버리면 안 되기 때문입니다.

너그러움 처음에는 똥도 싸고, 털도 빠지는데 그런 것들을 모두 참고 봐 줘야 하기 때문이에요.

책임감 강아지는 생명이에요. 책임감을 가지고 끝까지 책임져야 해요.

탁월함, 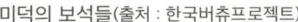 빈 칸은 선택이에요. 처음부터 탁월한 선택을 해야 해요. 내가 기를 수 있는지 선택해야 하거든요.

정직 주인이 '곧 데리러 올게.'라고 했기 때문에 강아지가 끝까지 기다려야 했어요. 처음부터 솔직하게 말했으면 기다리지 않았어도 되었어요.

겸손, 상냥함 동물에게 상냥한 마음으로 대해야 해요. 그리고 겸손한 마음으로 강아지의 입장에서 생각해 봐야 해요.

신뢰 힘들어도 기를 수 있다고 스스로 믿을 수 있어야 해요.

기쁘함, 배려(장애 특수아동) 땅콩이(강아지)를 기르면서 기뻤어요. 또, 똥도 치우고 산책도 해야 해요.

🍀 활동 소감 나누기

『검은 강아지』 모든 활동을 하고 난 뒤 자신의 느낀 점과 소감을 짧은 글을 써 나눠요. 모둠끼리 생각을 나누고 꼬리 물기 발표를 통해 우리 반 친구들의 생각을 알아봤어요.

꼬리 물기 발표
임의로 뽑힌 한 친구가 모둠 친구들의 생각을 정리해서 발표해요. 짧은 시간 안에 모든 친구들의 생각을 알 수 있고, 누가 발표할지 모르기 때문에 친구들의 이야기를 경청해야 하지요.

짧은 글 쓰기
- 강아지를 버리던 사람은 버려진 강아지의 마음이 얼마나 아픈지 모른다.
- 어릴 때 강아지를 키우고 싶어 했는데 이걸 하고 나니 강아지를 사더라도 그 뒤의 일을 책임져야 한다는 걸 알았다.
- 검은 강아지가 불쌍하고 나도 커서 책임감을 가지고 강아지를 키우겠다고 다짐했다.
- 8시간 동안 검은 강아지의 심정, 삶, 있었던 일을 알게 되어 검은 강아지 2편이 나왔으면 좋겠다. 너무 재미있었다.

꼬리 물기로 발표하기
○○이는 검은 강아지가 불쌍하고 새 주인을 만났으면 좋다고 했고, □□이는 동물을 키우게 되면 분양하기보다는 입양해서 키우고 싶다고

했어요. ◎◎이는 검은 강아지가 너무 외로울 것 같다고 했어요. 저는 커서 강아지를 키우게 되면 책임감을 가지고 강아지를 키우겠다고 생각했어요.

책과 성장

아이들의 성장 이야기

- 이제부터는 강아지를 반려견, 애완견으로서 소중히 여기는 게 아니라 한 생명체로서 소중히 여겨야겠다.
- 평소에는 관심이 없었던 동물에 대해 다시 알아 갔다. 유기견과 강아지의 삶 등등 다양한 것을 배웠다. 새로운 것을 배워서 무언가 신기했다. 더 알아 가고 싶다.
- 검은 강아지에 대한 UCC를 만드니 검은 강아지가 더 불쌍하단 생각이 든다.
- 유기견의 느낌을 조금은 알 것 같다.
- 검은 강아지 활동을 8시간이나 했다는 것에 놀랐고, 유기견에 대해 다시 생각하는 활동이었던 것 같다.

교사의 성장 이야기

 교사의 위치는 어디에 있어야 하는 걸까? 자유롭게 아이들을 믿고 두어야 할지, 아니면 개입해야 할지 참 애매하다. 아이들이 무엇을 하고, 어떻게 하든지 '지켜봐 주기' 위해 노력했다. 하지만 활동 결과물을 보면 내 욕심만큼 나오질 않았다.

 생각을 다르게 하기로 했다. 교사의 도움은 개입이 아니라 나눔이라고. 책으로 성장한다는 것은 나누어야 가능한 것이고, 책을 읽은 사람에게서 배운다. 교사가 이해한 것도 아이들과 함께 나누어야 할 필요가 있다.

 욕심만큼은 아니더라도 아이들은 분명히 성장했다. 그리고 마음에 들지 않았던 촬영도 의미 있는 시간이었다. 우리 반 ○○이는 특수 아동이다. 이 아이가 '나의 한마디' 활동을 할 때에 '기쁨함'과 '배려'를 골랐다.

이유를 물어보니 '땅콩, 키워요'라고 했다. ○○이네 가정에서 키우는 반려견 이름이 땅콩이고, 매일 밥도 주고 산책도 아침에 시킨다고 했다. 배려가 필요하단다. 그리고 힘들지만 땅콩이 때문에 기쁘다고 했다. 감동적이었다. 무엇보다 우리 반 아이들이 이 어눌하고, 알아듣기 힘든 발음을 함께 집중하며 경청했다. 함께 살아가고, 함께 배려하기 위해 애쓰는 이 모습. 이 정도면 된 것 같다.

함께 보면 좋은 책 이야기

누가 우모강을 죽였을까

최형미 글 | 서영경 그림 | 크레용하우스

옥상에 올라가 보니 우모강이 죽어 있다. 우모강은 네 명의 친구가 함께 키우는 강아지였다. 우모강은 왜 죽었을까? 누가 우모강을 죽인 걸까? 책임에 관해 함께 생각해 볼 수 있는 책이다.

강이

이수지 그림책 | 비룡소

강이는 주인이 여러 번 바뀌었다. 철장 속에서 마당 있는 집으로 옮겨 왔지만 여전히 마음을 내어 주기는 힘들다. 돌아온다는 말을 남기고 떠난 두 남매를 기다린다. 반려견의 입장에서 바라보는 시선을 느낄 수 있는 책이다.

여러분이라면, 어떤 선택을 하시겠습니까?

| 주제 | 용기

책마중

당당한 내가 되기 위한, 용기 한 걸음

아프리카의 한 마을에서 전사가 되기 위해 소년들이 모였다. 전사가 되기 위해서는 사자와 맞서 싸워 이기는 모습을 사람들에게 보여 주어야 한다. 어느 순간, 사자와 맞선 야쿠바는 선택의 순간을 맞이한다. 사자는 이미 적수와의 싸움에서 많이 지쳐 있었고, 상처도 많았다. 사자를 쉽게 제압할 수 있는 상황이었다. '사자를 쉽게 물리칠 것인가?' 아니면 '사자를 살려 둘 것인가' 하는 선택의 기로에 선 것이다.

야쿠바는 어떤 선택을 했을까? 쉽게 쓰러뜨릴 수 있는 사자를 앞에 두고도 뒤돌아 선 야쿠바의 선택…. 아버지마저도 싸늘한 침묵으로 아들을 바라보는 상황에서 야쿠바는 자신이 옳다고 생각한 길을, 스스로 떳떳하게 갔다. 용기의 또 다른 모습은 무엇일까? 우리 아이들은 용기에 대해 어떻게 생각할까? 내가 살아가고 있는 이곳에서, 나를 둘러싼 사람들에게 용기를 어떻게 보여 줘야 할까? 용기는 보이는 것인가?

『야쿠바와 사자』 그림책 수업은 다양한 생각 질문을 통해 용기에 대한 다양한 의미를 생각하게 하며, 아이들에게 끊임없이 생각의 깊이와 확장을 이끈다.

아이들과 『야쿠바와 사자-용기』를 통해 나누고 싶은 진짜 이야기는 무엇인가 생각해 본다. 무엇이 참된 용기인가? 무엇이 참된 용기에 대한 실천인가? 결국 마을사람들에게 인정받지도 훌륭한 전사가 되지도 못했지만, 진정으로 부족을 살린 것은 야쿠바의 참된 용기였다.

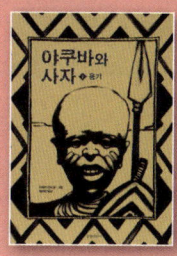

야쿠바와 사자_용기

티에리 드되 글·그림 | 염미희 옮김 | 길벗어린이

책과 수업

수업 흐름도

본 9차시 중 활동을 선택해서 조직해도 됩니다.

구분 \ 차시	1~2차시	3차시	4차시
배움 활동	책과 만나기	함께 읽기	책과 만난 만다라트
배움 과정	• 제목과 표지 그림 보며 이야기 나누기 • 책 조각으로 이야기 기차 만들기	• 인물의 마음 짐작하며 선생님과 책 읽기 • 모둠별 다시 읽으며 인물의 마음 살피기	• 만다라트 생각맵으로 그림책 탐구하기 • 중심 키워드-주변 키워드 생각 나누기
배움 조직	모둠 및 개별	개별, 모둠, 전체	모둠
핵심 역량	심미적 감성 역량 창의적 사고 역량	공동체 역량 의사소통 역량	지식정보처리 역량 공동체 역량

구분 \ 차시	5~6차시	7~8차시	9차시
배움 활동	질문 수업하기	용기 책 만들기	야쿠바가 보내온 편지
배움 과정	• 인물 뇌구조 그리기 • 뇌구조 질문 인터뷰하기 • 인물별 대표 질문 만들기, 교실 산책하기	• 손바닥 생각 나누기 • 용기 책 만들기	• 야쿠바의 입장에서 나에게 편지 쓰기 • 위두랑(온라인 학급 홈페이지)에 올려 공유하기
배움 조직	개별, 모둠, 전체	개별	개별 및 전체
핵심 역량	의사소통 역량 공동체 역량	심미적 감성 역량 창의적 사고 역량	심미적 감성 역량 의사소통 역량

책과 만나기

- **제목과 표지 그림 보며 이야기 나누기**
  - 떠오르는 키워드 생각 나누기
- **책 조각으로 이야기 기차 만들기**
  - 책 조각 살펴보며, 이야기 상상하기
  - 책 조각 연결하여, 새로운 이야기 기차 만들어 보기

💡 제목과 표지 보며 이야기 나누기

책표지를 보고 떠오르는 키워드를 자유롭게 이야기 나눕니다. 어떤 이야기가 펼쳐질지 상상해 보고 책 앞, 책 뒤 날개에 있는 정보도 살펴보고, 그 의미도 함께 이야기 나눕니다.

수업 장면

〈전체 생각 나누기 할 때, 키워드와 생각들〉

창, 전사, 용기, 야쿠바, 신뢰, 사자, 아프리카, 2011년 1쇄

- 기다랗고 뾰쪽한 창이 나와서 싸움을 할 것 같아요.
- 검정 색으로 그린 그림이 전사들을 그린 것 같아요.
- 책 제목에 '용기'가 있어 용기에 관한 이야기일 것 같아요.
- 책의 뒤쪽에 보니, 야쿠바와 사자2_신뢰 이야기도 있는 것 같아요

💡 책 조각으로 이야기 기차 만들기

교사가 미리 책 조각(모둠별 4인 기준 8개)을 준비하여 학생들에게 2개씩 나누어 줍니다. 학생들은 자신의 책 조각의 빈 곳에 간단히 생각이나 느낌을 씁니다.

이후 자신의 책 조각을 가지고 다니며, 친구들과 서로의 책 조각에

대한 생각을 나누어 봅니다. 개별적으로 돌아다니며 책 조각에 대한 생각 나누기를 마친 뒤, 원래 모둠으로 돌아옵니다.

이제는 모둠 친구들과 어떤 이야기일지 함께 상상해 봅니다. 각자 2개씩, 8개의 책 조각으로 상상의 세계가 펼쳐집니다. 이때, 내용이 없는 빈 조각을 주어, 아이들이 추가할 문장을 직접 쓸 수도 있음을 안내합니다. 너무 자세히 이야기를 만들게 하면, 아이들이 어려워할 수도 있으므로 처음-중간-끝이 드러나도록 안내합니다. 이야기를 즐겁게 상상하는 것이 중요하다는 피드백을 활동 내내 제시해야 좋습니다.

수업 장면

〈교사가 제시한 책 조각〉
① 혼자서 사자와 맞서야만 한다.
② 망설임 없이 마을로 향했다.
③ 그림자는 무섭게 일그러질 것이다.
④ 아버지도 그 속에 있었다.
⑤ 사방에서 북소리가 들려온다.
⑥ 어느 길을 택할지 천천히 생각해도 좋다.
⑦ 축제가 시작될 것이다.
⑧ 야쿠바에게 그날이 온 것이다.
⑨ 사자의 깊은 눈동자가 말을 걸어 왔다.
⑩ 그림자는 무섭게 일그러질 것이다.
⑪ (빈 조각)

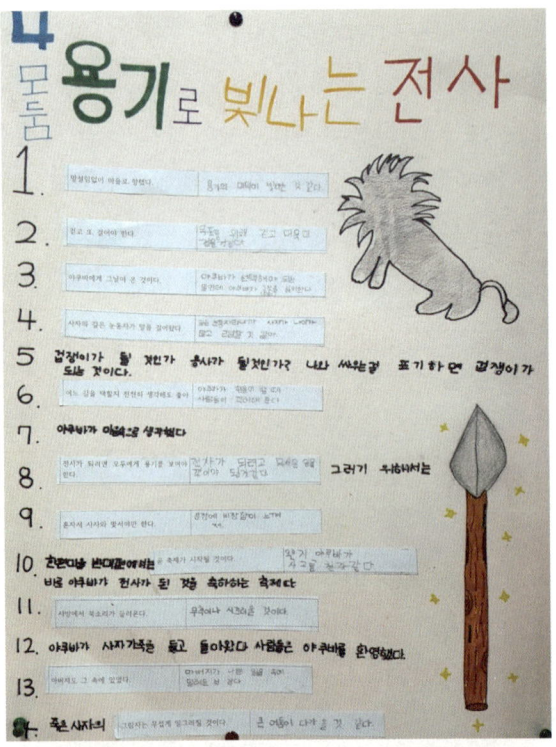

〈아이들의 이야기 기차(학생 작품)〉

| 용기로 빛나는 전사 |

망설임 없이 마을로 향했다. 걷고 또 걸어야 한다. 야쿠바에게 그날이

온 것이다. 사자의 깊은 눈동자가 말을 걸어왔다. 겁쟁이가 될 것인가? 용사가 될 것인가? 나와 싸우는 걸 포기하면 겁쟁이가 되는 것이다. 어느 길을 택할지 천천히 생각해도 좋아. 야쿠바가 마음속으로 생각했다. 전사가 되려면 모두에게 용기를 보여야 한다. 그러기 위해서는 혼자서 사자와 맞서야만 한다. 한편 마을 반대편에서는 곧 축제가 시작될 것이다. 바로 야쿠바가 전사가 된 것을 축하하는 축제다. 사방에서 북소리가 들려온다. 야쿠바가 사자 가죽을 들고 돌아왔다. 사람들은 야쿠바를 환영했다. 아버지도 그 속에 있었다. 죽은 사자의 그림자는 무섭게 일그러질 것이다.

| 야쿠바가 용감한 전사가 된 진짜 이유 |

아프리카의 어느 부족의 야쿠바라는 어린아이가 있었다. 그 아이의 꿈은 전사였다. 하지만 전사가 되려면 모두에게 용기를 보여야 한다. 그런데 문제점이 하나 있었다. 가족들은 야쿠바가 전사가 되는 것을 바라지 않는다. 아프리카의 부족은 5년에 한 번씩 축제에서 용감한 전사를 뽑는다. 곧 축제가 시작될 것이다. 사방에서 북소리가 들려온다. 야쿠바에게 그날이 온 것이다. 바로 전사가 되는 길이 열린 것이다. 망설임 없이 마을로 향했다. 갑자기 야쿠바는 생각했다. '내가 정말 전사가 되어야 할까?' 친구가 말했다. "어느 길을 택할지 천천히 생각해도 좋아." 아버지도 그 속에 있었다. "저는 목숨을 바쳐서라도 전사가 되고 싶어요!"라고 야쿠바가 말했다. 어느덧 밤이 되었다. 공기가 으스스해지고 어두워졌다. 그런데 무서운 발걸음 소리가 들렸다. 그건 바로 사자였다. 야쿠바는 혼자서 사자와 맞서야만 한다는 것을 다짐하고 사자를 무찔렀다. 야쿠바는 마을로 돌아가 용감한 전사가 되었다.

함께 읽기

> - 인물의 마음 짐작하며 선생님과 책 읽기
>   - 책 속 장면에서 인물이 한 행동이나 대화에서 잠시 멈추고 학생들과 함께 생각 나누기
>   - 사전적 의미 나누기
> - 모둠별 다시 읽으며 인물의 마음 살피기
>   - 인물의 마음을 떠올리며 가장 기억에 남은 장면 생각 나누기

🅣🅟 인물의 마음 짐작하며 선생님과 책 읽기

학급 아이들과 생각 나누기 할 때, 선생님은 다음의 질문을 해요.
"만약 여러분이 그림 속의 소년이라면 어떠한 생각과 기분이 들 것 같나요?"
"이 장면 다음에는 어떠한 이야기가 이어질 것 같나요?"

- 전사가 되기 위해 마을 소년들이 준비하는 장면이 뭔가 웅장해 보여요.
- 야쿠바 아버지는 어디에 있을까? 궁금해요.
- 전사가 되지 못할까 봐 소년들이 두근거리는 마음이 들 것 같아요.

🆙 사전적 의미 나누기

용기 씩씩하고 굳센 기운. 또는 사물을 겁내지 아니하는 기개.
두려움 겁나고 꺼려지는 마음. 또는 그런 느낌.

🆙 모둠별로 다시 읽을 때

이 책은 글 밥이 많지 않아, 모둠에서 한 문장씩 번갈아 읽어 가도 좋아요. 글을 읽을 때는 인물의 마음을 생각하며 실감나게 읽을 수 있도록 안내합니다. 모둠 읽기가 끝난 뒤에는 가장 기억에 남은 부분을 공책에 쓰고 난 뒤, 모둠 친구들과 생각 나누기를 합니다.

수업 장면
- 사자가 야쿠바에게 말을 하는 장면이 기억에 남습니다. 왜냐하면 두 가지 중에 선택을 해야 하는데, 고민이 많이 될 것 같기 때문입니다.
- 야쿠바가 빈손으로 마을에 돌아왔을 때, 아버지도 싸늘하게 쳐다본 장면이 기억에 남습니다. 야쿠바의 마음이 당황스러울 것 같았기 때문입니다.

책과 만난 만다라트

- 만다라트(4칸 형) 생각맵으로 그림책 탐구하기
    - 4칸 중심 키워드 함께 정하기(마을, 야쿠바의 마음, 전사, 사자)
- 4칸 중심 키워드-8칸 주변 키워드 생각 나누기
    - 모둠별 4칸 중심 키워드에 따른 8칸 주변 키워드 생각하기
    - 모둠별 4칸 중심 키워드에 대한 대표 키워드 정하기
    - 전체 4칸 중심 키워드에 대한 대표 키워드 모으기

만다라트(4칸 형) 생각맵

주제에 대해 중심 키워드를 전체 아이들과 생각을 모아 4개 정합니다. 정해진 중심 키워드 4개는 다시 8칸의 주변 키워드로 생각을 넓혀 갑니다.

만다라트(4칸 형) 생각맵으로 대표 키워드 뽑기

마을, 사자, 야쿠바, 전사의 중심 키워드에 대한 각각의 주변 키워드를 모둠별로 함께 협력하며 작성했어요. 완성된 만다라트(4칸 형) 생각맵은 중심 키워드에 대해 2개 모둠씩 대표 키워드를 정해 보는 활동을 합니다. 그 상황에서의 충분한 공감과 다양한 생각을 나누기 위한 활동이 될 수 있어요.

만다라트(4칸 형) 생각맵 모둠 작품

			놀림	용기	칼			
			창	전사	걱정			
			준비	방패	긴장			
축제	부족	가족	전사	두려움	기대	힘듦
전사	마을	주민들	마을	야쿠바와 사자	야쿠바의 마음	걱정	야쿠바의 마음	불쌍함
아버지	기대	원망	사자	후회	긴장	생각
			고마움	상처	기다림			
			눈	사자	힘듦			
			말	야생	썸			

〈모둠별 중심 키워드에 대한 대표 키워드〉

1, 2모둠 마을(중심 키워드)에 대한 대표 키워드 ⋯▸ 기대

3, 4모둠 사자(중심 키워드)에 대한 대표 키워드 ⋯▸ 고마움

5, 6모둠 야쿠바(중심 키워드)에 대한 대표 키워드 ⋯▸ 걱정

7모둠 전사(중심 키워드)에 대한 대표 키워드 ⋯▸ 긴장감

질문 수업하기	• 인물 뇌구조 그리기 • 뇌구조 질문 인터뷰 하기 • 인물별 대표 질문 만들고 교실 산책하기

인물 뇌구조

책의 인물에 대한 적극적인 공감을 위해서, 그 사람의 입장에서 어떤 생각과 느낌을 가지고 있는지 파악해 볼 수 있는 활동이에요. 인물 중심의 이야기에서는 인물 뇌구조를 통해 인물에 대한 공감적 질문을 이끌어 낼 수 있는 중요한 활동이에요. 뇌의 가운데는 그 인물의 생각이나 감정키워드를, 바깥쪽에는 인물의 입장에서 혹은 그 인물에게 질문 만들기 활동을 해요.

수업 장면

⟨뇌구조 학생 작품⟩

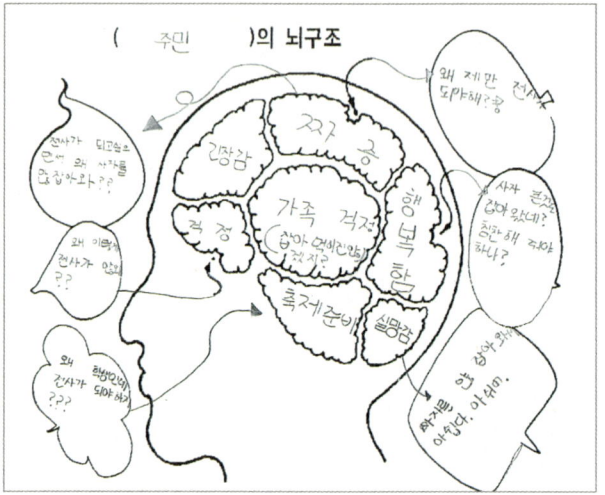

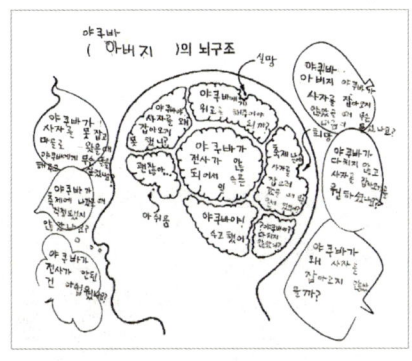 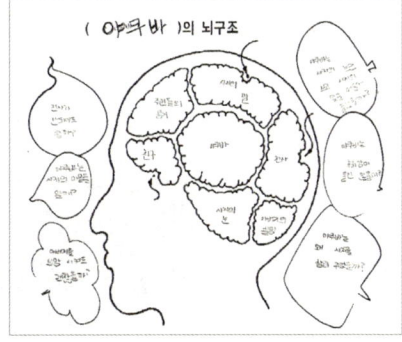

〈인물 뇌구조의 학생 생각〉

야쿠바 사자의 말, 사자의 눈, 실망, 친구, 소, 전사, 무서움, 아버지, 아쉬움, 열정, 책임감, 탈락, 친구들의 눈빛

야쿠바의 아버지 야쿠바, 화나는 마음, 실망, 전사를 바라는 마음, 간절함, 슬픔, 아쉬움, 원망, 궁금함, 위로, 실망, 민망함

마을 주민 짜증, 긴장감, 가족 걱정, 축제 준비, 행복함, 실망감, 궁금함, 기대, 사자, 눈물, 다짐, 불편함, 놀람

전사 기쁨, 설마하는 두려움, 다친 사자가 있길 바람, 체력, 가족들, 야쿠바, 전투, 축제, 용기, 사냥

사자 은혜, 목숨, 기쁨, 눈빛, 상처, 두려움, 대화, 피, 무서움, 동족, 긴장감

📌 질문 인터뷰

교실 바닥에 자리를 정해 활동을 마무리한 순서대로 짝과 만나 활동을 합니다. 미리 약속된 자리가 있어야 학생들이 질문 인터뷰 활동에 곧바로 몰입할 수 있습니다. 인물 뇌구조 학습지의 나의 입장에 따라 상대방 친구에게 질문을 하고, 질문에 대한 생각을 서로 나눕니다. 활동이 끝난 친구는 제자리에서 일어나 손을 들고 짝을 찾는 신호를 줍니다. 일어선 친구와 손 신호를 보고, 다른 짝을 찾아 다음 질문 인터뷰 활동을 이

어서 할 수 있습니다.

수업 장면

〈질문 인터뷰 활동 마무리에서 선생님의 발문〉

교사 지금 여러분의 질문 인터뷰 활동이 활발히 이루어지고 있습니다. 그럼, 친구들과 어떤 이야기를 나누었는지, 기억에 남는 생각을 다함께 나누어 봅시다.

(충분한 시간을 주고) 어떤 생각들이 있었습니까?

🅣🅘🅟 인물별 대표 질문 만들기

질문 인터뷰에서 나온 질문들 중에서 인물별 대표 질문을 모둠에서 뽑아 칠판에 게시하고, 교실 곳곳에 질문지를 적어 두어 학생들이 자유롭게 이동하며 질문에 대한 생각을 적을 수 있도록 합니다. 동시에 다른 친구들의 생각에 공감 표시도 할 수 있습니다.

〈입장별 대표 질문〉

야쿠바 야쿠바는 전사가 되기 위해 얼마나 노력을 했을까요?
       야쿠바가 사자를 죽였다면 어떻게 되었을까요?

사자   만약 내 몸에 그때 상처가 없었다면, 야쿠바와 나는 어떻게 되었을까요?
       야쿠바는 무슨 생각으로 나를 살려줬을까요?

주민   사자가 나타나면 그때만 무서울까? 나타나지 않아도 무서울 때는 없을까요?

전사   왜 우리들 중에 야쿠바만 전사가 안 되었을까요?

아버지 야쿠바가 전사가 되려면 사자를 잡아야 하는데, 왜 사자를 살려 주었을까요?

〈뽑히지는 않았지만, 좋은 질문〉

야쿠바 아버지를 실망시켜도 괜찮을까요?
       사자의 눈으로 어떻게, 어떤 대화를 했나요?

사자   전사가 되기 위해 나를 죽여야 하는 이유는 무엇일까요? 야쿠바는 처음에 왜 전사가 되려 했을까요?

주민   왜 소년들이 전사가 되어야 하나요?
       이 마을의 용기 기준은 왜 사자 사냥인가요?
       마을에 전사가 없으면 어떻게 되나요?

전사   왜 야쿠바는 도움을 요청하지 않았을까요?
       꼭 전사가 되어야 하나요?
       동물을 사냥해도 용기가 있는 건가요?

아버지 왜 나는 야쿠바에게 잘했다고 하지 못했을까요?
       만약 나라면 사자를 공격했을까요?
       야쿠바가 다치지 않고, 사자를 잡아 오기를 바랐나요?

용기 책 만들기

- 손바닥 생각 나누기
  - 나에게 가장 용기가 필요했던 순간을 떠올려 보기
  - 모둠 친구들이 응원의 댓글 달아 주기
- 용기 책 만들기
  - 아무도 몰랐지만, 스스로 용기 내어 했던 일과 나에게 주는 용기의 응원 한마디로 용기책 PPT로 만들기

🆙 손바닥 생각 나누기

모둠 친구들과 함께 8절 도화지에 각자 손바닥을 그리고, 가장 용기가 필요했던 순간을 손바닥 안에 써요. 그 후, 종이를 돌려 가며 친구들을 위한 응원 댓글을 기록합니다. 보통 학생들에게 용기가 필요했던 일은 두려움이 생겼던 순간입니다. 이때, 다양한 두려움에 대해 친구들과 생각을 나누어 보는 것이 중요합니다. 각자의 두려움을 이겨 내기 위해 다양한 용기가 필요함을 이끌어 가는 중요한 활동입니다.

수업 장면

 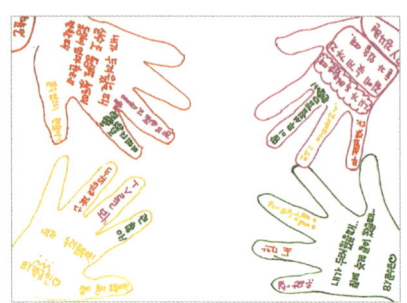

학생들에게 용기가 필요했던 순간
- 학예회, 페스티벌 공연을 앞두고
- 자전거 연습을 할 때

- 상 받으러 나갈 때
- 태권도 승급 심사 받을 때
- 야구 시합 나갔을 때
- 영화를 틀어 달라고 할 때
- 무서운 놀이기구 탈 때
    ➡ 친구야 힘내, 넌 할 수 있어
    ➡ 나도 무섭지만, 참고 해내고 있어

- 엄마한테 조를 때
- 길에서 돈을 주웠을 때
- 친구를 만들 때
- 공개 수업 때
- 새 학기, 개학식 할 때
- 강아지 키우자고 말할 때
- 친구들 앞에서 처음 발표할 때
    ➡ 우리는 할 수 있어!
    ➡ 숨을 크게 쉬어 봐, 해내 보자

용기 책 만들기

사람들이 알아주지 않지만, 내가 결심해서 스스로 보람 있었던 일을 실천한 경험이 있는지 떠올려요. 일상생활에서 사소한 행동이지만, 스스로 뿌듯했던 생각과 느낌을 충분히 이야기 나눈 뒤 활동을 하면 좋아요. 컴퓨터실에서 PPT 프로그램을 활용하여 각자 원하는 모양의 책을 만들고, 학급 온라인 홈페이지에 탑재하여 공유하도록 합니다.
컴퓨터를 다루기 어려울 때는 2명이 함께해도 좋습니다.

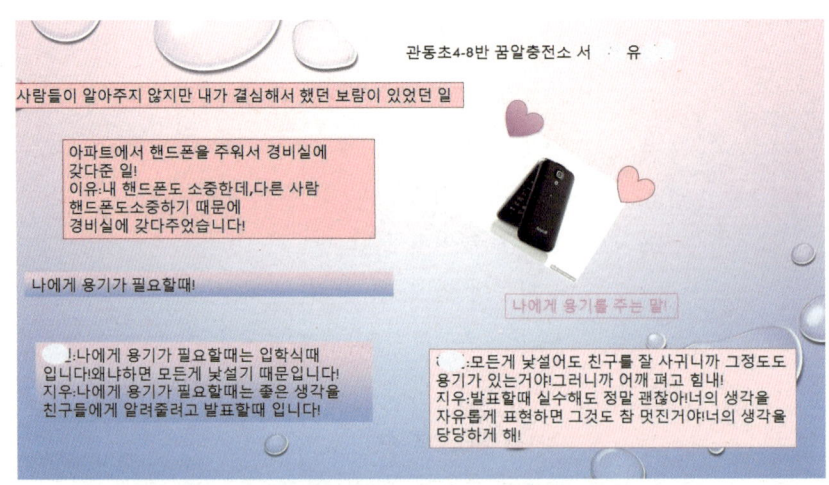

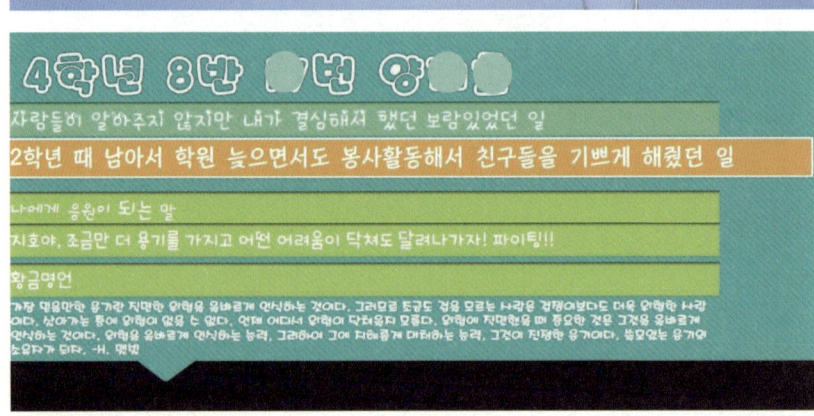

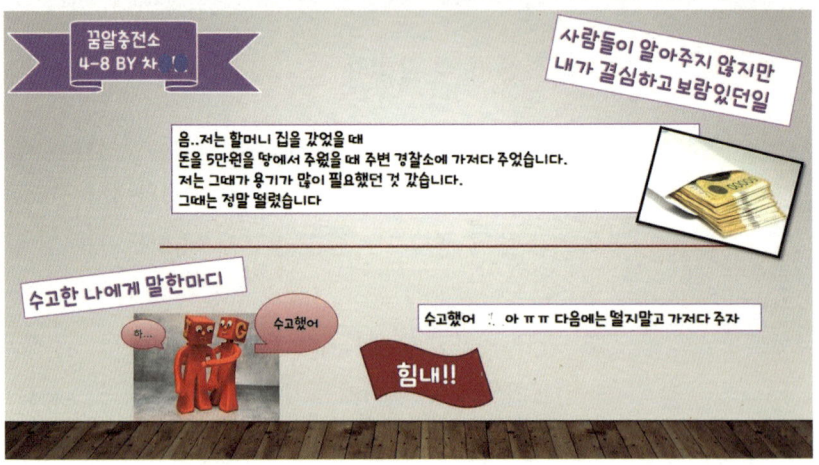

야쿠바가 보내온 편지

- 야쿠바의 입장에서 나에게 편지 쓰기
- 위두랑(온라인 학급 홈페이지)에 올려 공유하며, 생각 나누기

🖊 야쿠바의 입장에서 나에게 편지를 쓸 때!

야쿠바의 입장에서 나에게 편지를 써 보는 활동을 할 때는, 충분히 야쿠바의 마음, 결심에 대해 생각을 토대로 쓸 수 있도록 해요. 컴퓨터실에서 온라인 학급 홈페이지에 작성해서 올리면, 다른 친구들이 작성한 내용에 대해 빠르게 공유할 수 있고, 공감할 경우 이모티콘과 댓글을 작성해 공감을 표시할 수도 있어요.

·········· 학생 편지 작품 ··········

안녕? 나는 야쿠바야. 너는 돈도 주워서 경찰서에 갖다 주었지? 넌 정말 착한아이야 나도 착한가? 난 상처가 있는 사자를 그냥 살려 주었어. 그러고는 전사를 포기했지. 그래서 난 소를 지키는 일을 하게 되었어.

하지만 나는 그 길을 선택한 내 자신이 좋아. 만약 내가 사자를 죽였더라면 내가 죽을 때까지 자책감을 느꼈을 거야. 그래서 이런 선택을 한 내 자신이 자랑스러워. 너도 너 자신이 자랑스러웠던 적이 있지? 그때는 기분이 좋을 거야. 너도 너 자신을 자랑스럽게 생각하길 바라. 그럼 안녕.^^

○○에게

안녕? 난 야쿠바야. 너는 용기의 진정한 뜻을 알게 되었어. 그리고 그때 사자가 피를 흘리고 있을 때 나는 살려 주었어. 왜냐하면 난 비겁하게 사자를 죽이기 싫었거든. 너라면 비겁하게 죽이고 모두에게 인정받는 사람이 되겠니? 아니면 사람들에게 인정받지 않지만 너 마음속의 가장 용맹하고 멋진 전사가 될래? 너는 용기의 미덕을 정확히 깨우지 않았

으니 사자를 분명 죽였을 거야. 하지만 나는 주민들과 아버지, 친구들에게 비난과 놀림을 받을 것을 알면서도 용기를 내어 마을로 내려갔어. 예상대로 온갖 사람들의 비난과 놀림이 날아왔지만 꿋꿋하게 참고 나의 길을 뚜벅뚜벅 걸어갔어. 그 길은 진정한 용기를 깨운 사람들의 길이야. 너도 진정한 용기를 깨워서 내가 가는 길을 뒤 따라 오길 바라. 너는 진정한 용기를 깨울 수 있을 거야. 네가 용기의 길을 걸을 때 내가 옆에서 격려해 줄게!

― 진정한 용기를 깨운 야쿠바가

안녕 △△아?
　난 야쿠바라고 해. 나는 이번에 열었던 전사를 뽑는 축제에 참여했었어. 험한 길을 가서 사자를 찾으려고 숨어 있는 것도 용기라고 생각하는데, 우리 마을 사람들은 아닌가 봐. 낮이 되어서 사자를 발견했는데 이미 그 사자는 다른 적수와 싸웠나 봐. 처음엔 빨리 죽이고 돌아가고 싶었는데, 사자의 눈동자를 보고 너무 불쌍해서 나는 사람들에게 인정받는 길보다 사람들에게 인정받지는 못해도 내 마음속의 전사가 될 수 있는 길을 선택했어. 너도 인생에서 이런 순간이 한 번쯤은 올 거야, 너라면 어떤 선택을 할래? 하지만 언젠간 은혜를 갚을 것이니 개인적으로는 너의 마음속으로 보람을 느끼는 길이 더 좋겠지? 옳은 선택을 하길 바라!

― 야쿠바가

> 책과 성장

아이들의 성장 이야기

- 야쿠바 마을 사람들은 과정과 결과 중에서 결과만 보고 전사가 될지 안 될지 결정하는 것은 잘못되었다고 생각합니다. 야쿠바가 사자를 잡기 위해 떠날 때부터 마을로 다시 돌아갈 때까지의 과정을 봤다면 야쿠바를 진정한 전사로 인정했을 것 같습니다. 물론 결과가 더 중요할 수도 있고 꼭 사자를 죽여야 전사가 될 수 있다고 생각할 수도 있지만 저는 과정이 더 중요하다고 생각합니다.

- 꼭 사자(살아있는 생명)를 죽여야 진정한 전사가 될 수 있을까요? 마을 사람들이 야쿠바가 사자를 살려 준 과정을 보았다면 진정한 명예로 인정했겠지만 사람들은 결과만 생각하기 때문에 야쿠바는 인정받지 못했습니다. 생명을 소중히 대하고 고귀한 마음을 가진 사람이 더욱 큰 명예를 가지고 있다고 생각하기 때문에 저는 야쿠바가 진정한 용기를 가진 사람이라고 생각합니다.

- 전사의 기질은 충분히 다른 것의 시험으로도 증명할 수 있다고 생각합니다. 예를 들면 시험자에게 가르쳐 주지 않고 부족들이 몰래 빵을 훔쳤다고 하여 그 빵을 같이 먹자고 했을 때 거절을 하는지 같은 정의로움도 있고, 그 외에 다른 여러 가지가 있을 수 있습니다. 물론 그것이 문화이고, 존중을 해 줘야 한다고 말할 수 있지만 저는 존중이 무조건 맞다고 하는 것이 아니라 수정할 부분은 수정하고 놔둘 수 있는 것은 놔두는 것이 진정한 존중이라고 생각합니다.

- 용기는 자신의 판단이라고 생각합니다. 왜냐하면 자신의 판단이 용기를 만들기 때문입니다. 전사가 되는 명예를 위해 사자를 죽이는 것은 자신의 의지에 따른 일입니다. 사자를 죽이지 않는 것은 다른 사람들에게 자신이 낮추어지는 것이라고 볼 수도 있지만, 스스로 떳떳한 일이 될 수 있어 또 다른 명예이자, 용기라고 생각합니다.

교사의 성장 이야기

　용기가 필요한 순간은 누구에게나 다양한 것입니다. 학생들과 야쿠바 책을 통해 용기에 대한 생각을 나누고, 수업을 통해 생각을 정리해 보았습니다. 야쿠바가 느꼈던 두려움, 야쿠바가 가져야 했던 용기. 현재를 살아가고 있는 우리 아이들에게는 어떤 두려움이 있을까? 또 그 두려움을 맞서고, 이겨 내기 위해서는 어떤 용기가 필요할까? 아이들의 입장에서 다시 한 번 더 생각해 본 수업이 되었습니다. 함께 모인 선생님들도 생각을 모았습니다. 두려움에도 단계가 있다는 것을…. 아이마다 마주하는 다양한 두려움의 단계에 대해 똑같은 잣대로 용기를 요구할 수도, 알려 줄 수도 없었습니다. 정답이 없는 용기에 대한 생각 정의가 필요했던 순간들이 다가왔습니다. 선생님들의 생각 또한 그렇게 성장했습니다. 어둠을 두려워하는 아이, 지는 것을 두려워하는 아이, 무대 위에서 떨림을 두려워하는 아이, 상을 놓칠까 두려워하는 아이, 길가에서 주운 돈을 경찰서에 가져다주기까지의 두려움을 가진 아이… 교실에서 만난 다양한 두려움에 다양한 용기의 힘이 필요했습니다. 아이들과 선생님은 수업을 통해 서로의 이야기를 풀어 가며, 서로 격려하며 응원을 통해 그 다양한 상황에 고개를 끄덕였습니다.

　'용기란, 그 순간의 쳐다봄이다. 직면이다.'는 한 문장이 모두의 가슴에 남겨졌습니다.

함께 보면 좋은 책 이야기

굴뚝 귀신
이소영 글·그림 | 엔씨소프트

　더 이상 굴뚝이 필요 없게 되면서 잊혀진 굴뚝 귀신은 어느 날 찾아온

아기 비둘기 비비를 위해 마침내 결심한다. 비비에게 나는 법을 가르쳐 주기로 말이다. 하지만 한 번도 날아 본 적 없는 굴뚝 귀신이 새에게 나는 법을 가르치기란 쉽지 않다. 과연 비비는 굴뚝 밖 세상으로 나갈 수 있을까? 용기를 낼 수 있을까? 두려움을 맞선 진정한 용기에 대해 생각해 볼 수 있는 그림책이다.

야쿠바와 사자2 신뢰

티에리 드되 글·그림 | 염미희 옮김 | 길벗어린이

극심한 가뭄 때문에 사람들도 동물들도 굶주림을 견디지 못하고 사자의 왕 키부는 사냥감을 구하기 위해 마을로 향한다. 그 뒤에는 모든 사자가 그림자처럼 따르고 물소를 지키는 낯익은 남자와 마주한다. 이후 서로의 목숨을 지키기 위한 치열한 거짓 싸움이 시작된다.

나도 현명한 사람이 될 수 있을까요?

| 주제 | 현명함

책마중

현명한 판사

『샌지와 빵집 주인』은 억울한 샌지와 악덕한 빵집 주인, 그리고 현명한 판사 이야기가 담긴 책이다. 여행가 샌지는 후라치아 마을에 머무는 동안 1층에서 올라오는 빵 냄새가 너무 좋아 냄새 모으는 기계를 이용해 매일 빵 냄새를 맡기 시작한다. 그 사실을 알게 된 빵집 주인은 빵 냄새의 가격을 지불하라며 샌지를 고소하게 되고 판사는 샌지에게 은냥 5냥을 가져오라고 한다. 그러고는 은냥 5냥을 하나씩 떨어뜨리며 동전 소리만으로 빵 냄새를 지불하게 한다.

이 책에 담겨 있는 이야기는 친숙한 이야기지만 『마녀 위니』의 작가 코키 폴이 그림으로 더 많은 이야기를 더해 주어 그 속에 담긴 재미있는 요소를 찾아볼 수 있는 책이다. 스토리가 아닌 숨은 그림 찾기의 재미를 찾아볼 수 있는 그림책을 만났을 때의 반가움이란…. 물론 코키 폴 작가의 책에 자주 등장하는 조연들까지 찾아보는 맛도 제공한다.

이 책을 통해 내가 판사라면 누구의 편에 서서 어떤 현명한 판단을 할지 생각해 볼 수 있을 것이다. 현명한 판결을 아이들이 어떻게 내려줄지 상상해 보며 수업을 시작해 보자.

샌지와 빵집 주인

로빈 자네스 글 | 코키 폴 그림 | 김중철 옮김 | 비룡소

책과 수업

수업 흐름도

본 4차시 중 활동을 선택해서 조직해도 됩니다.

차시 구분	1차시	2~3차시	4차시
배움 활동	함께 읽고 질문 수업하기	찬반 논쟁 토론	현명함의 미덕보석과 판결문
배움 과정	• 함께 읽으며 공감하기 • 해시태그 질문 만들기 • 대표 질문 선정하기	• 입장 정하기 • 책 속에서 증거 찾기 • 찬반 논쟁 토론하기	• 현명한 판사 영상 보기 • 현명한 판사 미덕 찾기 • 판결문 쓰기
배움 조직	전체 개별 모둠	전체	개별
핵심 역량	의사소통 역량	공동체 역량 의사소통 역량	의사소통 역량 공동체 역량

함께 읽고 질문 수업하기

- 함께 읽으며 공감하기
  - 책을 함께 읽으며 내용 파악하기
- 해시태그 질문 만들기
  - 해시태그로 떠오르는 연상 단어를 쓴 후 해시태그 연상법을 바탕으로 질문 3가지 만들기
- 대표 질문 선정하기

🆙 함께 읽기

교사는 교실 앞 작은 의자에 앉아 책을 펼치고 책 앞으로 아이들이 바닥에 둘러앉아 교사의 호흡에 맞추어 소리를 듣고 그림을 보며 함께 읽어요.

🆙 해시태그 질문법

해시태그 연상 단어 이어 쓰기
키워드 선택 후 조합하여 질문 만들기

해시태그를 달다 보면 중요한 키워드뿐만 아니라 연상되는 키워드와 감정들이 자연스레 이어지기 때문에 느낀 점을 정리할 때 사용하면 좋아요.
책을 읽은 후 느낀 점을 해시태그로 정리한 후 연상된 모든 단어들을 살펴보고 나서 선택하여 질문 만들기에 사용하면 내용 질문뿐 아니라 감정 또는 우리 생활까지 확장된 질문을 끌어내기에 효과가 있어요.

🆙 대표 질문 선정하기

각자의 질문 3개를 모둠별로 한 사람씩 발표한 후 4명의 질문 12개 중 함께 이야기하고 싶은 질문 2개를 모둠 질문으로 선정합니다.

선정된 질문은 A4용지 한 장에 한 개의 질문을 보드마카로 써서 칠판에 모둠당 2장을 붙여 게시합니다.

14개의 질문을 보며 함께 토론하고 싶은 주제 하나를 다수결로 선정하여 대표 질문으로 채택합니다.

우리 반 대표 질문

냄새만 맡았을 뿐인데 돈을 내야 할까?

해시태그 질문법

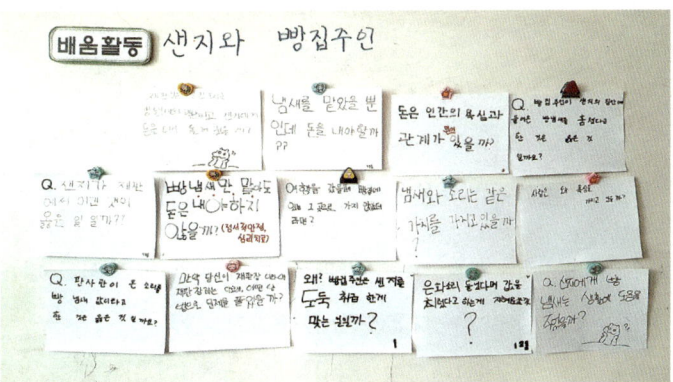

모둠별 대표 질문들

찬반논쟁 토론

- 입장 정하기
  - 찬성과 반대의 입장 정하기
- 책 속에서 증거 찾기
  - 입장을 보충할 증거자료를 책 속에서 찾기
- 찬반 논쟁 토론하기

🎯 토론 주제

샌지가 빵 냄새의 돈을 지불해야 될까?

🎯 찬반 토론의 흐름

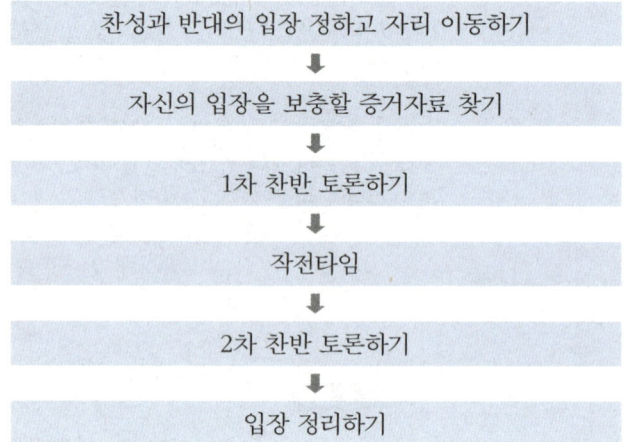

찬성과 반대의 입장 정하고 자리 이동하기
⬇
자신의 입장을 보충할 증거자료 찾기
⬇
1차 찬반 토론하기
⬇
작전타임
⬇
2차 찬반 토론하기
⬇
입장 정리하기

🎯 찬반 토론의 방법

1. 모둠별 준비된 책을 함께 보며 찬성과 반대의 입장에서 증거자료를 찾아 공책 또는 학습지에 메모한다.
2. 이때 같은 입장이라도 증거자료 준비는 4인 1조로 구성한다.
3. 토론의 첫 번째 조건은 경쟁이 아니라 예의임을 강조하고 독점하지

않고 고루 발표할 수 있도록 하며 4명 모둠 구조 안에서 발표하지 않는 친구를 돕는다. 미처 발표하지 못한 친구는 작전타임이 시작되고 2차 토론이 시작되면 먼저 입장을 말해도 좋다.

 4. 찬반 토론이 시작되면 먼저 찬성 팀 입장 발표와 이유를 말하고 찬성 측에서 보충하거나 반대 측에서 반론하거나 순서 없이 자유롭게 일어서는 사람에 따라 이어지도록 한다.

아이들이 찾은 그림 속 증거 자료들

샌지는 의도적이다.
빵 냄새 값을 지불해야 한다.
VS
빵 냄새 값을 지불할 필요가 없다.
오히려 피해자다.

여행 다닐 때마다 냄새 맡는 기계를 들고 다니며 의도적으로 냄새를 모았다.

빵집 주인이 무단으로 방으로 침입하여 위협하고 협박을 했다.

자연스럽게 올라오는 냄새를 맡은 것이 아니라 기계로 의도적으로 맡았다.

냄새 기계로 맡았지만 다른 곳으로도 냄새가 퍼졌으며 빵집 주인은 샌지의 사생활을 침범하고 있다.

겨우 빵 하나를 사고 냄새만 모으는 악행을 저질렀다.

위생상 많은 빵을 사고 싶은 마음이 없었다.

찬반 토론 장면

교사 '지금부터 샌지가 빵 냄새를 지불해야 할까'라는 주제로 찬반 토론을 시작해 보겠습니다. 먼저 찬성 팀부터 발표를 시작해 주세요.

찬성 샌지는 빵 냄새를 지불해야 합니다. 물론 냄새가 나는 것은 모두가 맡을 수 있지만 기계로 냄새를 모았다는 것은 의도적이기 때문입니다.

반대 샌지는 빵 냄새를 지불하지 않아도 됩니다. 오히려 빵집 주인에게 피해를 당한 피해자입니다. 증거자료를 보듯이 집으로 마구 들어와 협박을 하고 내내 샌지의 생활을 지켜보며 사생활 침해를 하고 있습니다.

찬성 사생활 침해는 집 안에 있는 것을 보는 것을 말하는 거 아닙니까? 창문 밖으로 고개를 내밀고 기계로 빵 냄새를 맡고 있는 것은 지나가는 사람도 다 보라고 하는 행동입니다.

찬성 증거자료를 보십시오. 그리고 샌지가 겨우 빵 하나를 사러 왔을 때 분명 빵집 주인은 인상을 찌푸리며 기분 나쁘다는 경고를 했습니다. 그런데도 샌지가 돌아가서 계속 빵 냄새를 맡는다는 것은 말도 안 됩니다.

반대 저희 쪽 증거자료를 보십시오. 샌지가 빵이 맛있겠다 싶어서 내려갔는데 진열대에는 쥐가 득실거리고 또 샌지에게 따지러 왔을 때도 요리 도구를 겨드랑이에 끼우는 등 위생이 엉망이라 도저히 빵을 못 사 먹을 거 같아서 그랬습니다. 그래서 냄새라도 맡자 싶어서 냄새를 맡은 것뿐입니다.

찬성 여러분 아로마 향을 아십니까? 아로마 향은 향만 나는 것입니다. 아로마 향으로 심신을 안정시키기 위해 돈을 지불하고 사는데요. 샌지도 빵 냄새를 통해 심리적으로 안정을 취했다면 값을 치러야 하는 거 아닙니까?

반대 아로마 향과 빵은 다릅니다.

교사 잠시 작전 타임을 가지겠습니다. 그림책을 좀 더 살피며 추가로 준비할 증거자료에 대해 이야기해 주세요. (모둠 4명이 머리를 모아 의논한다.)

(작전 타임)

교사 2차 찬반 토론을 시작하겠습니다. 반대 측 입장부터 발표해 주십시오.

반대 샌지는 빵을 먹은 것도 아니고 빵 냄새만 맡았습니다. 그리고 증거자료를 보듯이 빵 냄새를 맡았다고 해도 냄새가 위로 퍼져 나가고 있습니다. 그렇기 때문에 빵 냄새의 값을 낼 필요는 없습니다.

찬성 지나가는 사람이 향기가 좋습니다. 그런데 그 향기가 좋다고 몸에 갖다 대고 끙끙 냄새를 맡으면 어떻습니까? 기분 나쁘죠? 그러므로 샌지가 잘못한 일입니다.

찬성 맞습니다. 냄새를 그냥 코로 맡으면 되지 왜 기계를 이용해서까지 맡습니까?

반대 잘못을 한 것으로 치면 빵집 주인이 더 잘못했습니다. 앞에 말한 것처럼 샌지의 사생활을 침해하고 집으로 무단 침입하여 협박했습니다. 이것은 어떻게 생각하십니까?

찬성 샌지가 의도적으로 냄새를 모은 것은 엄연한 잘못이기 때문에 그에 대한 벌금이라도 빵값을 지불해야 합니다.

반대 아닙니다. 빵집 주인이 오히려 잘못했기 때문에 샌지는 빵값을 지불할 필요가 없습니다.

(중간 생략)

교사 찬반 토론을 정리하겠습니다. 모둠별로 의논하여 최종적으로 입장을 정리해 주십시오. 발표는 찬성 팀 반대 팀에서 각각 1명만 대표로 발표하되 발표한 친구의 내용이 부족할 시 보충할 수 있습니다. 손을 들어 주면 보충 기회를 주겠습니다.

(입장 정리 시간)

교사 각 팀의 입장 발표를 시작해 주십시오. 먼저 찬성 팀에서 발표해 주십시오.

찬성 팀 샌지는 의도적으로 냄새를 모으는 기계를 여행지마다 가지고 다닐 뿐 아니라 빵을 좋아한다면서 먹기 위해서는 하나만 사고 냄새만 거대한 기계로 모았습니다. 그 때문에 빵집 주인은 신경이 쓰여 빵도 잘 못 팔고 손해를 보았기 때문에 빵 냄새의 가격이라도 지불해야 합니다.

　찬성 팀 보충 게다가 샌지가 빵 냄새를 맡는다는 사실을 듣고 인상을 쓰며 기분 나쁘다는 표시를 했음에도 불구하고 샌지는 계속해서 냄새를 모았고 아로마 향처럼 빵 냄새를 좋아하는 샌지는 분명히 그 냄새로 편안함을 느꼈기 때문에 빵 냄새의 돈을 내야 합니다.

　반대 팀 빵은 먹기 위해 만드는 것이지 냄새를 파는 것은 아닙니다. 그리고 샌지는 빵을 좋아하지만 위생상 도저히 사 먹을 수 없는 곳이기에 빵 냄새라도 맡자 해서 맡았을 뿐입니다. 그리고 빵 냄새를 모으는 기계를 사용했다 하더라도 냄새가 다른 곳에 퍼져 나가는 장면이 명백히 증거로 있기 때문에 전혀 피해를 주었다고 할 수 없습니다. 그래서 빵 냄새 값을 내지 않아도 됩니다.

현명함의 미덕보석과 판결문

- **현명한 판사 영상 보기**
  - 유튜브를 통해 현명한 판사 관련 동영상 시청하기
- **현명한 판사 미덕 찾기**
  - 현명한 판사의 미덕 함께 찾아보기
- **판결문 쓰기**
  - 판사가 되어 나라면 어떤 판결을 내렸을지 생각해 보고 판결문 내려 보기

교사 발문

　이 시간은 지난번 찬반 토론으로 단단해진 마음을 유연해지도록 하기 위해 마련된 시간이에요. 찬반 토론은 누가 논쟁을 잘해서 이겼다, 졌다로 결론 내는 것이 아니라 상대방의 충분한 생각과 의견을 듣고 받아들이며 서로 타협할 수 있는 방법을 찾기 위한 시간이라고 생각해요.

현명한 판사 동영상을 보며 현명함의 미덕을 생각해 보고 서로의 잘잘못만 따지고 형벌을 내릴 것이 아니라 현명함의 미덕으로 자신이 판사라면 어떤 판결을 내릴지 고민하여 자신만의 판결문을 작성해 보고 함께 나누는 시간을 가져 보세요.

현명한 판사 관련 동영상 시청하기

속도 위반 가족 중 아들에게 유죄 무죄를 묻는 판사
▶ https://youtu.be/f_Agi8q5sas
주차벌금 내지 못할 형편을 듣고 관용으로 사건 기각하는 판사
▶ https://youtu.be/7cm6R_4DY38

현명한 판사의 미덕 찾아보기

현명한 판사가 되기 위해서는 ○○이 필요하다.
이때 한국버츄프로젝트 미덕카드를 사용하여 미덕의 예를 보여 주면 더 좋아요.

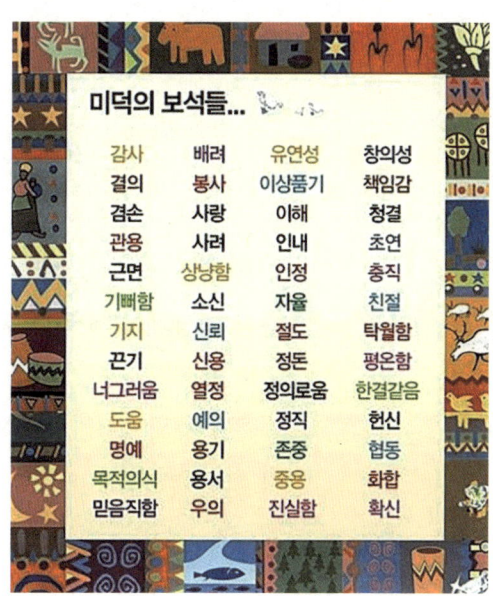

출처 : 한국버츄프로젝트 미덕카드

아이들의 미덕 이야기

확신 무엇을 잘못했는지 확인을 해야 판결할 수 있기 때문에
너그러움 사정을 잘 알고 이해해야 현명하게 판결할 수 있기 때문에
책임감 죄수는 죗값을 책임감 있게 치르도록 해야 하기 때문에
존중 죄를 지은 사람도 사람으로서 존중받아야 하기 때문에
이해 상황을 이해하고 그에 맞는 벌을 알맞게 내려야 하기 때문에
진실 진실을 알아보기 위해서, 죄인이 거짓말로 현혹할 수 있기 때문에
평온함 죄를 지은 사람의 거짓말에 흔들리지 않기 위해서
정직 정직하지 못한 것을 판별하기 위해
창의성 다양한 사건을 상황에 맞게 다른 판결을 내리려면
원칙 모든 죄를 불쌍하다고 봐줄 수는 없기 때문에 원칙에 흔들리지 않아야 해서

교사 발문

현명한 판사가 지녀야 할 미덕보석에 대해 생각해 보았습니다. 그러면 먼저 생각한 그 미덕보석을 바탕으로 자신이 샌지와 빵집 주인을 판결하는 재판관이 되었다고 상상하며 판결문을 써 보겠습니다. 단, 이 판결문은 앞선 찬반 토론시간처럼 누구의 편만 들 것이 아니라 쟁쟁했던 양측의 입장과 피해를 모두 들어 보았으니 양측의 억울함과 속상함, 그리고 피해 받은 상황 등이 무엇인지 가늠해 보고 현명하게 판결해 주리라 믿습니다. 학습지에 자신이 생각한 현명한 판사의 미덕을 쓰고 판결문을 작성해 주세요.

아이들의 판결문 엿보기

내가 판사라면

미덕보석
방향한
판단력
과 끈기

냉철한 판단
으로 누가
잘못했는지
알아내고
그에 합당
한 판결을
내려야 하기
때문이다.

판결문

두 사람 모두 죄가 있다. 냄새를 모으는 기계는 자신의 후각에 이상이 없는데 냄새를 맡기 위해 사용한다는 점에서 도청 장치와 같은 개념이라 넓은 의미로 불법이다. 냄새가 손님을 유혹하는 서비스 영자라도, 후각의 내용을 훔치는 도청과 다를 바 없다. 빵집주인도 죄가 있다. 죄가 빵에 있으나 위생법 위반, 샌지를 훔쳐보고 집에 찾아와 협박한것은, 사생활 침해와 협박죄에 해당한다. 그러니 샌지는 냄새절도에 대한 벌금형과 손해 배상을 해야하고, 빵집 주인도 사생활 침해와 협박에 대해 사과와 함께 샌지와 손해배상과 위생법 위반에 대한 벌금 내도록한다.

내가 판사라면

미덕보석
화합

누가 잘못 했는지
판별 짓는 다면 둘
도움이 안되게 서로
있을 것은 인정해 서로
화합하게 협의하는
것이 중요하다.

판결문

빵집 주인은 샌지가 빵을 사러 왔을때, 빵집 주인은 이전부터 자신이 빵냄새를 맡았는데도, 자신이 빵을 사지 않았다는 점에서 화가 났을 것이다. 왜냐하면 빵집주인이 자주 자리를 비우는데도 빵이 쌓여 있다는 것을 보고 빵이 잘 팔리지 않는다는 것을 추측했을 것이고, 그점에서 빵집주인은 서운 화가 나게 되면서, 샌지 집까지 찾아가게 됐다. 그렇지만, 빵 냄새의 가격을 내는 것은 말이 되지 않는다고 생각하나, 샌지가 냄새를 맡았다고 이야기를 해줬으면 빵집주인은 그 말을 신경에서 일 하는데 반영하게 되면 업무의 피해는 주었으므로 보상을 해야 한다고 생각한다. 단, 돈이 아닌, 샌지의 도움이다. 샌지가 빵집주인의 빵냄새를 맡을때 쓰였던 빵냄새 모으는 기계로 마을 사람들에게 시식회를 열어 빵을 1달간 홍보해준다! 그 계기로 샌지와 빵집주인의 관계가 회복된다! 탕탕탕~

내가 판사라면

미덕보석
창의성
유연성

판결문

나, 판사는 현 재판에서 원고 빵집주인에게 우리집의 가보인 황금사과를 보여주고있다. 오감에는 시각, 청각, 후각, 미각, 촉각 이 있는데, 원고는 피고가 후각으로 빵을 느꼈다고 해서 원래 빵의 값과 같은 돈을 요구하였다. 나 판사도 원고가 우리집의 가보인 황금사과를 시각으로 느꼈으므로 원고에게 금화 천냥을 요구하는 바이다. 판결, 피고인 샌지는 원고 빵집주인 에게 돈닢 다섯 냥을 내고 빵집주인도 나, 판사에게 금화 천냥을 주어라. 땅땅땅!

책과 성장

아이들의 성장 이야기

- 그림책 속에서 증거를 찾으며 토론하는 것이 너무 재미있었다.
- 현명한 판사는 법을 잘 이행하는 사람으로 원칙에 따르는 정확한 사람이라고 생각했지만 너그러움이라는 미덕을 가진 동영상을 보니 마음이 따뜻했다.
- 샌지 프로젝트는 뭔가 경쟁하듯 흥미진진하게 토론을 하는 게 너무 재미있었다. 그리고 현명한 판사는 어려운 사람에게 무엇이 진정 도움이 되는 것인지 살피며 판결을 내리는 것이 현명하다는 것을 알게 되었다. 나도 현명한 사람이 될 것이다.

교사의 성장 이야기

『샌지와 빵집 주인』은 보물 같은 책이다. 그림으로 또 한 번의 이야기를 풀어 갈 수 있는 그런 책, 그림 속에 많은 이야기가 담긴 책을 만나기란 어려우니까. 이 책은 아이들과 현명함에 관한 배움을 목표로 시작한 책이었고 토론을 하면서는 흥분해서 앞으로 나와 상황을 재연하기도 하며 토론에 열띠고 진지하게 임하는 모습이 너무 흐뭇했다.

책에서 증거를 찾아 토론하는 방식은 토론을 처음 시작하는 선생님들에게 추천하고 싶은 방법이다. 생각을 묻는 토론보다 아이들이 접근이 쉽고 더 흥미롭게 토론에 참여할 수 있는 장점이 있기 때문이다. 찬반 토론을 할 때 아이들이 자신의 생각을 담아 주장과 근거를 펼칠 때에는 혹시 내 생각이 틀리지 않을까 남들이 비웃지 않을까라는 생각으로 자신감이 조금 떨어졌다면 샌지와 빵집 주인처럼 책 안에서 나름의 의미를 담아 객관적인 증거를 모아 토론할 때는 그런 부담과 거부감이 줄어 더욱 적극적이고 열띠게 토론을 이어 가는 것을 볼 수 있었다.

현명함이란 과연 무엇일까? 아이들 말처럼 용서만이 현명함은 아닐 것이다. 아픈 사람을 덜 힘들게 하는 것, 앞으로는 행복해지도록 돕는 것, 어려운 사람을 보호해 주는 것이 현명함이 아닐까 한다. 나도 현명한 사람이 될 수 있을까?

함께 보면 좋은 책 이야기

내 모자 어디 갔을까

존 클라센 그림·글 | 서남희 옮김 | 시공주니어

그림책 속에서 증거자료를 찾으며 함께 이야기해 볼 수 있는 책이다. 빨간 모자를 잃어버린 곰이 모자를 찾으러 다니다 토끼에게 자신의 모자를 본 적이 있냐고 묻는다. 본 적이 없다는 토끼를 지나쳐 가다 생각해 본다. 그 토끼는 빨간 모자를 쓰고 있었다. 다시 찾아가 서로 마주 보게 된다. 그 후 토끼가 있던 자리에 모자를 찾은 곰이 앉아 있고 토끼를 찾는 다른 친구에게 토끼를 보지 못했다는 말을 한다. 그의 말은 진실일까?

어머어마하게 멋진 너의 가치는?

| 주제 | 도전, 소중함, 자존감

책마중

꿈을 위한 도전과 나만의 보물

우리에게는 자신만의 '어마어마하게 멋진 것'이 있다. 『샘과 데이브가 땅을 팠어요』의 주인공 샘과 데이브는 어마어마하게 멋진 것을 찾기 위해 땅을 파기 시작한다. 책을 보는 내내 우리의 눈에는 보이는 보물을 샘과 데이브는 보지 못하고 엉뚱한 방향으로 땅을 파고 보물을 손에 넣지 못한다. 하지만 샘과 데이브는 '어마어마하게 멋진 하루'였다며 행복하게 집으로 돌아가는 장면에서 많은 생각을 하게 하는 책이다.

'어마어마하게 멋진 것'은 각자 자신의 기준에 따라 다양하게 해석할 수 있지만 한 가지 분명한 것이 있다. 그 안에는 한 사람의 욕구와 삶에 대한 가치가 녹아 있고 그것을 얻기 위한 경험과 과정은 스스로를 성장시킨다는 것이다.

샘과 데이브 곁에 늘 반짝이는 보석들이 존재하는 것처럼 우리에게도 자신만의 보석이 있을 것이다. 바로 옆에 있지만 발견하지 못하는 어마어마하게 멋지지만 느끼지 못하는 멋진 점 말이다. 그러한 어마어마하게 멋진 나만의 가치를 찾아보는 것이 아니라 원래 내 안에 있던 멋진 점을 깨닫고 느끼는 것이 우리를 한층 성장시키는 것이라고 생각한다. 샘과 데이브가 멋진 '것'을 '발견'하지 못한 것이 아니라 멋진 '점'을 '깨달은' 것처럼.

샘과 데이브가 땅을 팠어요
존 클라센 그림 | 맥 바넷 글 | 시공주니어

책과 수업

수업 흐름도

본 5차시 중 활동을 선택해서 조직해도 됩니다.

구분 \ 차시	1차시	2차시
배움 활동	함께 읽고 질문 수업하기	책과 놀이하기(1)
배움 과정	• 함께 읽기 • 핵심 낱말 토크 • 세 박자 질문 만들고 친구를 통해 답 찾기	• 나의 삶 돌아보기 - 나의 멋진 점 이야기 나누기 • 손가락으로 단점 없는 완벽한 나 되기
배움 조직	전체 및 모둠	모둠, 전체
핵심 역량	공동체 역량 의사소통 역량	심미적 감성 역량 창의적 사고 역량

구분 \ 차시	3-4차시	5차시
배움 활동	책과 놀이하기(2)	내 것으로 성찰하기
배움 과정	• '더 멋진 나' 시장 놀이 하기	• 가져온 장점 이야기 나누기 • 활동을 통해 느낀 점 말하기
배움 조직	전체	전체 및 모둠
핵심 역량	공동체 역량 의사소통 역량	공동체 역량 의사소통 역량

함께 읽고 질문 수업하기

- 함께 읽기
- 핵심 낱말 토크
- 질문 만들고 친구를 통해 답 찾기

🌱 함께 읽기

읽기 전 그림책의 표지와 제목을 보고 어떤 내용일지 추측해 보고 이야기 나눈 후 읽어 주세요. 표지를 보여 줄 때 뒤표지도 보여 주며 궁금증과 예측할 수 있는 힘을 길러 주는 것이 좋아요. 아이들은 그림책의 구석구석을 다 보는 경우도 있기 때문에 모서리 부분에도 관심을 가지고 볼 수 있도록 안내해 주시면 더 좋아요.

앞표지

뒤표지

🌱 교사 발문

그림책의 앞표지와 뒤표지를 꼼꼼히 보세요.
(앞표지만 보여 주다 잠시 후 뒤표지를 보여 줍니다.)
어떤 일이 일어난 것일까요? 샘과 데이브가 땅을 파는 동안, 그 친구들에게는 어떤 변화가 생겼을까요?

그림책을 읽는 동안 우리에겐 또 어떤 변화가 생길까요?

※ 선생님은 학생들에게 감성적인 분위기로 그림책으로 천천히 들어갈 수 있도록 안내해 줍니다.

<주의 깊게 보면 좋아요>

앞장

뒷장

　책 속 그림을 자세히 살펴보면 책의 첫 장 그림과 마지막 장 그림이 같은 듯 다른 모습을 하고 있어요. 달라진 점을 아이들과 함께 찾아보고 그것의 의미가 무엇일지 같이 생각해 보면 좋아요. 사과나무가 돌배나무로 바뀌어 있고, 지붕 위 방향계는 닭과 오리로 서로 다르고, 화분 속 꽃도 달라요. 왜 달라졌을까? 그 이유는 무엇일까? 아이들에게 자신의 생각을 자유롭게 말해 보게 하면 다양하고 재미있는 해석들이 나올 수 있습니다. 참고로 사과나무는 성공, 욕망, 결실을 의미하고 돌배나무는 온화한 애정, 위로, 위안을 의미한다고 해요.

　샘과 데이브가 땅을 파러 떠날 때는 사과나무가 보였는데 일을 다 끝내고 돌아올 때는 돌배나무가 있는 것이 바로 그 나무들이 뜻하는 것과 관계가 있고 이 그림책의 주제와도 연결되어 있어요. 마지막 고양이와 개가 서로를 보는 표정도 유의 깊게 살펴보세요.

핵심 낱말 토크

핵심 낱말 토크는 책을 읽고 기억나거나 마음에 와 닿는 낱말을 기록하고 그것에 관해 짝이나 모둠에게 이야기를 나눈 다음 반 전체 아이들에게 발표하는 것입니다. 꼭 낱말로 하기보다는 한 장면이나 책 속 대화를 발표해도 됩니다.

수업 장면

'이 책을 읽고 가장 기억나는 낱말은 ○○이다.'
'이 책을 한 낱말로 나타내면 ○○이다.'
'자꾸만 보석을 놓치는 장면이 기억나요.'

핵심 낱말을 짝이나 모둠과 나누고 나서는 반 전체의 생각을 알아보기 위해 칠판에 비슷한 것끼리 분류를 해 보는 것도 좋습니다. 분류 뒤에는 이어 가기 발표로 왜 그것이 기억에 남는지 이유를 들어 보고 ○○이는 이렇게 생각하는데 @@이는 왜 그렇게 생각하니? 등으로 이유를 이어 나가면 좋습니다.

세 박자 질문 만들고 친구를 통해 답 찾기

세 박자 질문이란, 질문할 대상을 등장인물, 작가, 자신 등의 질문할 대상을 정해서 질문하는 방법이에요. '여러분이 샘과 데이브에게 질문하고 싶은 것을 질문해 보세요.', '작가에게 하고 싶은 말, 자신이 궁금한 것' 등으로 나누어 질문을 만들도록 안내하면 질문 만들기에 효과적입니다.

질문에 대한 답은 친구를 만나서 찾아보도록 활동을 합니다. 여러 친구를 만나다 보면 마음에 드는 답이 생길 것입니다. 그리고 마음에 드는 답을 찾으면 자리에 돌아와 앉습니다.

모든 친구가 돌아오면 서로의 질문을 나누고 친구를 통해서 얻은 가장 마음에 드는 답도 서로 나누어 보세요.

〈세 박자 질문 학생활동 예시〉

1. 샘과 데이브는 왜 땅을 한 곳만 파지 않고 자꾸 길을 바꾸었을까?(등장인물)
2. 작가는 왜 앞뒷면의 색을 다르게 했을까?(작가)
3. 나에게 가장 멋진 것은 무엇일까?(나)

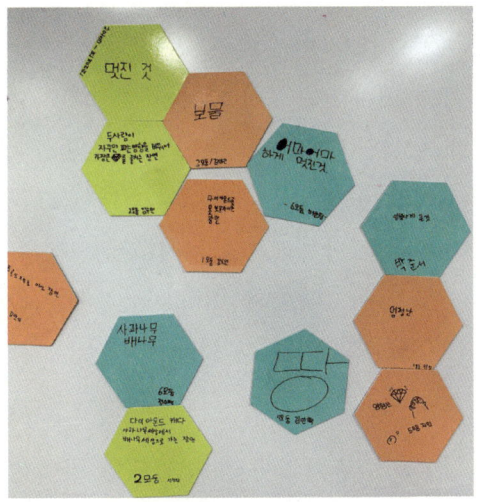

핵심 낱말 토크 후 분류하기

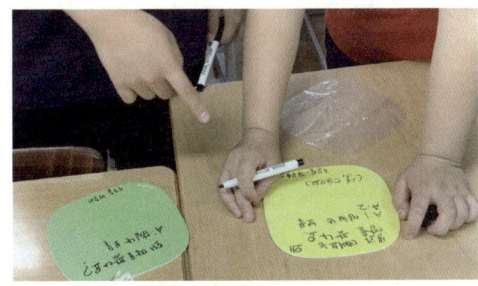

질문 만들고 서로 나누기
(질문에 대한 답은 친구가 합니다)

책과 놀이하기 (1)

- 나의 삶 돌아보기
  - 나의 멋진 점 이야기 나누기
- 손가락으로 단점 없는 완벽한 나 되기

🎯 나의 삶 돌아보기

교사는 아이들이 자신에게 어마어마하게 멋진 점을 한 가지씩 생각해 내도록 안내합니다. 서로 허용적인 분위기 속에서 모둠 친구들과 이야기를 나눌 수 있도록 합니다. 아마도 아이들은 어마어마하게 멋진 점을 발견해 내는 것을 다소 어려워할 수도 있습니다. 어려워하는 학생에게는 샘과 데이브도 멋진 보석을 보지 못하고 땅을 팠던 것처럼 너희도 얼마든지 그럴 수 있음을 설명해 주면 좋을 것 같아요.

만약 잘 발견한 학생이 있다면 그 학생의 이야기를 들어 보는 것으로 활동을 마무리하면 됩니다. 고학년의 경우 자신의 장점이나 좋은 점을 찾아내는 데 더욱 어려움을 느끼므로 맨 뒤 제목 부분에 써 보게 하는 것도 의미가 있습니다.

🎯 손가락으로 단점 없는 완벽한 나 되기

손바닥을 종이에 대고 그리도록 합니다. 종이 가장 위에는 □□의 멋진 점은 ○○이다를 크게 쓰도록 합니다. ○○ 부분에는 바로 쓰지 않고 생각해 보는 시간을 가집니다. 손바닥을 다 그리고 나면 다섯 손가락 부분(그림의 바깥 부분)에는 자신의 단점을 기록합니다. 이렇게 하면 단점 다섯 개가 완성이 됩니다. 단점 바로 안쪽(손바닥 그린 선 안)에는 그것을 장점(멋진 점)으로 바꾸어 주는 활동을 합니다. 이 활동은 자신이 하는 것이 아니라 친구들이 하는 것이 더 의미가 있습니다.

(예) '지각을 자주 합니다.' … '늘 느긋한 것이 멋진 점입니다.'

'말참견을 자주 합니다.' … '나의 일처럼 공감하는 능력이 멋집니다.'

아이들은 자신의 단점은 잘 발견할 수 있을 것입니다. 멋진 점이 얼마든지 있음을 이야기 나누고, 가장 마음에 드는 자신의 모습을 친구들과 이야기 나눈다면 한층 기분이 좋아질 것으로 생각합니다. 장점과 단점은 선 하나를 사이에 두고 같은 모습으로 존재한다는 것을 일깨워 준다면 더 좋겠지요.

"선 하나만 넘으면 단점은 장점(멋진 점)으로 변한다."라는 말을 함께하니 더욱 효과가 있었습니다.

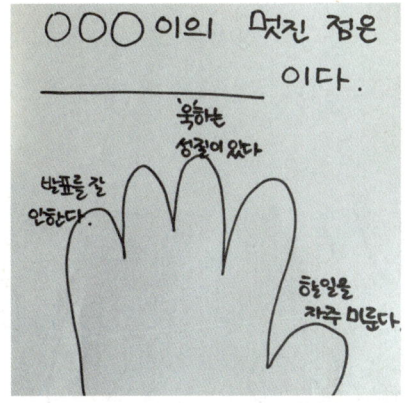

손가락 삶 돌아보기 틀(단점을 기록하는 중)

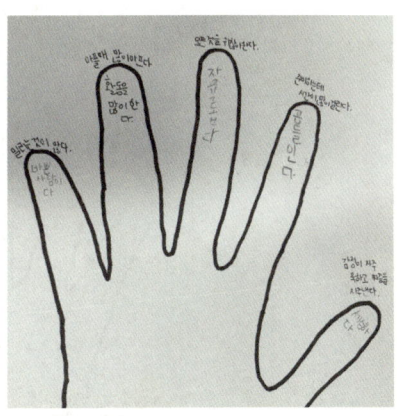

완성된 어마어마하게 멋진 나!

책과 놀이하기 (2)

- '더 멋진 나' 시장 놀이 하기

◎ '더 멋진 나' 시장 놀이

교사는 전 시간을 통해서 알게 된 자신의 가치를 4-5가지 정도의 문장으로 카드에 기록하게 합니다. 자리를 떠나 다른 친구의 멋진 점을 살펴볼 수 있도록 합니다. 그리고 친구와 자신의 멋진 점을 서로 교환하도록 안내해요. 내가 어떤 멋진 점을 줄 테니 다른 친구의 멋진 점을 받아 오는 것이지요. 이것을 통해서 내가 중요하게 생각하는 것과 내가 바라는 모습을 구체적으로 모델링 할 수 있을 것이라고 생각합니다. 이때 나의 장점은 사라지지 않는다고 해야 더 멋진 내가 될 수 있겠지요?

Tip: '더 멋진 나' 시장 놀이

서로 멋진 점을 바꾸어도 좋지만 돈 역할을 하는 매개물을 사용해도 재미있습니다. 보기에서는 노란 종이에 적은 자신의 멋진 점을 주고받았습니다. 정말 갖고 싶은 친구의 멋진 점은 나의 것 두 개를 주고 받아와도 좋아요. 물론 바꾼 나의 장점은 그대로 없어지지 않으며 때로는 한 번 바꾼 나의 장점도 여러 명의 친구와 바꿀 수 있다고도 말씀해 주세요.

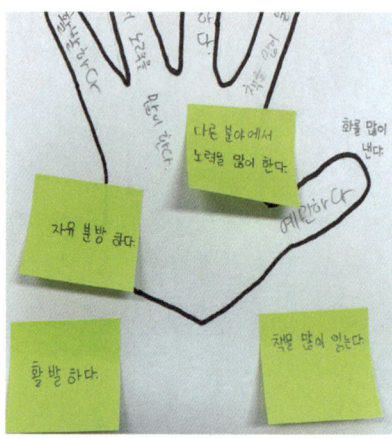

발견한 장점을 바탕으로 나의 가치 추출 (노란 종이)

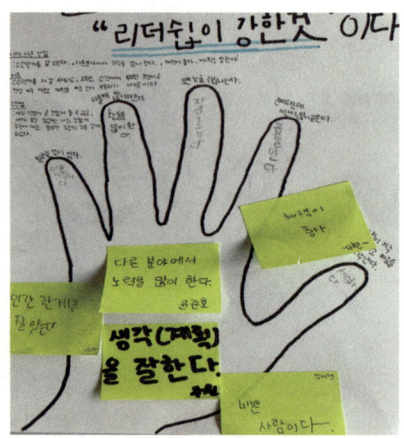

나의 장점과 친구의 장점 중 내가 바라는 모습을 위하여 서로 교환

내 것으로 성찰하기

- 가져온 장점 이야기 나누기
- 활동을 통해 느낀 점 말하기

가져온 장점 이야기 나누기

 가져온 장점에 대해서 이야기 나눌 때 가져온 장점이 어떤 것이 있고, 어떤 이유로 가지고 왔는지를 들어 보는 것이 좋습니다. 그것들은 내가 성장하는 데 나 자신이 어떤 가치를 필요로 하는지를 스스로 깨닫는 과정이므로 매우 중요하다고 볼 수 있습니다. 이야기 나눈 뒤에는 전 차시에 기록한 손바닥 종이에 기록하게 하는 것도 좋습니다.

활동을 통해 느낀 점 말하기

 교사는 샘과 데이브 책 및 활동을 통해서 느낀 점을 아이들과 이야기 나눕니다.

책과 성장

아이들의 성장 이야기

- 내가 부지런하고 열정적이고 계획적인 생활을 하는 사람이 될 수만 있으면, 정말 더할 나위 없겠다.
- 앞으로 실천을 잘해야 할 것 같다.
- 나라는 사람의 장점을 알게 되어서 뜻깊었다.
- 진짜 이런 장점이 생기도록 노력해야겠다는 생각이 들었다.
- 나의 단점이 장점이 될 수 있고, 내가 잊고 살았던 나의 장점이 누구에게는 필요한 조건인 것을 알게 되었다.
- 나의 단점들이 장점으로 바뀔 수 있고 생각해 보지 못한 친구들의 장점들을 알 수 있었다.

교사의 성장 이야기

『샘과 데이브가 땅을 팠어요』를 처음에 읽었을 때 '이게 뭐야!'라고 말했던 것이 생각이 난다. 아무 내용도 없는 것 같은 느낌을 받았기 때문이다. 하지만 몇 번이고 읽어 보니 여러 가지를 책 속에서 발견할 수 있었다. 마치 책에 등장하는 샘과 데이브처럼 소중한 것을 찾으려고 덤벼들면 찾을 수 없었던 것처럼 말이다.

아이들은 그림책의 구석구석을 살폈고 내가 읽어 주는 글과 보여 주는 그림을 통해서 그림책이 전달하고자 하는 내용을 아주 잘 찾아내었다. 어마어마하게 멋진 것을 찾으려고 한다면 오히려 찾지 못하고 멋진 것을 찾는 과정이 아름다운 것임을 아이들은 알게 되었다.

이 책을 통해서 무엇을 배울 수 있을까를 고민했다. 옆에 있지만 발견하지 못하는 어마어마하게 멋진 것. 그것은 아마도 자기 자신의 좋은 점이라고 생각하고 수업을 설계했다. 자신의 단점을 먼저 발견하고, 친구들과 함께 단점을 장점으로 고치는 활동을 좋아하던 아이들의 표정이 생각난다. 또한 더 멋진 내가 되기 위해서 상대방의 어떤 점을 본받아야 할지 고민해 보는 활동에서는 아이들이 상대방을 인정하고 받아들이는 모습을 갖추게 되었다.

그런 점에서 몇 쪽 되지 않는 그림책이 아이들과 나에게 성장을 가져오는 것 같아 참 소중했고 아이들이 나의 의도를 잘 파악하고 함께 노력해 나가는 것 같아 행복했다.

우리에게는 많은 멋진 점이 있다. 옆에 있지만 단지 잘 발견하지 못할 뿐이다.『샘과 데이브가 땅을 팠어요』는 그런 점을 생각해 보게 하는 책이다.

함께 보면 좋은 책 이야기 ···

언제나 빛나는 별처럼

진 윌리스 글 | 브라이오니 메이 스미스 그림 | 김현희 옮김 | 사파리

별에서 태어난 모든 사람과 모든 것들은 있는 그대로 사랑스럽게 빛나고 있음을 깨닫게 만드는 책이다.

나는 2억 5천만 원입니다

| 주제 | 동물, 생명, 환경

> **책마중**

나는 2억 5천만 원입니다

사냥꾼들이 쫓아옵니다. 사냥개가 달려들고 수많은 화살이 내게 박힙니다. 공포에 떨며 멀리 도망을 가 보지만 이내 붙잡혔습니다. 힘없이 뜬 눈앞에는 사냥꾼들이 가득하고, 나의 입을 벌려 이빨을 톱니로 빼냅니다. 더 이상 할 수 있는 게 없습니다. 영문도 모른 채, 내 몸을 내어 준 채 죽어 가지요.

이빨 사냥꾼에는 사냥당하는 어린이가 등장합니다. 누군가 인간을 괴롭힌다니, 먹이사슬의 최상 포식자인 우리에게 쉽게 와 닿는 이야기는 아닙니다. 동물 멸종의 소식을 들어도 짧은 안타까움을 느끼며, 동물 소비를 이어 나가는 것도 그 때문이지요. 우리는 가해자지, 피해자의 입장에 서지 않으니까요. 하지만 우리가 누군가의 사냥감이 될 수도 있다면 어떨까요? 상상만으로 공포스럽습니다. 더군다나 그 사냥이 생존을 위한 필수불가결한 선택이 아니라, 누군가의 취미이고 사치라면 더욱 끔찍합니다.

『이빨 사냥꾼』은 인간이 동물에게 가하는 폭력을 아주 직접적으로 다루고 있습니다. 하지만 그 방법은 간단합니다. 우리가 동물에게 하는 그대로 입장만 바꿨지요. 2억 5천만 원, 코끼리를 구매할 수 있는 돈입니다. 돌고래는 1억 5천만 원, 기린은 2억 원입니다. 이야기를 들은 아이들은 '우와, 정말 비싸다.'고 합니다. 개체 수가 적을수록 값이 올라간다고 합니다. 개체 수는 왜 줄고 있나요? 그리고 생명의 값은 누가 매기고 있나요?

"코끼리는 2억 5천만 원이야."라고 말했을 때, "누가 코끼리 값을 정해요, 왜 코끼리에 값이 있어요?"라는 반응이 자연스러운 세상을 기대하면서 수업을 시작합니다.

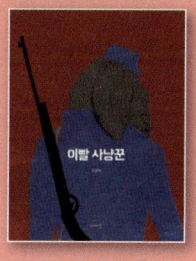

이빨 사냥꾼

조원희 글·그림 | 이야기꽃

책과 수업

수업 흐름도

본 6차시 중 활동을 선택해서 조직해도 됩니다.

구분 \ 차시	1차시	2차시	3차시
배움 활동	책과 만나기	감정 교실 산책하기	뜨거운 의자 활동하기
배움 과정	• 가상 경매하기 • 제목 추측하기 • 함께 읽기	• 감정카드로 교실 산책하기 - 역할 정하고 감정카드 만들기 - 감정카드로 교실 산책하기	• 뜨거운 의자 활동하기 - 질문 만들기(Q카드) - 모둠 뜨거운 의자하기 - 전체 뜨거운 의자하기
배움 조직	전체	개인 및 전체	모둠 및 전체
핵심 역량	창의적 사고 역량 의사소통 역량	의사소통 역량 창의적 사고 역량	의사소통 역량 창의적 사고 역량

구분 \ 차시	4차시	5~6차시
배움 활동	그것이 알고 싶다	코끼리 살리기 캠페인 활동하기
배움 과정	• 영상보고 원인 파헤치기	• 코끼리 살리기 캠페인 활동하기 • 이미지 프리즘으로 배움 소감 발표하기 • 그림책 표지 다시 보기
배움 조직	개인 및 전체	개인 및 전체
핵심 역량	의사소통 역량 창의적 사고 역량 심미적 감성 역량	공동체 역량 심미적 감성 역량 지식정보처리 역량 의사소통 역량

책과 만나기

- 가상 경매하기
  - 상아로 만든 제품의 가상 경매하기
  - 경매로 물건을 사는 학생에게 구입 이유 인터뷰하기
- 제목 추측하기
  - '○○ 사냥꾼'의 빈칸에 들어갈 제목에 대해 추측해 보기
- 함께 읽기

🎯 가상 경매하기

　교실의 모든 아동에게 가상으로 100만 원을 제공해요. 이 돈은 제시된 5개의 물건에 입찰할 때 사용할 수 있으며, 사용하지 않아도 됩니다. 보여 주는 물건은 모두 '상아'로 만든 것인데, 학생들에게는 비밀로 해요. 만약 물건에 입찰하여 구매한다면 왜 사는지에 대해 인터뷰해요. 나중에 모든 수업이 끝나면 경매로 올라왔던 상품들이 코끼리의 목숨과 맞바꾼 상아로 만들었음을 밝히며, 이 책에 대해 좀 더 생각할 수 있도록 해요.

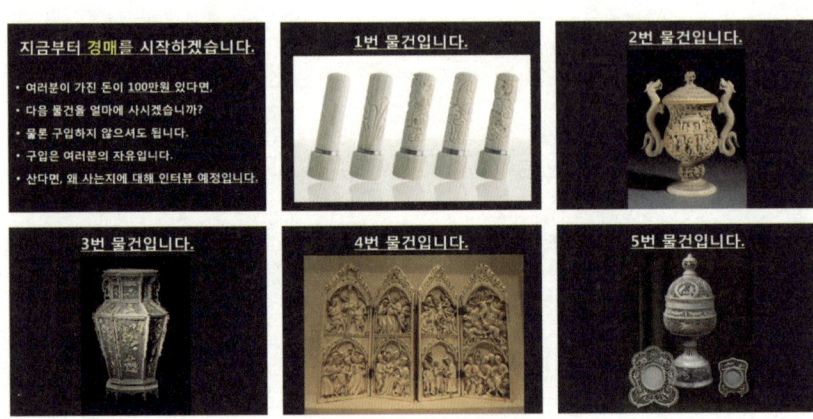

수업 장면

(3학년) 가상경매를 할 때 한 친구가 "필요하지 않다면, 일부러 살 필

가 없다."라고 이야기했어요. 그 때문인지 아이들 전부가 실용성이 없다며 경매에 참여하지 않았어요. 해당 아이들은 1년간 함께 다양한 분야의 그림책을 읽으며 책수업에 참여했고, 다음 해 2월에 이 수업에 참여했습니다.

(6학년) 적극적인 성격을 가진 6명의 친구들이 모든 물건을 샀어요. 그 이유는 음각, 양각 등 조각이 섬세하여 미술적으로 가치가 있어 보이고, 또한 선물하기에 좋아 보이기 때문이라고 답했어요.

3학년과 6학년 친구들은 가상 경매 이후의 수업 활동에 집중하느라, 가상경매의 원재료에 대해서는 잊은 듯했어요. 그런데 2학년 학생들을 대상으로 수업을 했을 때는, 이 활동 직후에 책을 읽자마자 "아까 그 물건들 코끼리 이빨로 만든 거죠?" 하고 눈치를 챘어요. 만약 코끼리 이빨이어도 살 것이냐고 묻자, 변함없이 구입을 원한다고 답했어요.

🄣 제목 추측하기

책을 읽기 전에 빈칸에 들어갈 제목을 추측해 보는 활동이에요. 수업에서는 표지의 그림도 보여 주지 않고, 오로지 제목만 제공했어요. 아이들과 함께 빈칸을 예상하다 보면 인간이 사냥하는 것에 무엇이 있는지 생각해 보게 돼요. 또 제목을 추측해 보면서 어떤 이야기가 담겨 있는지도 상상해 보지요. 이를 통해 읽을 책에 대한 호기심을 높이고, 이후 이어질 활동에 몰입을 유도해요.

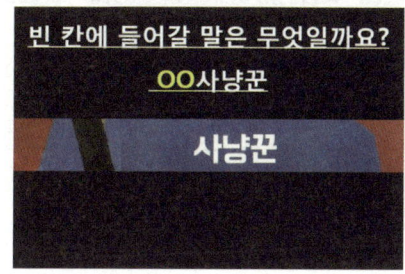
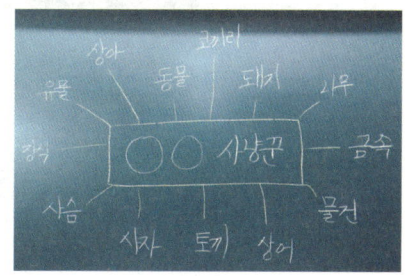

함께 책 읽기

책을 읽는 방법은 다양해요. 개인, 모둠별 1권이 있으면 좋아요. 하지만 교실 전체에 1권의 책만 있다면 선생님 앞에 학생들이 둘러앉아 함께 읽거나, 실물화상기나 PPT, 읽어 주는 그림책(영상)을 활용할 수 있어요. 일반적으로 그림책을 처음 읽을 때는 앞표지를 살펴보고, 뒤표지도 살핀 후 180도로 펼쳐 앞뒤표지를 함께 살펴봐요. 그 후 교사의 음독, 교사와 학생 번갈아 읽기, 학생 전체가 읽기, 학생들끼리 나눠 읽기 등 다양한 방법을 통해 책을 읽어 나가고, 그 과정에서 질문을 주고받기도 해요.

해당 수업의 경우에는 한 권의 책을 PPT를 통해 나눠 읽었어요. 읽을 때는 별 다른 질문 없이 천천히 장면만 집중해서 읽었어요. 생각이 필요한 장면은 가만히 들여다보는 시간을 더 주었어요. 이빨을 판매하는 모습이 담긴 장면의 경우 확대해서 그림을 꼼꼼히 살펴보았어요. 책을 다 읽고 나서야, 다시 처음으로 돌아와 책에 대한 이야기를 나누었어요. 그렇게 한 이유는 책의 처음부터 끝까지 온전히 감상하는 기회를 제공하기 위해서였어요. 책의 앞, 뒤표지가 가진 의미는 책 수업의 맨 마지막 차시에서 살펴봤어요.(217쪽 '그림책 표지 다시 보기' 참고)

| 감정 교실 산책하기 | • 감정카드로 교실 산책하기
 - 역할 정하고 감정카드 만들기
 - 감정카드로 교실 산책하기 |

🆙 감정카드로 교실 산책하기

　4인으로 구성된 각 모둠에 '이빨 사냥꾼, 사냥당한 아이, 이빨을 파는 코끼리, 이빨을 사는 코끼리'의 4가지 등장인물 중에서 한 가지 역할을 정하도록 해요. 아동은 역할 머리띠를 쓰거나 역할 라벨지를 몸에 붙임으로써 자신의 역할을 시각화해요. 이는 원활한 교실 산책을 위한 거예요.

　각자 역할을 정한 뒤에는 감정카드를 작성해요. 감정카드란, 자신의 마음을 이야기하는 카드예요. 카드 안에는 자신이 맡은 역할이 어떤 감정을 느끼고 있으며, 왜 그런 마음인지를 간단히 쓰도록 해요. 감정을 찾기 어려워하는 친구를 위해 다양한 감정이 적힌 카드를 모둠별로 한 세트씩 줄 수도 있어요. 모둠의 중앙에 펼쳐 놓은 감정카드를 살핌으로써 각 역할의 마음을 좀 더 구체적으로 살필 수 있어요. 이 활동은 감정을 바탕으로 맡은 역할의 마음을 쓰기 때문에, 질문 만들기 활동보다 부담 없이 그 역할에 집중할 수 있어요. (감정카드 활용 수업 전에, 각 감정이 어떤 마음인지에 대해 다루는 시간을 가지면 더욱 원활히 진행될 수 있어요.)

　감정카드를 다 작성한 친구는 교실 중앙 '만남의 광장'에 모여, 교실 산책을 시작해요. 만남의 광장에 서 있으면 대화할 짝을 찾는다는 뜻이고, 이야기를 나눌 짝을 만났으면 그 자리에 앉아서 대화해요. 친구의 이야기를 듣고 궁금한 점은 즉각적으로 물을 수 있어요. 교실 산책은 학생별 활동시간 차이를 극복할 수 있어서 좋아요. 감정카드를 빨리 작성한 친구는 여러 대화 짝을 만날 수 있거든요. 대화 짝을 만나 자신의 감정에 대해 이야기하고 듣는 과정을 통해, 자신의 역할에 자연스럽게 몰입할 수 있고 다른 입장도 이해해 볼 수 있답니다. 몰입의 시간을 갖고 이후 이어지는 질문 만들기를 하면 더욱 예리하고 심화된 질문이 나와요.

수업 장면

◎ **이빨 사냥꾼의 감정카드**
- 기쁘다, 왜냐면 이빨을 충분히 사냥해 왔기 때문이다.
- 긴장된다, 왜냐면 사냥을 나갈 때마다 떨리기 때문이다.
- 든든하다, 왜냐면 사냥개도 있고 이빨 사냥꾼도 여러 명이기 때문이다.
- 만족스럽다, 이빨 사냥을 잘했기 때문이다.

◎ **사냥당한 아이의 감정카드**
- 떨린다, 왜냐면 아이가 꿈에서 깨고 나서 무섭다고 말했기 때문이다.
- 불안하다/두렵다, 왜냐면 이빨을 뽑아 갈까 봐 걱정이 되기 때문이다.
- 무섭다, 왜냐면 우리를 그렇게 (사냥)한다는 걸 알기 때문이다
- 아프다/슬프다, 왜냐면 (흔들리지도 않는)이빨을 빼 버렸기 때문이다.

◎ 이빨 파는 코끼리의 감정카드

- 만족스럽다/뿌듯하다, 왜냐면 이빨을 팔았기 때문이다.
- 행복하다/신난다, 왜냐면 돈을 벌었기 때문이다.
- 궁금하다, 왜냐면 사람들이 이빨을 사서 무엇을 하는지 궁금해서다.
- 걱정된다, 왜냐면 (이빨이 뽑힌 아이가) 죽은 건 아닌지 걱정된다.
- 기쁘다, 왜냐면 부자가 될 수 있기 때문이다.

◎ 이빨 사는 코끼리의 감정카드

- 뿌듯하다, 왜냐하면 큰 이빨을 샀기 때문이다.
- 설렌다, 왜냐면 이빨로 무엇을 만들지 기대되기 때문이다.
- 아쉽다, 왜냐면 돈을 너무 많이 썼기 때문이다.
- 행복하다, 왜냐면 이빨로 만든 물건을 샀기 때문이다.
- 신난다, 왜냐면 물건이 멋지고 저렴하기 때문이다.

※ 해당 내용은 2학년 친구들의 배움에서 발췌했습니다.

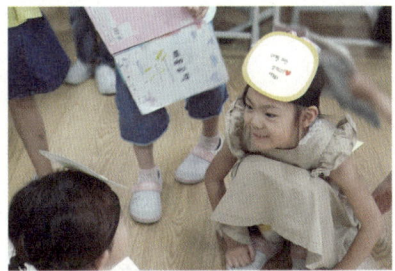

뜨거운 의자 활동하기

- 뜨거운 의자 활동하기
  - 등장인물에 묻고 싶은 질문 만들기(Q카드 작성하기)
  - 모둠 뜨거운 의자 활동하기
  - 역할별로 앉아 전체 뜨거운 의자 활동하기

 뜨거운 의자 활동하기

뜨거운 의자는 교육 연극 기법으로 널리 알려져 있어요. 일반적으로 교실 앞에 특정한 등장인물(역할)로 정해 놓은 의자를 하나 두고, 학생이 앉아요. 다른 학생들이 그 인물에 대해 질문을 하면, 그 의자에 앉은 학생이 그 인물이 되어 대답해요. 이 활동은 학생들이 상상력을 발휘할 수 있어 재미있게 참여하고, 다양한 질문에 대답하는 과정에서 자연스럽게 역할에 몰입할 수 있어요. 인물이나 이야기에 대한 이해도도 높아지지요.

뜨거운 의자 활동의 형태는 1:다수, 1:모둠, 다수:다수 등 다양하게 변형 가능해요. 해당 수업에서는 1:3(모둠), 다수:다수로 진행했으며 모든 학생들이 이전 활동인 '감정카드로 교실 산책하기'에서 맡은 자신의 역할을 바탕으로 참여했어요.

◎ 등장인물
이빨 사냥꾼, 사냥당한 아이, 이빨을 파는 코끼리, 이빨을 사는 코끼리

◎ 활동방법
1. 등장인물에 대한 질문 3가지 이상 만들기(한 인물에게 여러 질문 가능)
2. 각 모둠에서 모둠 뜨거운 의자 활동하기
3. 역할별로 분단을 나눠 앉아 학급 전체 뜨거운 의자 활동하기

'이빨 사냥꾼'을 읽으며
Q(질문) 카드
(   )학년 (   )반 이름: (   )
묻고 싶은 질문을 최소 3개 이상 만들고, 모둠 뜨거운 의자를 해 봅시다.

등장인물: 이빨 사냥꾼, 사냥당한 아이, 이빨을 파는 코끼리, 이빨을 사는 코끼리
(   )에게 묻겠습니다.
질문: (   )
대답: (   )
(   )에게 묻겠습니다.
질문: (   )
대답: (   )
(   )에게 묻겠습니다.
질문: (   )
대답: (   )

 첫 번째로 '모둠 뜨거운 의자'를 해요. 모둠에 있는 4명의 구성원이 각자 다른 역할을 맡았기 때문에, 각 모둠에 등장인물이 모두 모여 있어요(앞선 '감정카드로 산책하기'에서 역할 머리띠/라벨지로 맡은 역할을 표시해 두었어요). 총 5개의 모둠은 동시다발적으로 뜨거운 의자 활동을 시작해요. 모든 학급 구성원이 하나의 역할을 맡아 친구들의 질문에 대답해 주고, 동시에 다른 역할의 친구에게 자신의 질문을 물어요. 모둠 구성원 전원이 참여해야 된다는 점에서 능동적인 학습을 촉진시킬 수 있어요. 이 활동을 통해 좀 더 심화된 새로운 질문이 등장하기도 하고, 답을 찾지 못한 질문을 다음 활동(전체 뜨거운 의자)에서 살필 수도 있어요.
 그 다음 '전체 뜨거운 의자' 활동을 해요. 각 입장끼리 분단별로 모여

앉은 후, 선생님이 사회자가 되어 진행해요. 다수가 참여하는 만큼 원활한 진행과 발언권 보장을 위해 마이크를 사용해요. 한 인물에 대한 뜨거운 의자 활동 후, 다음 인물을 다루는 방식으로 진행됐어요. 손을 든 친구가 질문 혹은 답을 할 수 있고, 사회자가 발언권을 주었어요. 모든 입장을 다 다룬 다음에는, 각 입장에게 새롭게 더 묻고 싶은 것을 자유롭게 나눴어요. 전체 뜨거운 의자에서는 친구들의 다양한 질문을 들을 수 있고, 친구의 답에 따른 즉각적인 추가 질문도 가능해요. 한 역할에 여러 명(5~6명)이 있기 때문에 대답이 어려운 경우 잠시 상의해서 답할 수 있고, 친구의 대답 이후에도 '보충하겠습니다.'라는 말로 내용을 덧붙일 수도 있어요.

수업 장면

※ ① 모둠 뜨거운 의자 활동, ②③④ 전체 뜨거운 의자 활동

◎ **이빨 사냥꾼에게 묻습니다.**

Q. 왜 굳이 이빨 사냥꾼이라는 직업을 선택했나요?

A. 농사를 하는 것보다 훨씬 더 많이 벌기 때문입니다.

Q. 이빨을 뽑을 때 무슨 생각을 하나요?

A. '아, 오늘도 돈을 벌었구나.'라고 생각해요.

Q. 본인 스스로 나쁘다고 생각해 본 적 없나요?

A. 솔직히 나는 이빨을 산 적은 없어요. 산 사람이 나쁘다고 생각해요.

◎ **사냥당한 아이에게 묻습니다.**

Q. 왜 사냥을 당하나요?

A. 이유를 모르겠어요. 갑자기 내 이빨을 뽑아 갔어요.

Q. 왜 그냥 당하고만 있나요?

A. 총을 쏴 대니까 도망갈 수가 없어요.

Q. 당신의 이빨을 뽑아서 다른 물건으로 사용하고 있어요, 기분이 어떤가요?

A. 저는 이빨이 없으면 살 수 없어요. 화가 나요.

◎ **이빨 파는 코끼리에게 묻습니다.**

Q. 이빨 뽑힌 아이에게 미안하다는 생각(불쌍하다)이 든 적은 없나요?

A. 없어요. 그냥 상품인 걸요. 가끔 미안한 생각이 들긴 드는데 저도 돈 벌어야 해서 어쩔 수 없어요.

Q. 왜 이빨을 파는 거예요?

A. 비싸게 팔리기도 하고, 사냥꾼이 뽑아서 오니까 만들기만 하면 되니까요.

Q. 이빨이 잘 팔리는 이유가 뭐인 것 같나요?

A. 비싸고 크고 튼튼하거든요.

Q. 이빨을 가공할 때 불쌍하지 않나요?

A. 저는 그냥 이빨만 매일 보거든요. 그래서 별 생각 없어요.
Q. 팔면 얼마나 버나요?
A. 몇십만 원은 벌어요.

◎ 이빨 사는 코끼리에게 묻습니다.
Q. 이빨을 갖고 있으면 좋나요? 자랑스럽나요?
A. 멋지니까 좋아요. 당연히 좋고 자랑스러워요. 왜냐면 비싼 거거든요.
Q. 어떻게 그 이빨을 구하는지는 알고 있나요?
A. 대충 아는데 잘은 몰라요.
Q. 이빨을 사서 어디에 쓰나요?
A. 담뱃대나 지팡이로도 쓰고, 거의 장식으로 진열해 둬요.

그것이 알고 싶다

- 그것이 알고 싶다
  - '코끼리의 눈물' 영상 보기
  - 활동지를 통해 코끼리의 죽음 살펴보기

 그것이 알고 싶다

'코끼리의 눈물' 영상을 통해서 상아 때문에 코끼리가 죽어 가는 상황을 좀 더 자세히 알 수 있도록 해요. 영상을 보고 난 뒤에는 활동지를 통해 '누가 코끼리를 죽게끔 하는지, 왜 코끼리가 죽임을 당하는지'를 생각해 보아요. 이 활동을 할 때는 차분한 분위기를 형성하는 것이 중요해요. 그림책으로 보았던 이야기가 단순히 이야기가 아니라, 오늘날 지구 어딘가에서 실제로 벌어진다는 것을 알려 주는 중요한 활동이거든요. 책이 아이들의 현실 속으로 들어오는 순간이에요. 그래서 영상을 보고 난 뒤에는 각자 충분히 생각할 시간을 제공하고, 엄숙한 분위기에서 활동지를 작성하도록 해요.

활동지 1번 문항('누가 코끼리를 죽게 할까? 왜 코끼리는 죽임을 당할까?')에 대한 답은 '나도나만 발표'를 통해 전체적으로 살펴봤어요. 이때 많은 친구들이 '사냥꾼이 상아를 뽑았기 때문에'라고 답해요. 이때 교사는 사냥꾼이 '왜' 상아를 뽑는지, 그 상아는 '어떻게 제품으로 바뀌는지', 누가 '사용'하는지를 꼭 이야기 나눠야 해요. 그래서 해당 코끼리 문제가 직접 사냥하는 사람에게만 있는 것이 아니라 그것을 가공해서 팔고, 사는 사람에게도 책임이 있음을 깨닫게 해요. 더 나아가 이러한 지구공동체에서 일어나는 일에 무관심하고 방관했던 모든 사람들에게도 책임이 있으며, 그래서 우리가 이 책을 통해 사실을 알고 관심을 가지는 것이 중요함을 일깨워 줘요.

활동지 2번 활동은 이 책을 읽고 떠오르는 대표 단어(키워드)를 벌집 맵에 적는 거예요. 그 후, 모둠 내에서 자신의 키워드를 발표하며 왜 그 키워드를 뽑았는지를 함께 나눠요. 모두의 이야기를 다 들은 뒤에, 책에 대한 소감과 느낌을 키워드를 통해 정리해요. 이때, 모둠 대표 키워드를 뽑아서 그 단어를 중심으로 정리할 수 있어요. 또 다른 방법으로는 모둠에서 나온 친구들의 키워드를 종합해서 정리할 수도 있어요.(212쪽 참고)

◎ '코끼리의 눈물' 영상(2분 6초)
- 주소: https://youtu.be/4aOcc4va9os
- 내용: 상아 없는 코끼리의 등장을 이야기해요. 사람들이 상아를 많이 뽑기 때문에 생존에 유리하도록 상아가 없이 태어나는 코끼리가 생긴 것이죠. 또한 사람들이 상아를 뽑는 이유와 방법, 상아로 가공된 물건도 다뤄요. 도살된 코끼리의 수와 안타까운 코끼리의 모습을 함께 제공하며, 사태의 심각성을 알려 주는 영상이에요.

🗣 나도나만 발표

　나도나만 발표란, 친구의 발표를 잘 들은 뒤 자신의 발표내용과 같으면 '나도!'라고 외치며 함께 발표를 끝내고, 다를 경우 발표한 친구가 '나만!'이라고 외치며 발표를 끝내는 방법이에요. 나도나만 발표는 학급 구성원 전체가 발표에 참여하며, 같은 답일 경우 '나도!'라는 외침으로 동시다발적 발표가 가능해짐으로써, 모두의 답을 들을 수 있음과 동시에 빠르게 진행할 수 있어요. 또한 친구의 대답을 잘 들어야 자신의 답과 비교할 수 있기 때문에 친구의 발표에 집중하게 돼요. 교실 내에서 어떤 대답이 가장 많은지, 친구들의 생각은 무엇인지도 알 수 있어요. 나도나만 발표의 진행에는 크게 두 가지가 있어요.

　첫 번째는 '말'을 통한 나도나만 발표예요. 예를 들어, 교사가 "지금 먹고 싶은 과일을 떠올리세요, 나도나만으로 발표해 보겠습니다."라고 해요. 학급 구성원 전체가 다 일어서요. 그리고 선생님의 지목, 학급번호, 먼저 발표를 희망하는 친구 등의 순서에 따라 발표하도록 해요. 한 친구가 "딸기"라고 발표해요. 마음속으로 "딸기"를 생각한 친구가 있다면, 친구의 발표를 듣고 "나도!"라고 외쳐요. 그러면 딸기를 발표한 친구와 '나도'라고 말한 친구들이 동시에 자기 자리에 앉아요. 그 다음으로 서 있는 친구가 "수박"이라고 발표해요. 그때 아무도 "나도!"라는 대답이 없다면, 그 답은 자신만 생각한 것이지요. 그래서 "나만!"이라고 외치며 자기자리에 앉아요.

　두 번째는 '벌집맵'을 활용한 나도나만 발표예요. '코끼리의 눈물을 보고 떠오른 단어를 쓰세요.'라는 활동이 주어지면 모든 아이들이 자신의 벌집맵에 떠오른 단어를 써요. 그리고 미리 정한 순서에 맞게 발표해요. 한 친구가 "저는 상아를 썼습니다."라며 칠판에 벌집맵을 붙여요. 그러면 앉아 있던 친구들 중에 '상아'라고 단어를 쓴 친구는 자신의 벌집맵을 가져와, 친구의 벌집맵 옆에 연결 지어 붙이며 "나도!"라고 말하고 앉아요. 그 다음 친구가 "저는 사냥꾼을 썼습니다."라며 칠판에 벌집맵을 붙여요. 이때 아무도 "나도!"라고 말하지 않는다면, 그 답은 자신만 생각한 것이 되므로, "나만!"이라고 외치며 자리에 앉을 수 있어요(필요에 따라 '나만' 구호의 생략도 가능해요). 나도나만 발표를 모두 끝내면 칠판에 연결되어 있는 벌집맵과 따로 구분된 벌집맵을 살펴봄으로써 우리 반 친구들이 많이 갖는 생각과 그 외의 생각은 어떤 것들이 있는지를 한눈에 확인할 수 있어요.

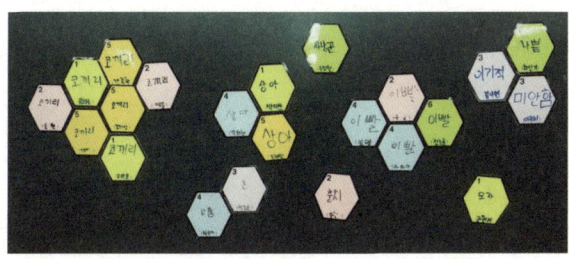 

수업 장면

'이빨 사냥꾼'을 읽으며

그것이 알고 싶다

( )학년 ( )반 이름: ( )

1. '코끼리의 눈물'을 보고 생각해 봅시다.

① 누가 코끼리를 죽게끔 할까?

② 코끼리는 왜 죽임을 당할까?

2. '코끼리의 눈물'을 보고 떠오르는 단어(키워드)를 벌집맵에 적어 모둠원과 이야기 나눠 봅시다. 그 후 키워드를 중심으로 책에 대한 소감과 느낌을 나눠 봅시다.

우리 모둠에 나온 키워드:

키워드를 중심으로 배움 나누기:

🐝 벌집맵 키워드를 통한 배움 나누기

◎ 등장한 키워드

코끼리 〉이빨, 상아 〉이기심, 나쁨, 미안함 〉돈, 상품 〉사냥꾼, 충치, 모자

◎ 모둠 대표키워드로 정리하기

A. '코끼리'가 사냥당하는 모습을 보고 너무 슬펐고, 우리가 '코끼리'를 지키기 위해 노력해야 합니다.

A. 톱질과 도끼질로 '상아'를 뽑는 모습을 보니 코끼리한테 너무 미안합니다. 우리는 '상아' 없이도 살 수 있으니까, '상아'로 만든 물건 대신 다른 물건을 사는 게 좋을 것 같습니다.

◎ 모둠에 나온 키워드를 종합하여 정리하기

A. <u>코끼리</u>의 <u>이빨</u>을 인간의 <u>이기심</u>으로 뺏으면 안 됩니다.
A. <u>코끼리</u>의 소중한 <u>이빨</u>은 인간의 <u>돈</u>과 <u>상품</u>이 아닙니다.

코끼리 살리기 캠페인 활동하기

- 코끼리 살리기 캠페인 활동하기
  - 가상경매의 진실 밝히기
  - 코끼리 살리기 캠페인 계획서 작성하기
  - 코끼리 살리기 캠페인 활동 자료 준비하기
  - 캠페인 활동하기(전시 및 사전 연습)
- 이미지 프리즘으로 배움 소감 발표하기
  - '나는 2억 5천만 원입니다.' 영상 감상하기
  - 이미지 프리즘으로 배움 소감 발표하기
- 그림책 표지 다시 보기
  - 앞표지, 뒤표지, 맨 뒷장의 의미 살피기

🆙 코끼리 살리기 캠페인 하기

캠페인 활동을 하기 전에 아까 전에 가상 경매했던 모든 물건들이 사실 코끼리의 이빨, 즉 상아로 만든 것임을 밝혀요. 그 후 물건을 구입했던 친구에게 '상아로 만든 제품임을 알게 된 지금도 구매의사가 있는지'를 물어봐요. 대부분의 친구들은 구입을 원치 않는 쪽으로 마음이 바뀌어요. 이유를 물으면 '그저 멋져 보여서 샀던 건데, 그 대가로 코끼리가 죽는 건 너무하다.'고 답해요. 즉, 몰랐기 때문에 샀던 거지 알았으면 사지 않았다는 반응이 등장해요. 여기서 캠페인 활동이 시작돼요.

우리는 오늘 '이빨 사냥꾼'을 통해서 상아의 진실을 알게 되었지만, 아직까지 모르는 친구들이 너무나 많으니까요. 첫 단계는 '코끼리 살리기 캠페인 계획서 작성'이에요. 각자 캠페인의 목적을 쓴 뒤에 어떻게 캠페인 활동에 참여할지를 정해요. 예시로는 홍보포스터, 표어, 만화, 노래, 영상 등으로 할 수 있음을 알려 줘요. 그러면 아이들은 함께 캠페인을 하고 싶은 친구들끼리 모여 공동 구상을 해요. 개인으로 참여하고 싶은 친구는 개인으로 준비하기도 해요. 자료의 형태를 정한 뒤에는 어떤 문구와 그림을 넣을지 정해요. 그리고 그 자료로 언제, 어디서, 누구를 대상으로 캠페인을 벌일지도 정하지요.

두 번째는 '코끼리 살리기 캠페인 활동 자료 제작'이에요. 계획서를 바탕으로 활동 자료를 만들기 시작해요. 활동 자료를 다 만들고 나면 계획한 캠페인을 시작해요. 홍보 포스터나 만화의 전시 같은 경우는 복도, 계단, 급식소 등 학교 공간 곳곳에 전시해요. 직접 구호나 전단지를 나눠 주며 캠페인을 벌이고 싶어 하는 친구는 교실에서 연습을 몇 번 해 보고, 계획한 시간에 실시하도록 해요. 노래나 영상 같은 경우, 작성자의 뜻에 따라 유튜브에 게시해요. 작게나마 캠페인을 실천하며 배움을 다지는 것이지요.

수업 장면

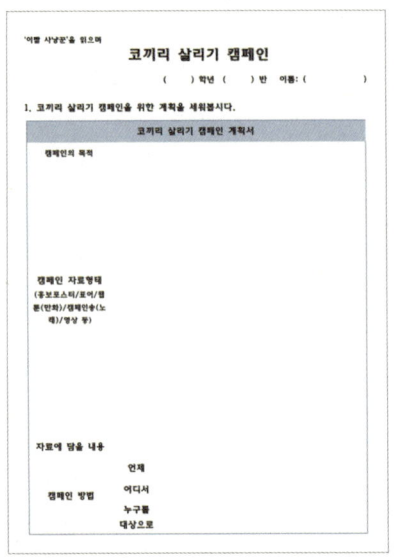

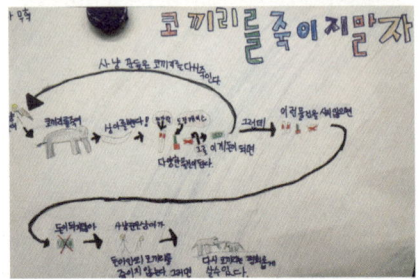

코끼리 살리기 캠페인 자료: 캠페인 띠지, 팻말, 머리띠, 캠페인 포스터

친구들과 함께 쉬는 시간마다 '코끼리를 살리자' 외치며 캠페인 홍보를 했어요. 복도 곳곳에는 캠페인 포스터를 전시했는데요. 그중 한 친구

는 선택의 길을 보여 주는 전단지를 작성했어요. '코끼리를 죽여 상아를 뺀다. ⋯ 젓가락, 도장, 장식품 등 다양한 물건이 된다. ⋯ 이것이 돈이 되면 사냥꾼들이 코끼리를 다시 죽인다./그런데 이런 물건을 사지 않으면 ⋯ 돈이 되지 않아 사냥꾼은 상아가 필요하지 않고, 코끼리를 죽이지 않는다. ⋯ 코끼리는 다시 평화롭게 살 수 있다.'의 내용이에요. 학생들은 다른 반 친구, 학교 선후배에게 '이빨 사냥꾼' 및 상아와 관련된 배움을 직접 전파했답니다.

🎯 이미지 프리즘으로 배움 소감 발표하기

배움 소감의 발표 전에 '나는 2억 5천만 원입니다.' 영상을 감상해요. 그 후 학급 구성원 모두가 원 모양이 되도록 의자를 가져와 동그랗게 '서클' 형태로 모여 앉아요. 그리고 서클 중앙의 빈 공간에 이미지 프리즘(사진카드)를 펼쳐 놓아요. 학생은 자신의 자리에서 여러 이미지를 살펴보면서, 오늘 자신의 새롭게 배우고, 느끼고, 생각한 것과 관련이 있는 카드를 뽑아요. 이때 카드를 다 뽑을 때까지 기다려 주고, 뽑고 나서도 잠시 생각할 시간을 주면 발표 내용을 다듬는 데 도움이 돼요.

이미지 프리즘을 통한 배움 소감을 할 때는 먼저 발표할 내용이 떠오른 친구부터 시작해요. 만약 발표가 익숙하지 않거나 멈칫거리는 분위기가 보인다면 선생님의 발표로 예시를 보여 주면 좋아요. 첫 번째 발표자는 자신의 발표가 끝난 뒤에 왼쪽과 오른쪽 중 어떤 방향으로 발표를 이어 나갈지 정해요. 발표 내용이 떠오르지 않은 친구는 '패스'를 할 수 있고, 발표가 한 바퀴 다 돈 다음에 그 친구에게 다시 발표 기회가 가요. 패스했던 친구는 다른 친구들의 소감을 참고하여 자신의 배움을 정리해서 발표해요. 혹시 너무 어려워한다면, 가장 공감 갔던 친구의 대답과 같은 말을 해도 괜찮아요.

◎ '나는 2억 5천만 원입니다.' 영상(3분 3초)
- 주소: https://youtu.be/j29or4QeeBs
- 내용: 평화롭던 동물의 세계에 사냥꾼이 코끼리를 사냥하는 장면이 등장해요. 코끼리와 마찬가지로 사자나 기린 등 인간에 의해 개체수가 줄어들어 비싸게 팔리는 동물에 대해 이야기해요. 매년 2만 종의 동물이 사라지는 것을 이야기하며 동물 보호의 경각심을 깨우는 영상이에요.

수업 장면

시간이 흘러서 더 이상 코끼리를 구할 수 없는 때가 오기 전에, 얼른 코끼리를 지키면 좋겠다고 생각했습니다.

처음에 이 책을 읽고 난 뒤에는 상아만 사지 않으면 해결된다고 생각했는데, 아까 다른 동물들의 가격까지 보고 나니까 마음이 복잡해져서 이 사진을 골랐습니다.

뒤쪽의 마을이 여태까지 우리가 코끼리를 사냥하던 세상입니다. 지금부터는 코끼리를 지켜주는 세상으로 출발하자는 의미를 담은 사진입니다.

그림책 표지 다시 보기

이미지 프리즘을 통해 배움 소감을 다 나눈 후, 책 수업을 마무리하면서 그림책 표지의 의미를 다시 살피며 배움을 정리해요. 어른들의 불법적인 사냥을 어린이들이 어떻게 바꿀 수 있느냐가 아니라, 미래의 어른이 될 우리가 현재의 상황을 '아는 것'으로부터 동물보호가 시작된다는 점을 강조해요.

1. 이야기가 시작되는 장면

드넓은 초원에 코끼리가 한 마리도 보이지 않아요. 왜일까요? (상아를 얻기 위해 코끼리를 사냥하기 때문이에요.)

2. 이야기가 끝나고 마지막 장면

책을 다 읽고 난 후 나타난 마지막장에는 드넓은 초원에 코끼리 한 마리가 평화롭게 걷고 있어요. 선생님과 여러분이 이 책을 읽고 상아의 실체를 '알고' 지키기 위해 노력하면, 코끼리가 평화롭게 초원에서 살 수 있겠지요.

3. 책의 맨 뒤표지

하나였던 코끼리가 새끼를 낳아 둘이 되었어요. 우리는 '코끼리 살리기 캠페인'으로 '상아의 진실'을 주변에 알렸어요. 이렇게 나, 너, 우리 여러 사람이 함께 코끼리를 지키려고 노력하면 초원의 코끼리도 그 수가 점점 늘어, 평화롭게 지낼 수 있을 거예요.

책과 성장

아이들의 성장 이야기

- 맨 처음에 가상경매를 할 때는 그걸 무엇으로 만들었는지 별로 생각해 보지 않았어요. 그리고 예쁘고 선물하기 좋으니까 비싸도 사고 싶었어요. 그런데 그 물건이 코끼리가 죽어서 얻은 거라고 생각하니까 사고 싶어지지 않았어요. 상아가 아니어도 다른 물건을 쓰면 되니까 코끼리를 지켜 줬으면 좋겠어요.

- 코끼리가 1억 2천만 원이나 하는 것을 보니까 많이 사냥당해서 별로 없는 것 같아요. 그래도 아직까지 코끼리가 멸종되지 않았잖아요. 사람들이 상아에 대해 많이 알아서 코끼리를 구할 수 있을 때 얼른 코끼리를 지켰으면 좋겠어요.

- 코끼리, 사자, 기린… 이제부터는 사람이 다른 동물들을 사냥하지 않았으면 좋겠어요. 서로 아껴 주면서 함께 살았으면 좋겠어요. 인간도 동물이잖아요.

- 우리가 상아로 만든 물건을 사면, 사냥꾼은 또 코끼리를 사냥하게 돼요. 그래야 돈을 많이 버니까요. 하지만 우리가 상아 물건을 사지 않으면 사냥꾼도 상아가 필요하지 않아요. 그래서 코끼리를 죽이지 않고 평화롭게 살 거예요. 코끼리의 생명은 우리가 구할 수 있어요.

교사의 성장 이야기

한 장 한 장 말없이 책을 넘겼다. 한때는 생명력을 갖고 있던 몸체의 일부가 담뱃대로, 지팡이로, 장식품으로 바뀌었다. 어린아이가 꿈에서 깨면서 말한다. '사람들에게 꿈 이야기를 해 줘야겠어요. 이상하고 무서운 이빨 사냥꾼 이야기를….' 아이는 꿈에서 깨어났지만 그 옆으로 상아를 들고 나르는 사냥꾼들이 지나친다. 이것은 현실이다. 그래서 이 이야기를 우리 아이들에게 꼭 들려줘야겠다고 생각했다.

　상아, 팜유, 거위 털 등 인간은 인간의 편의와 사치를 위해 많은 동물을 희생시키고 있다. 하지만 대다수의 소비자가 그 과정을 잘 알지 못한다. 무지에서 비롯된 비극이지만, 그렇다고 책임이 없지는 않다. 책을 다 읽은 10살짜리 친구는 선택의 길을 제안했다. 코끼리의 상아가 물건으로 둔갑했을 때 우리의 선택은 두 가지로 나뉜다는 것이다. 상아로 만든 물건을 소비하게 되면 코끼리 사냥은 지속되지만, 그 누구도 상아로 된 물건을 필요로 하지 않으면 자연스럽게 평화가 찾아온다는 것이었다. 그렇다. 현실을 아는 것이 현명한 선택의 시작이다.

　오늘 아이들과 함께 이 세상은 인간의 것만이 아니며, 서로 연결되어 있음을 알게 되었다. 평화롭게 공존하는 세상을 꿈꾸며 첫걸음을 시작한다.

함께 보면 좋은 책 이야기

앵커 씨의 행복 이야기

남궁정희 글·그림 | 노란돼지

　행복한 늑대 앵커 씨의 입장에서 말해 주는 동물 복지에 관한 이야기이다. 동물을 찍어 내는 공장식 농장을 고발하는 기사를 쓰며 슬퍼하고, 그들을 위해 할 수 있는 일을 실천하는 내용으로 동물 복지에 관해 아이들과 함께 생각해 볼 수 있는 또 다른 그림책이다.

지구에서 지금 무슨 일이 일어나고 있을까요?

| 주제 | 환경, 생명 존중

책마중

아는 것이 중요하다

『코끼리와 숲과 감자 칩』은 야생동물을 카메라에 담기 위해 간 보르네오 섬에 있는 동안, 숲에서 자른 나무를 싣고 달리는 트럭을 날마다 보고 충격을 받은 작가가 쓴 책이다. '안다'는 것이 왜 첫발을 내딛는 것일까?

이 책을 처음 접했을 때 우리들이 일상적으로 먹고, 사용하는 것이 왜 보르네오 섬의 코끼리와 연관성이 있을까 궁금하였다. 아이들도 자신들이 일상적으로 먹는 '컵라면'이 코끼리와 연결되어 있다는 것에 놀랐다. 당연하게 여겨 왔던, 편리하게 사용했던 것들이 지구 어디쯤에 숲과 그 숲에서 살아가는 생물들의 희생으로 내 자신이 편안하게 지낼 수 있었음에 적지 않은 충격이 되었다.

과거, 현재, 또 미래를 살아갈 우리 인류를 위해, 인류를 둘러싼 다양한 생물들을 위해 함께 살아가는 방향을 찾고, 방법을 알아보아야 한다. 미래 세대에게 적어도 푸른 자연을 있는 그대로의 모습으로 기억해 줄 수 있게 해야 한다.

'안다'는 것에 첫발을 내딛었다. 우리가 할 수 있는 일을, 우리가 알고 있는 것을 많은 사람들에게 알리자. 그 두 번째 걸음을 위해 수업을 시작해 보자.

코끼리와 숲과 감자 칩

사진과 글쓴이 요코쓰카 마코토 | 옮긴이 고향옥 | 도토리나무

책과 수업

수업 흐름도

본 8차시 중 활동을 선택해서 조직해도 됩니다.

구분 \ 차시	1차시	2차시	3~4차시
배움 활동	함께 읽기	연극 놀이	질문 수업하기
배움 과정	• 읽기 전 생각 열기 　- 모두의 키워드, 　 나만의 키워드 찾기 • 함께 읽으며 공감하기	• 연극 놀이로 생각 키우기 　- 거울 놀이하며 인상 깊은 　 장면 표현하기 　- 인터뷰하며 인물의 생각 살피기	• 질문으로 교실 산책 　- 개인 질문 만들기 　- 모두의 질문 나누기 　- 모두의 질문 답하기
배움 조직	전체 및 개별, 모둠	전체	개별 및 전체
핵심 역량	심미적 감성 역량 창의적 사고 역량	공동체 역량 의사소통 역량	지식 정보처리 역량 공동체 역량

구분 \ 차시	5~6차시	7~8차시
배움 활동	입장 토론	코끼리 영상 만들기
배움 과정	• 서로의 입장 이해하기 　- 코끼리, 농장주, 소비자 　 인근 주민의 역할이 되어 입장 토론하기	• 코끼리와 숲과 감자 칩 　- 영상 만들기를 통해 상황 몰입하며 해결 방법 찾아보기
배움 조직	모둠 및 전체	전체 및 개별
핵심 역량	심미적 감성 역량 창의적 사고 역량	심미적 감성 역량 의사소통 역량

함께 읽기

- 읽기 전 생각 열기
  - 모두의 키워드, 나만의 키워드 찾기
  - 모둠에서 돌아가며 생각 나누기
- 함께 읽으며 공감하기
  - 『코끼리와 숲과 감자 칩』 책 표지를 보며 생각 나누기
  - 인물들의 다양한 입장 살피며 함께 읽기

🆎 키워드로 생각 나누기

책을 처음 맞이할 때, 책의 표지와 제목을 보고 모두 생각했을 것 같은 키워드, 나만 생각했을 것 같은 키워드를 떠올려 보아요. 모두의 키워드를 통해 핵심 키워드에 대해 예상해 볼 수 있고, 나만의 키워드를 통해 책에 대한 개인적인 호기심을 자세히 나타낼 수 있어요.

개인이 포스트잇으로 모두의 키워드, 나만의 키워드를 적고, 모둠 활동지(8절지)에 각자의 생각을 모아요. 이때는 함께 분류를 한 뒤, 자신의 역할(틀 구성하기, 붙이기 등)을 정하여 모둠 활동을 하면 좋아요. 모둠 간 시간 차이가 있을 때는, 활동지 디자인하기 등으로 시간 조절을 할 수 있어요.

수업 장면

모두의 키워드: 코끼리(책 표지에 엄마 코끼리와 아기 코끼리가 함께 있기 때문입니다. 그래서 저는 코끼리를 골랐습니다.)

나만의 키워드: 사랑(책 표지에 엄마 코끼리와 아기 코끼리가 사이좋게 행복한 시간을 보내고 있기 때문입니다. 그래서 저는 사랑을 골랐습니다.)

근거 들어 말하기

생각을 말할 때는 근거 들어 말하기로 합니다.

> 생각(저는 ~이라고 생각합니다.)
> 이유(왜냐하면, 첫째 ~, 둘째 ~, 셋째 ~ 이기 때문입니다.)
> 결론(그래서 저는 ~라고 생각합니다.)

근거 들어 말하기는 생각 근육을 키우고, 짝대화를 풍성하게 해 줍니다.

함께 읽기

교실에 모둠별 책이 준비되어 있다면, 전기수(책을 읽어 주는 친구)를 두어 자연스럽게 앉아 책을 읽어도 좋아요. 『코끼리와 숲과 감자 칩』은 글밥이 제법 있어 모둠별 함께 읽기로 20분 정도 걸렸어요. 전기수 외 친구들은 공책에 키워드 정리를 하면 더욱 몰입할 수 있어요.

🗨 인상 깊은 장면 짝대화 나누기

함께 책을 읽고 난 후에는 어떤 장면이 인상 깊었는지 생각을 나눕니다. 보통 짝대화는 1분 정도의 시간을 주면 좋습니다.

교사 이 책에서 나에게 가장 인상 깊었던 장면에 대해 짝과 함께 생각을 나누어 보겠습니다.(짝대화에 잘 참여하지 못하는 학생이 있다면) 아직 대화에 용기를 내지 못했거나 준비가 되지 않아 짝대화를 나누지 못한 경우에는 친구의 이야기를 잘 듣는 것도 중요합니다. 다음에는 짝대화에 적극적으로 참여할 수 있도록 용기의 미덕을 깨워 봅니다. 짝과 생각을 나눈 뒤에는 가장 기억에 남는 내용을 정리해서 발표하면 됩니다. (시간이 흐른 후) 이제 발표를 시작해 봅시다.

아이들이 말한 기억에 남는 장면
- 코끼리가 물에 빠져서 힘들어하는 장면
- 사람들이 코끼리가 사는 숲을 파괴하는 장면
- 코끼리가 살 곳이 없어 돌아다니는 장면
- 코끼리 무리가 서로 장난을 치는 장면
- 팜나무 때문에 코끼리가 살 곳 없어 도망 다니는 장면
- 코끼리 무리가 함께 살아가는 장면
- 코끼리가 힘들게 물을 건너가는 장면
- 다양한 동물들이 살던 숲이 없어지고, 팜나무 농장이 들어선 장면
- 아기 코끼리와 엄마 코끼리가 함께 가는 장면
- 사람들이 코끼리 등에 불을 붙인 장면
- 사람들의 생활용품을 보여 주는 장면

이런 활동도 있어요
(추가활동)

식품표시사항으로 원료 살펴보기

제품마다 표시되어 있는 식품표지를 보며, 제품의 원료를 살펴봅니다. 컵라면, 과자, 감자 칩, 비누, 립스틱, 초콜릿 등 우리가 생활에서 많이 사용하고 있는 제품 중 팜유(말레이시아산)가 사용되는 제품이 많았어요.

조사한 내용은 파워포인트로 정리하여 학급 홈페이지로 공유할 수도 있어요.

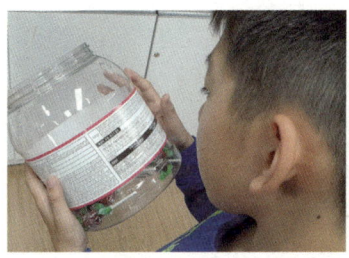 

포스터 만들기

캔바라는 어플을 사용하면, 학생들이 자신의 생각을 토대로 포스터, 카드뉴스 등의 이미지 활용 자료로 만들 수 있어요. 이 포스터를 활용해 캠페인 활동 때도 사용할 수 있어요.

연극 놀이

- 연극 놀이로 생각 키우기
  - 거울 놀이(정지동작)하며 인상 깊은 장면 표현하기
  - 짝과 함께 인터뷰하며 인물의 생각 살피기

놀이 전, 인물의 마음 살피기

놀이 전, 인물들의 마음을 살펴보는 활동을 하면, 놀이 활동에 몰입도가 커집니다. '어떤 인물들이 이야기를 하고 싶을까요?' 학생들과 전체 생각 나누기를 해봅니다. 학생들은 코끼리, 농장 주인, 마을 주민, 환경단체, 소비자 등을 떠올렸습니다. 칠판에 각 인물들을 쓰고, 학생들은 자신의 선택에 따라 각 입장에서 어떤 감정이 떠오르는지 포스트 잇에 써서 친구들과 1대 1로 만나 감정에 대한 이유에 대해 생각을 나누어 봅니다.

거울 놀이

거울 놀이는 짝과 함께 놀이를 하면서 책의 내용에 대해 다시 한 번 더 생각해보는 활동이에요. 인상 깊은 장면에 대해 짝이 표현하면, 다른 짝이 똑같이 표현을 따라해 봐요. 이때, 교사나 지정된 친구가 마이크를 들고, 인터뷰를 하며 질문을 할 수 있어요.

교실 운동장(책상·의자를 교실 가장자리로 옮겨 교실 넓히기)
짝과 함께 거울 놀이를 할 수 있도록 공간을 마련해요.
함께 사용하는 공간에 대한 사전 에티켓 지도가 필요해요.
교사 교실 운동장에서 정지동작 거울 놀이를 할 거예요. 친구와 서로 즐겁게, 안전하게 하기 위해서 필요한 미덕 울타리는 무엇이 있을까요? (시간이 흐른 후) 이제 발표를 시작해 봅시다.

🛈 놀이의 기본 원칙

교사 못하고 싶은 사람은 아무도 없을 거예요. 선생님도 잘하고 싶은데, 못해서 섭섭할 때가 많아요. 가위바위보를 해서, 이긴 사람은 운 좋아 이긴 사람 진 사람은 마음 넓어 진 사람, 모두 함께 안전하고, 즐겁게 놀이를 해 봐요.

 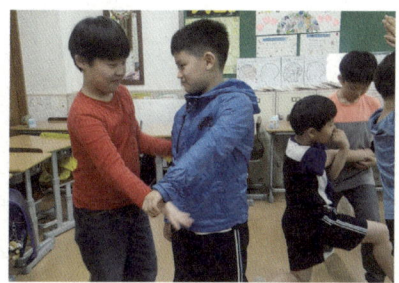

질문 수업하기

- 질문으로 교실 산책
  - 개인 질문 만들기
  - 모두의 질문 나누기
  - 모두의 질문 답하기

🛈 처음 질문 수업을 시작하시나요?

질문을 만들 때는 내용질문, 상상질문, 비판질문, 종합질문, 적용질문 등을 만들 수 있어요. 아이들은 처음에 질문 만들기를 어려워해요. 이럴 때는 '왜, 만약, 어떻게 하면?'을 넣어 질문을 만들며 보다 열려 있는 질문을 만들 수 있어요. 질문을 처음 만들 때는 짝과 함께 만들어 보는 것도 좋아요. 다양하게, 비판 없이 질문을 만드는 분위기를 형성하고, 선생님의 피드백이 주어질 때 아이들의 질문은 살아납니다.

💡 질문 만드는 속도를 조절, 교실 산책

2~3개의 질문을 공책에 쓰고, 개인 선택 질문 1개를 질문지(A4종이 반 크기)에 옮겨 써서 먼저 질문을 만든 친구들은 교실 운동장에서 만나 대화를 나눕니다. 처음 교실 산책을 할 때, 먼저 온 사람의 앉아서 대화하는 자리를 알려 주면 복잡하지 않게 교실 산책을 할 수 있어요. 교실 운동장, 교실 산책 등의 키워드에 대한 사전 약속이 필요해요. 교실 산책 자리는 먼저 온 사람이 선생님 책상 쪽에서부터 2명씩 마주 보고 대화를 나누어요. 대화가 끝났다면, 일어서서 친구를 기다리는 것을 표시할 수 있어요. 이때 칠판 쪽에 등을 대고 있는 친구는 되도록 움직이지 않고, 마주하고 있던 친구들이 이동을 하면 조용히, 안전하게 교실 산책 활동을 할 수 있어요.

💡 모두의 질문

각자 학생들이 적은 질문지로 친구를 3~4번 만나 교실 산책 대화를 나누고, 선생님의 전체 공유로 생각을 나누는 시간을 가집니다. 모두의 질문은 답이 정해져 있기보다, 여러 가지 생각을 할 수 있는 질문으로 정하면 되겠습니다. 이때 비슷한 질문끼리 분류를 해 보아도 좋아요. 2인당 1개의 투표 자석을 주고 대표 질문에 자석 붙이기를 통해 짧은 시간에 투표를 할 수도 있어요. 모두의 질문에는 자신의 답을 각자의 공책에 정리해 볼 수도 있어요.

학생 개인 질문

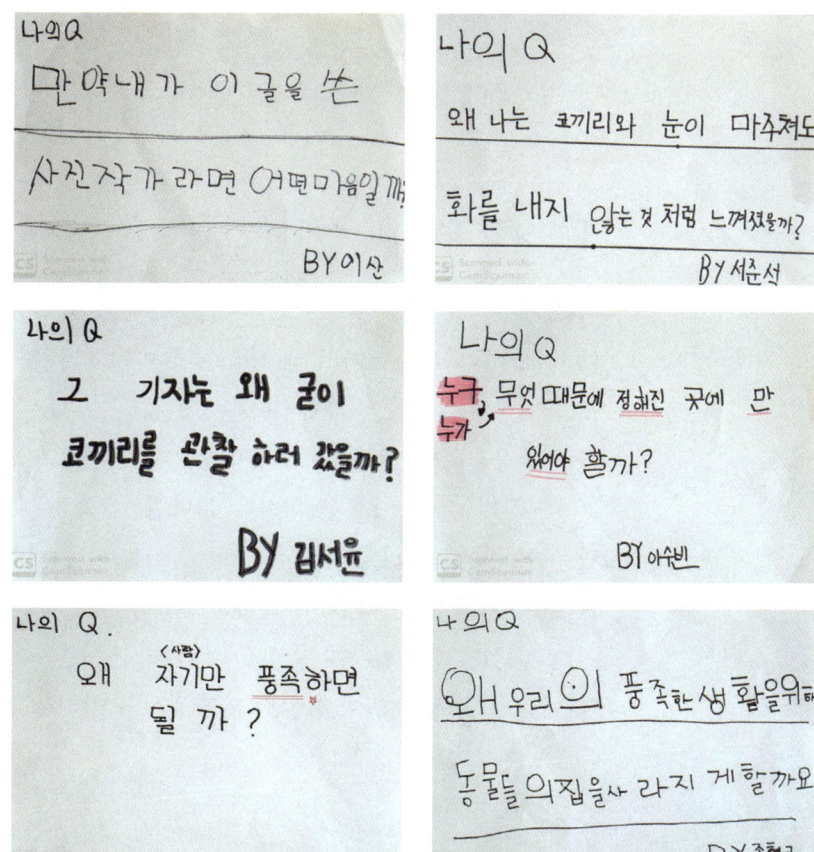

우리 반 모두의 질문

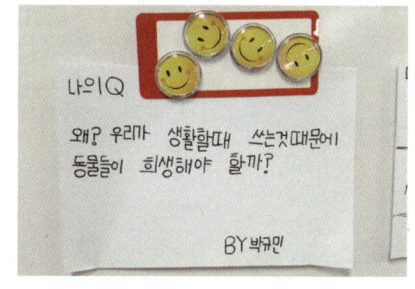

입장 토론

- 서로의 입장 몰입하기
  - 각자 입장이 되어, 자유롭게 이야기해 보기
- 입장을 선택하여 이야기 나누기
  - 서로의 입장에서 어려운 점 생각 나누기
  - 각 입장에서 서로에게 바라는 점 발표하기

Tip. 입장 토론

입장 토론은 어느 한쪽의 입장이 아닌 다양한 입장에서 어려운 점과 서로에게 바라는 점을 생각해 보는 활동이에요. 각자의 입장이 되어 보면, 그 입장의 몰입을 도와줍니다.

학생들은 개인별 입장을 정하여, 2개의 원(바깥 원, 안쪽 원)을 만들어 짝대화를 나눕니다. 1회 짝대화가 끝나면, 안쪽 원 친구들은 왼쪽으로 2칸 이동, 바깥쪽 원 친구들은 오른쪽으로 이동하면 다양한 친구들의 의견을 큰 이동 없이 나눌 수 있어요.

이후 교실에 원마커(역할 표시)를 두고, 학생들은(5~6명) 자유롭게 팀을 구성합니다. 구성된 팀에서는 그 입장에서의 어려운 점, 바라는 점에 대해 생각을 모아요.

Tip. 팁 입장 토론(모둠 내)의 흐름

1. 개인별 입장을 선택하여 짝대화(원대형) 나누기
   ↓
2. 원마커(역할 표시)별로 5~6명 자유로운 팀 구성하기
   ↓
3. 원마커(역할 표시) 내에서 그 입장별 생각 나누기

🔵 모둠별 입장 정하기

7모둠의 경우 7개의 입장으로 나눠요
- 코끼리(2팀)   - 환경단체(2팀)
- 소비자(1팀)   - 마을 주민(1팀)
- 농장 주인(1팀)

※ 핸드폰이나 태블릿pc를 모둠별 제공하여 검색하며 자료를 마련해요. 여건이 안 된다면 미리 입장을 정해 두고 조사 숙제를 해 와도 좋아요.

🔵 입장 토론

모둠 내 입장 토론이 끝나고 난뒤, 전체 이야기를 나눕니다. 각자의 입장에서 받은 피해를 토대로 어떤 어려운 점이 있었는지, 어떤 점을 바라는지 발표하고 다른 입장의 모둠 친구들과 자유롭게 질의응답을 하는 형식의 토론이에요.

입장 토론(전체 정리)의 흐름

차례대로 각 모둠의 어려운 점, 바라는 점 입장 발표
↓
자유 질의응답
↓
전체 배움 정리

차례대로 각 모둠별 입장에 대한 발표를 진행한 후 모두 발표가 끝나면 정해진 모둠 없이 자유롭게 질문하고 싶은 입장에게 질문을 하고 답을 해요. 질문은 자유롭게 하지만 답을 하는 차례는 모둠 친구 4명이 순서대로 답을 해요.

입장 토론 학습지

〈학습지 예시본〉

(　　　　　) 입장	
어려운 점	바라는 점

〈아이들이 작성한 학습지 예시본〉

(코끼리) 입장	
어려운 점	바라는 점
- 사람들 때문에 코끼리가 힘들어 집니다. - 팜나무를 심어, 코끼리가 먹을 식량이 줄어듭니다.	- 팜나무 농장을 없애면 좋겠다. - 코끼리를 아프게 하는 행동을 안 했으면 한다.

(마을 주민) 입장	
어려운 점	바라는 점
- 코끼리가 나타나 집을 부순다. - 농장물을 망친다. - 코끼리들이 팜나무를 부수기도 해서 재산에 피해가 된다.	- 마을에 들어오지 않으면 좋겠다. - 사람들과 코끼리가 싸울 일이 안 생기면 좋겠다. - 공사소리 및 먼지 때문에 생활하기 힘들다.

(농장 주인) 입장	
어려운 점	바라는 점
- 코끼리가 농장을 망쳐서 불편했다. - 팜나무를 더 심어야 하는데, 주민들의 반대로 팜나무를 못 심어서 불편하다.	- 코끼리가 다른 곳으로 가면 좋겠다. - 환경단체가 함부로 나타나서 농사 짓는 데 방해를 안했으면 좋겠다.

(소비자) 입장	
어려운 점	바라는 점
- 팜유로 만든 물건의 가격이 올라갈까 봐 걱정된다. - 팜나무가 사라지면 팜유가 들어간 물건을 살 수 없을까 봐 걱정된다.	- 물건의 가격이 더 떨어지면 좋겠다. - 경제가 원활하게 돌아가려면 생산과 소비가 잘 이루어져야 하므로 팜나무를 많이 심어도 환경단체에서 배려를 해 줘야 한다.

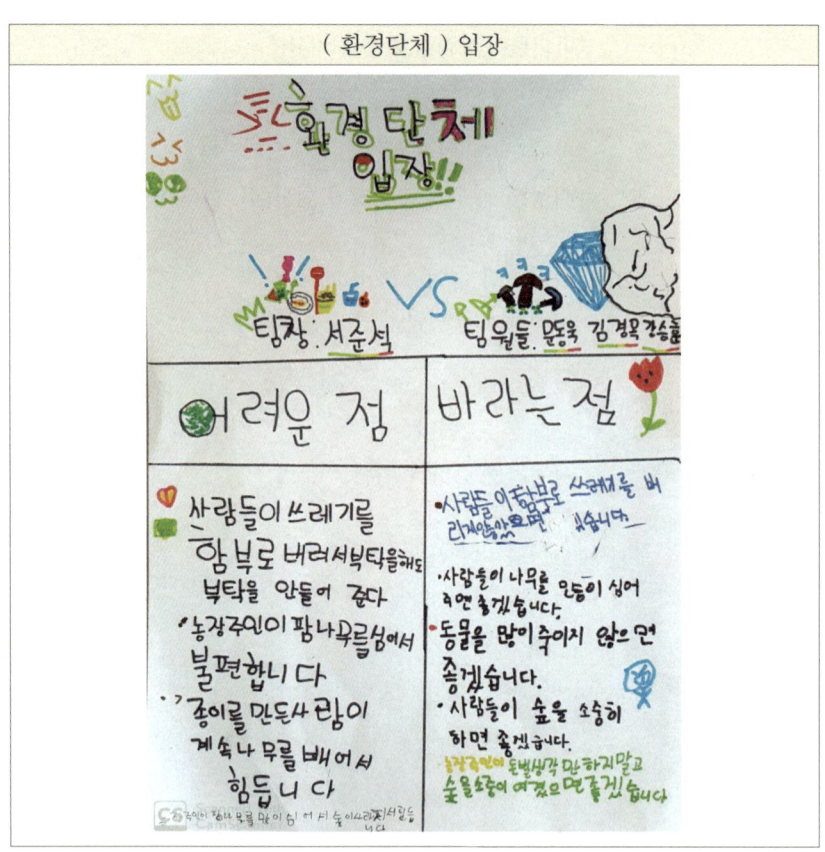

| 코끼리 영상 만들기 | • 코끼리 영상 만들기
- '알게 된 것'을 바탕으로 문제 해결 방법을 찾아보기 |

🆃🅸🅿 코끼리 영상 만들기

『코끼리와 숲과 감자 칩』의 작가가 말한 보르네오 섬과 지구의 문제를 해결하기 위한 첫걸음은 바로 아는 것이라고 말한 점을 반영하여 관련 영상을 만들어 문제 해결 방법을 찾아보는 활동이에요. 앞서 입장 토론에서 다양한 입장에서 이야기를 해 보았어요. 그 입장에서 감정, 어려운 점, 바라는 점 등을 영상으로 제작하여 보다 실감나게 그 인물의 입장에서 이야기해 볼 수 있어요.

영상 제작의 흐름

시놉시스 작성(제목, 등장인물, 줄거리, 기획의도 등)
↓
전체 흐름도 작성하기
↓
영상 흐름도 작성하기(도입-전개-절정-결말)
↓
영상 (장면, 음악, 자막) 넣어 제작하기

영상 만들기

영상 만들기를 할 때 핸드폰이나 태블릿 pc를 모둠별 제공하여 키네마스터, 슬라이드쇼와 같은 어플을 활용하여 영상을 제작할 수 있어요. 컴퓨터실에서 컴퓨터로 무비메이커 프로그램 등을 활용하여 음악과 자막이 들어간 영상을 만들 수도 있어요. 시놉시스에서 정한 장면에 어울리는 이미지를 고르는 것부터 시작해요. 이때 어울리는 음악과 자막을 넣어 더 풍성한 영상을 만들 수 있어요. 영상에 필요한 이미지는 구글 이미지에서 저작권에 문제가 없는 파일을 다운 받아 사용하도록 안내해요.

1. 시놉시스 제작   2. 전체 흐름도 제작

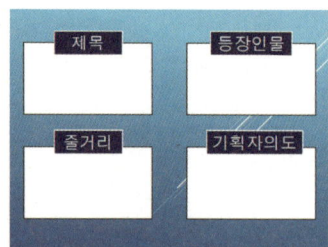
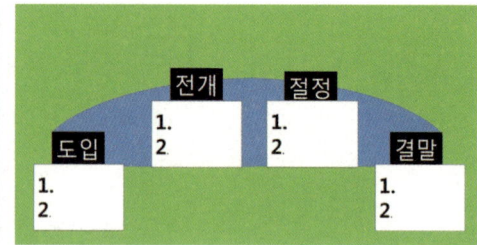

3. 도입, 전개, 절정, 결말 장면별 비쥬얼 씽킹 시놉시스

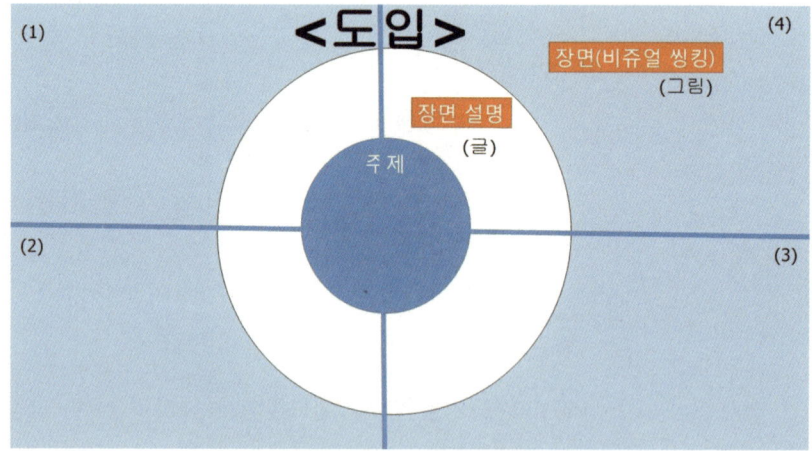

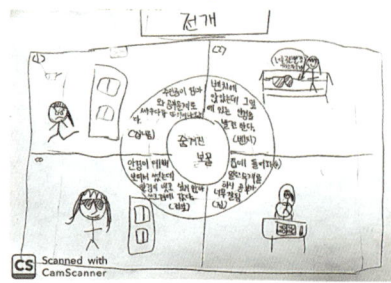   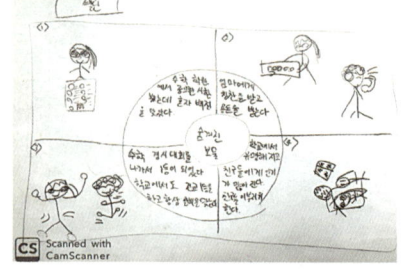

〈전개 비쥬얼 씽킹 시놉시스 예시〉   〈절정 비쥬얼 씽킹 시놉시스 예시〉

'코끼리는 누가 지켜주나요?' 영상

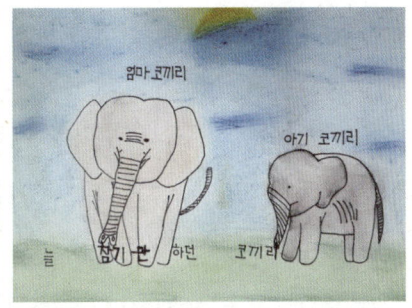
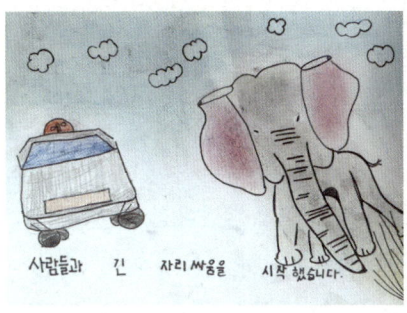

※ 학급홈페이지(온라인)에 게시하여 함께 공유하고, 생각을 나눌 수 있어요.
▶ 참고작품 주소: https://www.youtube.com/watch?v=sgl4GbLH1OE

책과 성장

아이들의 성장 이야기

- 『코끼리와 숲과 감자 칩』의 수업을 할 때 책에서 작가가 전하고 싶어 하는 말은, 아마도 동물들도 힘든 것은 우리도 힘들다는 것을 말하는 것 같아서 정말 감동적이고, 동물을 보호해야겠다고 생각들을 할 때가 가장 기뻤습니다.

- 코끼리의 문제를 알아보고 입장 토론을 해서 우리 반 친구들의 생각을 들어 보아서 좋았습니다. 이 프로젝트를 하면서 코끼리의 입장을 바꿔서 조사를 해 보니 상아가 잘리는 등 끔찍한 일이 벌어지는 것을 보니까 코끼리가 불쌍하고 우리가 꼭 코끼리를 지켜야 된다라고 생각했습니다. 제가 직접 코끼리가 살고 있는 곳에 가서 코끼리의 상아를 자르는 사람들을 밀치고 내가 꼭 코끼리를 지키고 싶습니다. 저는 코끼리의 상아를 잘라서 파는 사람들의 목적이 이해가 되지 않습니다. 돈을 번다고 치면 왜 꼭 코끼리의 상아를 잘라서 돈을 버는 직업을 선택한 건지 모르겠습니다. 돈이 없어서 코끼리의 상아를 자른다고 하면 자를 무기는 어떻게 구했는지가 궁금하기도 합니다.

- 자연과 코끼리에 대한 이야기를 듣고 친구들과 소통할 수 있었던 것이 좋았습니다. 그리고 이 활동을 해 보니 내가 한층 성장한 것 같기도 했고, 앞으로 더욱 노력해야겠다는 생각도 들었습니다. 이번 프로젝트를 통해 배운 것들에 대한 것들을 조금 더 찾아보고 지금 지구에서 일어나고 있는 잔인한 일들을 조금이라도 수습할 수 있다면 방법도 찾아봐야겠습니다.

- 제가 많이 먹던 라면도 팜유가 들어가 있고 해서 코끼리가 서식지를 잃어 간다니… 그래서 『코끼리와 숲과 감자 칩』을 보고 제가 많이 먹던 라면이나 립스틱 등등의 사용을 줄이려고 노력하고 있습니다. 꼭 팜유가 들어가는 제품의 사용을 줄여 코끼리를 돕는 것을 실천하겠습니다.

교사의 성장 이야기

　아이들이 늘 먹고, 가까이 하는 팜유와 관련된 물건들… 우리가 가까이 하는 물건들에 어떤 사연이 들어 있을까? 얼마만큼의 코끼리가 자신의 생명 줄을 내어주고, 사람들에게 희생을 당하고 있는가? 사람들의 생활 편의와 자연의 보존에 대한 이야기가 우리가 늘 함께하고 있는 감자칩, 컵라면으로 이야기가 펼쳐졌습니다. 코끼리의 입장에서, 팜유 농장 주인의 입장에서, 그 마을에서 살고 있는 사람의 입장에서, 환경단체에서 일하는 사람들의 입장에서… 그 각각의 입장에서 '팜유 농장'에 대한 이야기를 할 수 있었습니다. 교실 속 토론을 이어 나가다 코끼리에 대해 생각을 나누었습니다. 코끼리와 눈이 마주쳤다면… 우리들은 어떤 이야기를 하게 될까요? 그 지구처럼 동그란 눈동자는 우리에게 어떤 말을 걸어올까요? 우리들이 먹고 쓰는 것들 가운데에 살아 있는 생명들을 희생해서 만들어진 것들이 많습니다. 그것을 알면 생각 없이 먹고, 마시고, 물건을 함부로 쓸 수 없을 것입니다. 바로 첫걸음을 우리 함께 내딛어 보아요.

함께 보면 좋은 책 이야기

우리 여기 있어요, 동물원

허정윤 글 | 고정순 그림 | 킨더랜드

　동물원에 살고 있는 동물의 시선에서 갇혀 있는 친구들에게 동물원에서 살아남는 법을 담담하게 말해 주는 형식의 그림책이다. 신기한 동물이 가득한 동물원의 생명에 대해 다시 생각해 볼 수 있는 계기가 된다.

행복해지는 꿈을 꿔도 되겠습니까?

| 주제 | 동물 복지, 생명 존중

> **책마중**

동물 복지를 말하다

『돼지 이야기』는 2010년 우리나라를 휩쓴 구제역 사태를 다룬 그림책으로 수많은 돼지들이 산 채로 구덩이 속에 파묻히는 불편한 진실과 마주하게 되는 책이다. '먹기 위해 태어난 동물이다? 글쎄… 가축으로 불리며 사람을 위해 목숨을 희생하는 수많은 동물들. 그저 생산을 위해 태어난 동물이고 생산성을 높이기 위해 공장처럼 살아가야 하는 것인가.'를 깊이 고민하게 만드는 책이다.

이 책을 처음 접했을 때 단 한 번도 생각해 보지 못한 돼지의 환경에 놀랐다. 아이들도 마찬가지였을 것이다. 그저 식품화되어 나오는 돼지고기만을 보고 살아왔지 어떤 환경에서 자라고 생산되는지 몰랐을 테니까…. 이 책을 함께 읽으며 우리가 몰랐던 상황들, 불편한 진실 등을 마주하며 어떤 이야기를 풀어 가야 할지 고민이 시작되었다.

사람들을 위해 목숨을 희생하는 동물들. 살아있는 동안만이라도 학대 없이 편안하게 살아갈 수 있도록 어떤 복지들이 이루어져야 하는지, 나아가 다른 어떤 동물들이 학대를 받고 있는지….

상황을 아는 것은 해결의 첫걸음이라고 했다. 이제 그 첫걸음을 떼어 보는 시간이다. 수업을 시작해 보자.

돼지 이야기

유리 지음 | 김장성 글 | 이야기꽃

책과 수업

수업 흐름도

본 12차시 중 활동을 선택해서 조직해도 됩니다.

차시 구분	1차시	2~3차시	5~6차시
배움 활동	함께 읽고 질문 수업하기	입장 토론	사전 만들기
배움 과정	• 함께 읽으며 공감하기 • 질문으로 교실 산책	• 서로의 입장 이해하기 - 돼지, 농장주, 공무원 인근 주민의 역할이 되어 입장 토론하기	• 돼지 사전 만들기 - 돼지 특성을 조사하여 돼지 사전을 만들며 복지 위해 애쓸 점 찾기
배움 조직	전체 및 개별	모둠	모둠
핵심 역량	심미적 감성 역량 창의적 사고 역량	공동체 역량 의사소통 역량	지식정보처리 역량 공동체 역량

차시 구분	7~8차시	9~10차시	11~12차시
배움 활동	나도 그림책 작가	영화와 함께하기	동물 학대 상황 보고서
배움 과정	• 그림책 만들기 - 시점을 달리 하여 그림책 속에 우리들의 소리 담기	• 영화로 토론하기 - 《P짱은 내 친구》 영화 보고 공감하며 토론하기	• 동물 학대 상황 보고서 - 돼지 이외에 학대를 당하고 있는 동물 조사 발표하기
배움 조직	모둠	전체 및 개별	모둠
핵심 역량	심미적 감성 역량 창의적 사고 역량	심미적 감성 역량 의사소통 역량	의사소통 역량 공동체 역량

함께 읽고 질문 수업하기

- 함께 읽으며 공감하기
  - 『돼지 이야기』 책 표지를 펼쳐 보이며 어떤 이야기일지 상상해 보기
  - 어미의 눈빛을 따라 가며 함께 읽기
- 질문으로 교실 산책
  - 공책에 질문 3가지 만들어 적고 교실 산책으로 만나기
  - 기억에 남는 질문과 답 발표하기

함께 읽기

교사는 교실 앞 작은 의자에 앉아 책을 펼치고 책 앞으로 아이들이 바닥에 둘러 앉아 교사의 호흡에 맞추어 소리를 듣고 그림을 보며 함께 읽어요.

질문 만들기

질문 만들기를 어려워한다면
왜 그럴까?
만약 ○○ 이라면 어떨까?를 활용하세요.

그리고 질문의 대상은 여러 가지가 있다고 말해 주세요.
글에 대한 질문 글을 읽고 내용에 대해 궁금한 것
그림에 대한 질문 그림이나 장면을 보고 생각이 든 것
색깔에 대한 질문 색이 표현하는 것이 무엇인지에 대한 것
감정에 대한 질문 인물들의 상황에 따른 감정이 어떨지
상상에 대한 질문 상상과 주변의 일로 연계하여 생각해 볼 것

🎯 교실 산책이란

먼저 질문을 다 적은 친구가 교실 앞이나 가운데 서 있다가 서 있는 친구들끼리 짝을 이루어 둘이 앉아 서로의 질문과 답을 주고받아요. 활동이 끝나면 다시 일어나 일어서 있는 다른 친구를 만나서 활동해요.

대답이 부족할 때는 왜 그렇게 생각해?
대답이 어려울 때는 너는 어떻게 생각해? 라고 물어보세요.

🎯 교실 산책은 이런 점이 좋아요.

질문을 완성한 친구가 먼저 나와서 활동을 시작하다 보니 모두 쓰는 동안 지루하게 기다리지도 않고 다 못한 친구는 책상에 남아 있기에 교사가 도움이 필요한 친구를 한눈에 확인할 수 있어요. 그리고 늦은 친구도 진행 상황을 알 수 있어 서둘러 해야겠다는 마음이 들게 해요.

◉ 교실 산책 이후에는 꼭 기억에 남는 질문과 답이 무엇이었는지 발표하며 정리를 해 주세요.

🎯 교사 발문

활동을 마치고 자리로 돌아가 주세요. 친구들과 이야기하며 기억에 남는 질문과 답을 하나씩만 떠올려서 정리해 봅시다. 물론 자신의 질문이 가장 마음에 드는 친구가 있을 수 있어요. 그럴 때는 자신의 질문에 친구가 답해 준 대답 중에서 가장 기억에 남는 대답을 정리해서 써 주면 됩니다. (시간이 흐른 후) 이제 발표를 시작해 봅시다.

아이들이 만든 질문과 답

질문 마지막에 새끼 돼지와 어미 돼지가 함께 있는 곳은 어디일까?
대답 천국, 돼지들이 원하는 곳 , 돼지들의 꿈속.

질문 돼지들의 삶을 한 단어로 요약하면?
대답 인간들의 욕심. 무의미한 희생, 하늘의 뜻, 불쌍 등.

질문 구덩이 속으로 떨어질 때 왜 새끼를 보았나요?
대답 죽기 전에 마지막으로 새끼를 한 번 더 보려고.
　　 이제 아기와 같이 있을 수 있다고 생각해서.

질문 마지막에 함께 있던 새끼 돼지를 보았을 때 어미 돼지의 기분은?
대답 왜 내 새끼까지… 살리고 싶다.
　　 오락가락. (왜 내 새끼가 여기에? 미안해….)
　　 슬프지만 다시 봐서 기쁘다.

질문 왜 법을 종이에 적힌 글 몇 자뿐이라고 했을까?
대답 잘 지켜지지 않아서.

질문 왜 눈이 내렸을까?
대답 돼지들의 눈물.
　　 하얀 세상에서 다시 태어나라고.

질문 왜 검은색으로만 작가는 그렸을까?
대답 어미 돼지와 아기 돼지의 불쌍함을 표현하기 위해.
　　 돼지들의 죽음, 불쌍한 삶.
　　 돼지들의 감정이 흐릿해서.

돼지들이 사는 환경이 지옥이고 마지막 천국에 왔을 때 색이 나타남.

◉ 질문을 만들어 내기 힘들어한다면 교사와 함께 이런 질문을 나눠 보세요.

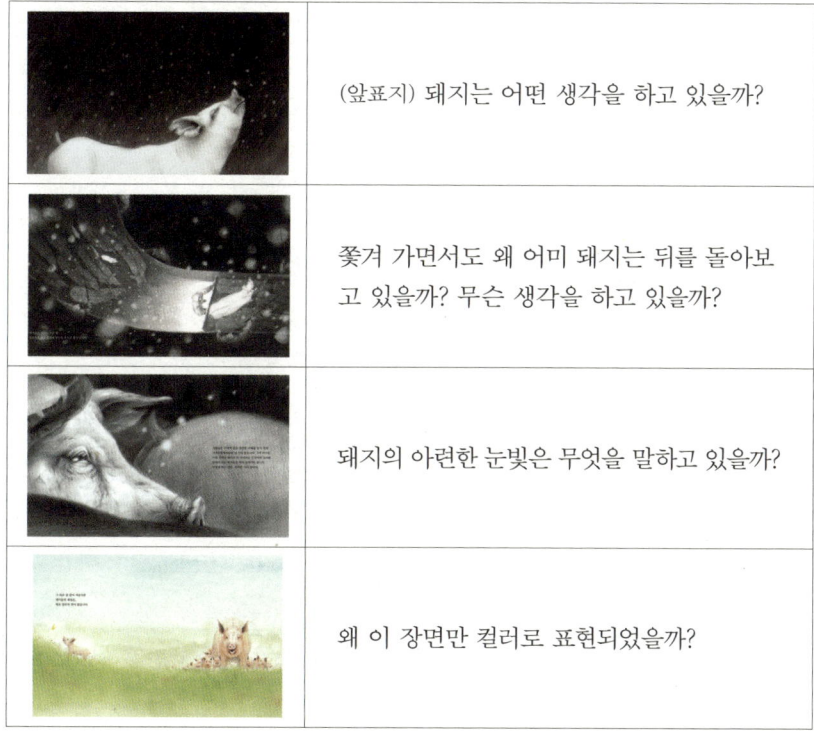

	(앞표지) 돼지는 어떤 생각을 하고 있을까?
	쫓겨 가면서도 왜 어미 돼지는 뒤를 돌아보고 있을까? 무슨 생각을 하고 있을까?
	돼지의 아련한 눈빛은 무엇을 말하고 있을까?
	왜 이 장면만 컬러로 표현되었을까?

입장 토론

- 서로의 입장 이해하기
  - 동영상 시청으로 동기유발
  - 서로의 입장에서 처한 상황과 그럴 수밖에 없었던 이야기 들어 보기
  - 각 입장에서 서로에게 바라는 점 발표하기

입장 토론은 회복적 생활교육의 한 방법으로 어느 한 사람의 피해가 아닌 다양한 입장에서의 그럴 수밖에 없었던 이유와 서로에게 바라는 점을 나누며 문제를 해결을 위해 어떤 것을 해야 하는지를 한 번쯤 생각

행복해지는 꿈을 꿔도 되겠습니까? 245

해 보는 활동이에요.

◎ **동영상을 시청하며 입장의 몰입을 도와요.**
　모든 동영상을 시청하기에는 수업이 지루해질 수 있기 때문에 첫 번째 영상 '동물 복지를 말한다'만 함께 시청하고 나머지는 검색 키워드를 제시하고 각 역할별로 조사하며 입장 정리를 도와요.

　동물 복지를 말한다 (돼지)
　　▶ https://www.youtube.com/watch?v=JLl1Xv0E2bw (1/3)

　나 행복해도 돼지? (동물 복지 잘된 곳)
　　▶ https://www.youtube.com/watch?v=qSTYDU3-6I0

　돼지 살처분 농가. 망연자실 (예방적 살처분)
　　▶ https://www.youtube.com/watch?v=RD_fre-d6fw

　돼지 살처분 공무원 트라우마 (뉴스)
　　▶ https://www.youtube.com/watch?v=Udk2hssFF7U

　구제역으로 묻힌 후 3년 (지식채널)
　　▶ https://www.youtube.com/watch?v=lN15op6Mr_0

　살처분의 역습 (인근 주민)
　　▶ https://www.youtube.com/watch?v=S34rbq5y6Rw

　동물 복지, 비싼 가격이 문제 (소비자)
　　▶ https://www.youtube.com/watch?v=iEriUqf-yrA

🆙 모둠별 입장 정하기

7모둠의 경우 7개의 입장을 나누어 줘요.
- 어미 돼지
- 새끼 돼지
- 소비자
- 인근 주민
- 농장주 1 (공장형 사육 환경)
- 농장주 2 (예방적 살처분 하게 된 농장주)
- 공무원 (살처분 담당)

⊙ 핸드폰이나 태블릿pc를 모둠별로 제공하여 자료를 마련해요. 아니면 미리 입장을 정해 두고 조사를 해 와도 좋아요.

참고 검색 키워드
구제역 피해 공무원, 구제역 피해 주민, 구제역 피해 농가, 동물 복지, 예방적 살처분 피해 농가 등.
영상 자료 제목을 검색 키워드로 제시해도 좋아요.

🆙 입장 토론이란

정해진 입장이 되어 그럴 수밖에 없는 상황과 이유와 그 입장에서 어떤 피해를 받았는지를 발표하고 다른 입장의 모둠 친구들과 자유롭게 질의응답을 하는 형식의 토론이에요.

⊙ 입장 토론 학습지는 입장(역할), 내가 당한 피해와 그럴 수밖에 없었던 상황과 이유를 써서 토론 준비를 도와요.

🅣🅘🅟 입장 토론의 흐름

> 차례대로 각자의 입장 발표
> ⬇
> 자유 질의응답
> ⬇
> 차례대로 각자의 입장에서 바라는 점 발표

차례대로 각자의 입장에 대한 발표를 진행한 후 모두 발표가 끝나면 정해진 모둠 없이 자유롭게 질문하고 싶은 입장에게 질문을 하고 답을 해요. 질문은 자유롭게 하지만 답을 하는 차례는 모둠 친구 4명이 순서대로 답을 해요.

입장 토론 학습지

〈학습지 예시본〉

입장	
상황 (나의 여러 가지 상황은 무엇인가요)	
그럴 수밖에 없었 던 이유나 심정	

〈아이들이 작성한 학습지 예시본〉

입장	아기 돼지
상황 (나의 여러 가지 상황은 무엇인가요)	1. 태어나자마자 이와 발톱이 뽑히고 꼬리가 잘린다. 2. 어미젖을 더 먹고 품에 안겨 살고 싶지만 엄마와 곧 떨어져서 외롭고 무섭다.
그럴 수밖에 없었 던 이유나 심정	지독한 농장 주인이 우리 의지와 상관없이 억지로 하는 거다. 서로 상처 낼 거라고 하지만 우리가 상처 나는 것보다 잘 팔 수 없기 때문이라고 알고 있다.

입장	어미 돼지
상황 (나의 여러 가지 상황은 무엇인가요)	좁은 사육 틀 안에서 힘겹게 살고 있다. 움직이고 싶어도 움직일 수 없어서 너무 갑갑하고 새끼 낳고도 얼마 못 있어서 다시 사육 틀로 오게 된다. 억지로 수정을 당하고 돼지고기를 낳는 기계로만 느껴진다.
그럴 수밖에 없었 던 이유나 심정	농장 주인이 돈만 생각하고 돼지를 생명으로 아끼지 않아서 공장 사육을 하고 있다. 나도 여기를 탈출하고 싶지만 뜻대로 되지 않는다.

입장	농장주(공장형 사육)
상황 (나의 여러 가지 상황은 무엇인가요)	공장형이라고 하는 형태로 돼지를 키우고 있다. 자식들 대학 등록금이며 학원비를 이것으로 돈을 마련하여 하고 있다.
그럴 수밖에 없었 던 이유나 심정	땅값은 비싸고 돼지는 많이 길러야 돈을 벌 수 있다. 그러면 최소한 돼지가 지내는 공간이 적어야 내가 산 땅에서 많은 돼지를 키울 수 있다. 키우다 보면 병들고 죽어 나가는 돼지가 많기 때문에 손해를 보지 않기 위해 더 많은 돼지를 키우려고 한다. 그리고 소비자들은 싼 돼지를 원한다.

입장	농장주(살처분 대상자)
상황 (나의 여러 가지 상황은 무엇인가요)	나는 돼지를 사랑으로 키웠다. 한 마리 한 마리 소중하게 키우며 애지중지하였지만 옆 농장에 구제역이 걸리는 바람에 우리 돼지들까지 모조리 죽게 되었다. 30km 예방형 살처분이라니…. 접종도 끝내고 아직 구제역 증상도 없는 우리 돼지들을 모두 죽이게 되었다.
그럴 수밖에 없었던 이유나 심정	예방적 살처분이라는 대책으로 우리는 피해를 보고 있다. 정부 방침에 따르지 않으면 안 된다고 하니 너무 답답할 따름이다.

입장	살처분 담당 공무원
상황 (나의 여러 가지 상황은 무엇인가요)	돼지를 산 채로 땅에 묻고 있다. 꽤액꽤액 소리를 들으며 땅에 묻은 돼지들에게 흙을 퍼부었고 악몽에 시달린다. 트라우마를 겪었지만 정신과 치료를 받을 수 있는 시간이 없어 돼지 소리만 들어도 진땀이 난다.
그럴 수밖에 없었던 이유나 심정	나는 나라에서 월급을 타고 일을 하는 한낱 공무원일 뿐이다. 우리는 정부 방침에 따라 일을 하는 것이지 내가 원해서 하는 일이 아니다. 나도 너무 힘들고 이 일에 대한 회의가 많다.

입장	소비자
상황 (나의 여러 가지 상황은 무엇인가요)	돼지고기를 사 먹는다. 나는 식구들을 배불리 먹이기 위해서는 조금 더 값싸고 질 좋은 고기를 찾는다. 아무래도 너무 비싸면 양이 적어 배불리 먹을 수가 없다.
그럴 수밖에 없었던 이유나 심정	돼지고기 파는 곳에서 대부분 진열되어 있는 고기 중 싸고 질 좋은 것을 찾기 마련이고 대식구 모두 배불리 먹기 위해서이다. 그리고 동물 복지 마크가 있는 돼지고기를 찾기도 힘들다.

입장	인근 주민
상황 (나의 여러 가지 상황은 무엇인가요)	살처분 했던 장소로 가는 것도 찝찝하고 저 돼지들이 썩으면서 심각한 냄새도 많이 나고 있다. 주변에 토양도 오염이 될 수도 있어 내 농사는 어쩌면 좋을지 모르겠다.
그럴 수밖에 없었던 이유나 심정	나는 농사를 지으며 평생을 살아왔는데 이 일로 이사를 가는 것은 쉬운 일이 아닐뿐더러 돼지 농장을 내가 옮기라 마라 할 처지도 되지 못한다.

……………………………… **입장 토론 장면** ………………………………

교사 지금부터 입장 토론을 시작하겠습니다. 각 모둠에서는 어떤 입장인지 또 그 입장에서의 피해 상황과 그럴 수밖에 없었던 이유를 발표해 주십시오.

(차례대로 각자의 입장 발표 듣기)

교사 각자의 입장을 잘 들어 보았습니다. 그럼 지금부터 자유롭게 각 입장에 대한 질문과 답을 들어 보겠습니다. 질문은 순서 없이 누구나 할 수 있지만 질문을 받은 입장에서는 순번대로 한 번씩 답을 해 주시기 바랍니다. 어떤 모둠부터 질문하시겠습니까?

질문자 1 공무원에게 질문하겠습니다. 돼지들을 살아 있는 채로 묻을 때 기분이 어땠나요?
공무원 1 끔찍했습니다.
공무원 2 아직도 돼지 울음소리가 들리는 거 같아 괴롭고 힘듭니다. 그렇지만 아까 말했듯이 너무 바빠서 정신과 치료도 못 받고 있는 상황입니다.

질문자 3 농장주에게 질문하겠습니다. 돼지를 공장형으로 키우면 더 돼지들이 약해지고 병에 많이 걸리는데 왜 그렇게 키우나요?
농장주 1 다들 그렇게 키우고 있고 그래야 더 많이 돈을 벌 수 있습니다.
질문자 5 돈보다는 멀리 미래를 보고 더 건강하게 키우는 것이 더 낫지 않나요?
농장주 2 누구나 돈을 많이 벌고 싶어 할 겁니다. 당신은 아닙니까?
농장주 3 그리고 돼지에게 복지를 해 주려면 넓은 땅도 필요하고 저에게는 그만한 돈이 없습니다. 소비자도 싼 가격의 고기만 찾으니 어쩔 수 없지요.

질문자 10 인근 주민에게 질문하겠습니다. 어떤 피해를 보고 계십니까?
인근 주민 1 아까 발표했던 것과 같이 돼지가 썩을 때 나오는 냄새뿐 아니라 우리가 키우는 농작물에 썩은 물이 가지 않을까라는 걱정으로 하루하루 잠을 못 이루고 있습니다.
질문자 20 이사를 가실 생각은 없으십니까?
인근 주민 2 이사가 마음만 먹는다고 가지는 게 아닙니다.

질문자 6 농장주에게 질문하겠습니다. 당신은 당신의 돼지를 가족에게 먹입니까?
농장주 4 네. 당연하죠. 구제역이 걸렸을 때는 문제가 되지만 평소에는 모두 그렇게 키우고 있고 아무런 문제가 되지 않습니다.

질문자 20 소비자에게 질문하겠습니다. 동물 복지 마크가 붙은 것을 이용하나요? 그냥 돼지고기를 사 먹나요?
소비자 1 저는 싼 돼지고기를 사 먹습니다.
질문자 20 왜 그렇게 하나요?

소비자 1 마트에 가도 동물 복지 마크가 있는 것을 따로 본 적이 거의 없고 다들 가격대비 싼 것을 사지 않나요?

(중간 생략)

교사 자유 질의응답의 시간이 끝났습니다. 지금부터는 각자의 입장에서 서로에게 바라는 점이 무엇인지 의논하고 발표를 시작하겠습니다. 의논 시간은 3분 드리겠습니다. (3분 후) 지금부터 바라는 점 발표를 차례대로 시작하겠습니다.

어미 돼지 답답한 사육 틀 대신 자유롭게 진흙탕 목욕을 즐기며 살 수 있도록 농장주에게 바랍니다. 그리고 새끼와 함께 지내고 싶습니다.
새끼 돼지 저희도 농장주에게 바랍니다. 태어나자마자 발톱을 자르고 꼬리를 자르지 마세요. 너무 아픕니다. 그리고 엄마와 함께 지내고 싶습니다.
소비자 저도 동물 복지 인증마크가 있는 돼지를 사 먹고 싶습니다. 건강하게 커야 우리에게도 영양가가 있고 건강할 거 같습니다. 동물 복지 마크가 있는 돼지도 싸게 먹을 수 있게 가격을 낮춰 주세요.
인근 주민 공무원들은 살처분했던 땅이 오염이 되지 않도록 조치해 주시고 농장주들은 다시는 구제역이 걸려서 살처분되는 일이 없도록 조심해 주세요.
농장주 우리도 돼지를 건강하게 키울 수 있도록 나라에서 지원을 좀 더 많이 해 줬으면 좋겠습니다.
예비 살처분 피해 농장주 구제역에 걸리지도 않은 돼지들까지 예비 목적으로 모두 죽이는 것은 말도 안 됩니다. 다시는 그러지 않도록 해 주십시오.
공무원 다시는 끔찍한 일은 하고 싶지 않습니다. 사람으로 태어나서 살아있는 생명을 땅에 묻는 것은 힘듭니다. 그리고 정신과 치료를 받을 수 있는 시간을 마련해 주십시오.

사전 만들기

> • 돼지 사전 만들기
> - 돼지들의 복지를 위해서는 돼지가 어떤 환경을 좋아하고 어떤 동물인지 알면 돼지를 위한 복지 환경을 더 적절히 구성할 수 있을 것 같아 돼지에 대한 자세한 조사를 해 보는 활동
> - 모둠별로 색지를 나누어 주어 함께 조사하고 발표하는 활동

◉ 모둠 사전 만들기를 할 때 핸드폰이나 태블릿 pc를 모둠별 제공한 뒤 나무위키 사전을 이용하여 관련 영상도 함께 보며 공부할 수 있도록 도와요. 여건이 안 되는 경우에는 미리 숙제로 내 주어 자료를 찾아오는 것도 좋아요.

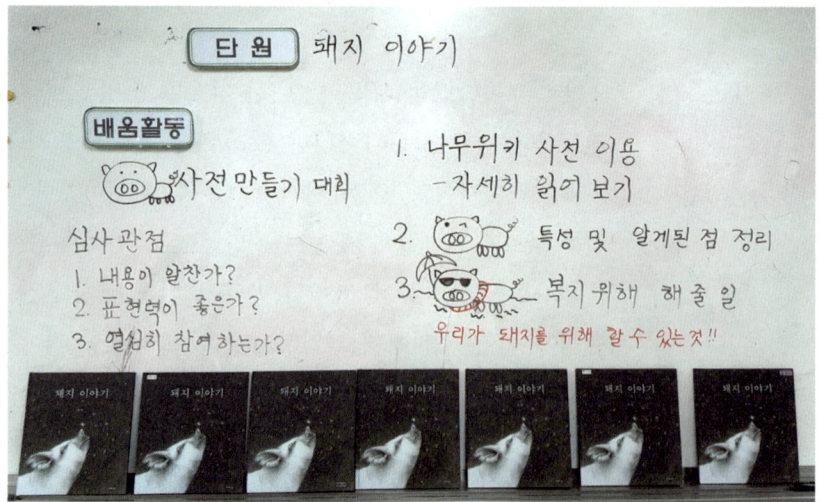

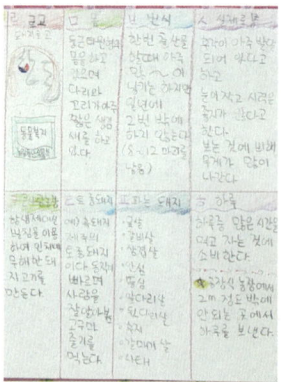

나도 그림책 작가

- 그림책 만들기
  - 『돼지 이야기』 책의 그림만을 제시하고 모둠별로 또 다른 이야기 꾸미기
  - 시점을 달리한 글의 시작 예시를 알려 주고 글자의 배치와 크기로 메시지를 전할 수 있음을 미리 설명해 주기

시점을 달리하여 이야기 꾸미기

이 그림책은 담담하게 써 내려가는 것이 특징이에요. 감정을 실어 돼지의 입장 또는 다른 사람의 눈으로 보는 시선으로 글쓰기를 해 보세요.

이야기 내용을 바꾸어 꾸미기

살처분이 아닌 다른 내용으로 바꾸어 보기 등 다양하고 자유롭게 글을 쓸 수 있도록 해요.

⊙ 붙임쪽지를 이용해 각자 맡은 장면을 정해 글로 넣거나 함께 의논하며 장면에 직접 글을 써서 정리해요.

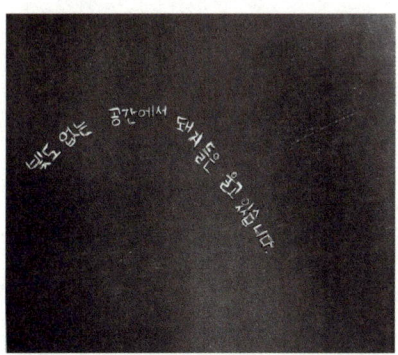 

글자 배치에 따라 흙 속에 묻힌 돼지를 표현했어요.

글자의 크기를 줄여가며 흙에 덮히는 돼지 소리를 표현했어요.

맨 뒷장으로 돼지가 남기는 이야기 편지 쓰기 활동을 해도 좋아요.   흰색 펜을 활용해 적어 보는 것도 좋아요.

꼬마 작가 돼지 이야기 1

　여기는 한 돼지 농장, 나는 여기에 살고 있는 엄마 돼지다. 난 오늘도 새끼를 낳는다. 항상 느껴 본 고통에 난 이미 익숙하다. 지금까지 낳은 새끼가 몇 마리인지도 모르는 상황에 내가 낳은 것이 내 새끼들인지도 모르겠다. 좁은 분만 틀, 타들어 가는 목. 난 어쩌면 지금 죽는 것이 낫겠다고 생각했다. 내가 낳은 것들은 꼬리와 이빨이 잘렸다. 나도 겪어 본 것이기에 얼마나 고통스러운지는 잘 안다. 공감도 잠시. 난 그것들과 떨어졌다. 새끼들은 내가 엄마인 줄 아는지 날 불렀다. 난 대답할 기운 없이 끌려갔다. 언제쯤 끝날까…. 이 미로가.

　많은 돼지들 사이 원래 있던 틀. 작고 좁은 틀 속으로 돌아갔다. 난 괴로웠다. 옆자리 돼지들은 어디 간 건지 보이지 않는다. 이 검은 세상 속 날 구해 줄 사람은 어디 있을까? 난 지푸라기라도 잡아 보려 한다. 저기, 인기척이 느껴진다. 저 사람이 날 살려 줄지, 죽일지는 아무도 모른다. 하지만 난 온 힘을 다해 불러 본다. '살려 주세요. 살려 주세요!' 그 사람이 좁은 틀의 문을 열어 줬다. 진짜로 날 해방시켜 주는 것일까…. 나도 이제 해방인가 자유인가 어서 풀밭에 몸을 뒹굴고 싶다. 사람들은 우릴 밀어냈다. 나는 한 시라도 빨리 놀고 싶어서 제일 빨리 달려 나갔다. 이 순간 나는 정말 행복했다.

어? 내 예상과는 달랐다. 내 앞에는 거대한 구덩이가 기다리고 있었다. 옆에 내가 전에 낳은 새끼 한 마리가 왔다. 난 어떻게든 살아 보려 발버둥쳤지만 끝내 난 구덩이에 빠지고 말았다.

'아… 아가….'

날 찾아온 그 아이라도 살리고 싶어 계속 바라보았다. 구덩이에 떨어지는 순간까지도…. 난 아이와 함께 돼지들 위로 떨어졌다. 올라가기엔 너무 깊은 구덩이였다. 위에서 거대한 관이 들어온다. 수도 없이 많이 난 무서웠다. 아이가 울기 시작한다. 나도 울고 싶었다. 위에서는 거대한 크레인이 모래를 뿌려 댄다. '미안하다 아가.'

난 울부짖었다.

"꾸에에에에에에에엑!!"

"…"

그것이 처음이자 마지막 외출이었다.

우리가 묻힌 날, 하얗디 햐얀 눈이 내렸다.

— 조○○, 김○○, 강○○, 김○○

꼬마 작가 돼지 이야기 2

대통령 할아버지께 쓰는 편지

행복하게 해 주세요.

대통령 할아버지 안녕하세요 저희는 ○○초등학교 5학년 6반 ○모둠 친구들이에요. 이 편지를 쓰는 까닭은 제가 돼지 농장 근처에 사는데 어느날 엄청나게 크게 꿀꿀 하는 소리가 들여 궁금해서 들어가 보았어요. 그때부터 저희들의 이야기가 시작돼요.

그 상황은 충격적이었어요. 진흙목욕과 코로 땅파기를 좋아하는 돼지들이 콘크리트 위에서 살고 있었거든요. 어미 돼지는 폭60cm 길이 2m쯤 되는 분만 틀에서 아기를 낳고 젖을 물리는데 아기 돼지들은 이빨과 꼬리가 잘려요.

우리는 조금 더 보기 위해 안쪽으로 들어갔어요. 그때 돼지가 아기들과 헤어지기 전에 아기 돼지를 쳐다보는 눈빛을 보고 슬퍼서 눈물을 흘릴 뻔했어요. 고개를 돌리니 아기들과 헤어진 어미 돼지가 있었어요. 어미 돼지는 몸이 얼음이 된 것 같이 가만히 있었어요. 그곳은 정말 더러운 환경이었어요. 갑자기 인기척이 들렸어요. 우리는 숨었어요.

고개를 내밀어 보니 하얀 옷을 입은 사람들이 있었어요. 그 사람들은 돼지들에게 이상한 주사를 놓았어요. 어떤 돼지를 검사하더니 정적이 흘렀어요. 그래서 들킨 줄 알고 있었는데 아저씨가 '비상!'이라고 했어요. 그리고 외쳤어요. '이 돼지 구제역에 걸렸어!!'

돼지들의 눈이 슬퍼 보였어요. 나는 돼지들을 따라가 보았죠.

하얀 옷을 입은 사람들이 돼지를 살처분하려고 전기 충격기 같은 걸로 때리면서 흙 쪽으로 몰아갔어요. 조금 빠르게 걸어간 끝에는 벼랑이 있었어요. 무서워서 앞으로 가지 않는 돼지는 포크레인으로 밀어 버렸지요. 우리도 하마터면 같이 떨어질 뻔했어요. 돼지는 떨어지면서 자신의 새끼를 보며 떨어졌어요. "우린 구제역에 걸리지 않았어!!"

그 모습을 보고 우리는 충격적이어서 악! 이라고 했어요. 살처분하는 사람들이 우리를 째려 보았어요. 우리는 도망갔어요.

빛은 점점 사라져 갔지요.

우리는 다음 날 돼지들이 파묻힌 곳에 가 봤어요. 그곳에 남아 있는 건 플라스틱 관과 경고 표지판뿐이었죠. 지금쯤 더 넓고 풍요로운 곳에서 뛰어 놀며 쉬고 있겠지요?

- 정○○, 박○○, 임○○, 채○○

················· **꼬마 작가 돼지 이야기 3** ·················

한 시골 마을에 여러 마리 돼지들이 사육장에 있었습니다. 이 사육장 안에는 여러 가지 돼지들의 가슴 아픈 이야기가 있습니다. 돼지들은 아기를 낳을 때 가로2m 세로 60cm 몸 한번 못 움직이는 그 곳에서 임신을 하고 새끼를 낳습니다. 아기 돼지들은 태어나자마자 이빨과 꼬리를 잘립니다. 그리고 어미 돼지는 3주만 얼굴을 볼 수 있고 그 뒤로는 떨어집니다. 아기 돼지들이 어미를 부릅니다.

"엄마… 어디 가요?"

아기 돼지들이 그렇게 어미에게 말합니다.

수많은 돼지들은 계속 임신을 하게 됩니다. 돼지들은 참 아픈 삶입니다. 모든 돼지들이 말합니다.

"저희들은 아무 잘못이 없어요. 풀어 주세요."

사람들이 몰려와 돼지들의 질병을 예방하기 위해 주사를 놓습니다.

"저기 돼지 잡아서 주사 놔. 빨리!"

돼지들은 인간들의 장난감 같습니다. 사람들은 예방법이라고 하지만 저희들은 예방법이라고 생각하지 않습니다. 우리는 그저 돼지들을 괴롭히는 것 같아 마음이 아픕니다. 돼지들은 이게 자신의 마지막 인생인지도 모르고….

"우리 이제 나가나 봐. 바깥세상은 어떻게 생겼을까?"

돼지들은 자기들을 살처분하러 가는 줄도 모르고 말입니다.

"…."

어미 돼지는 그저 자기 자식을 지켜 주려고 자식들을 보면서 다가가려고 노력하지만 할 수 없습니다. 어미는 마음속으로 생각합니다.

'저렇게 어린 나이에…'

"쿵! 수욱!" 돼지들이 떨어집니다. 돼지들끼리 부딪혀 다칠 수 있습니다. 저희는 마음이 안쓰럽습니다. 돼지들은 사람들이 오기만을 기다렸지만 기다린 시간은 허무했습니다. 돼지들이 본 게 마지막 바깥세상의 빛이었습니다. 빛도 없는 공간에서 돼지들은 울고 있습니다. 이 플라스틱 관 아래는 아무 잘못 없는 돼지들이 갇혀 있습니다. 돼지들은 자기 죽음을 받아들이지 못하고 있습니다. 미래에는 이런 일이 일어나지 않았으면 좋겠습니다. 돼지들과 사람들이 행복할 수 있는 세상을 기다립니다.

– 이○○, 전○○, 유○○, 허○○

영화 함께하기

- 영화로 토론하기
  - 《P짱은 내 친구》 영화를 함께 보기
  - 영화 속 토론 장면에 이어 우리 반의 의견 들어 보기

영화 줄거리 및 소개

이 영화는 오사카 초등학교의 실화이자 TV 다큐멘터리로 방송되어 큰 반향을 불러일으켰던 내용을 바탕으로 한 영화예요.

어느 날, 6학년 2반 담임 호시 선생님은 반 아이들에게 귀여운 아기 돼지 한 마리를 소개해요. 다 함께 돼지를 키워 자라면 잡아먹자는 선생님의 제안에 아이들은 놀라지만 귀여운 아기 돼지를 너나 할 것 없이 사이좋게 돌보기 시작하지요. 운동장 한켠에 돼지우리를 만들고 "P짱"이라는 이름까지 붙여 준 6학년 2반 아이들. 생명과 음식의 소중함을 일깨워 주기 위해 시작된 선생님의 특별한 교육을 통해 아이들과 P짱은 수많은 우

여곡절을 함께 극복하며 많은 것을 배워 가요. 그렇게 소중한 추억을 쌓을 동안 어느덧 훌쩍 커 버린 P짱, 그리고 이제 졸업을 앞둔 아이들은 처음 선생님의 제안처럼 P짱을 잡아먹을 것인지 그대로 살려 둘 것인지에 대한 결정을 해야 하는 때가 왔고 아이들은 끝없이 토론하며 성장하는 이야기를 담은 영화예요.

토론 주제

P짱을 식육센터로 보낸 선생님의 결정은 옳은 행동인가?

찬반 토론

토론의 형태는 P짱 영화와 같이 찬성과 반대의 마주 본 대열을 두고 자유롭게 찬반의 의견을 주고받아요. 누구나 의견을 말하고 싶을 때 일어나요.

········· **영화 속 토론 장면과 이어진 우리의 토론** ·········

교사 영화에 이어서 우리들 이야기로 토론을 이어가 봅시다.
토론 주제는 "P짱을 식육센터로 보낸 선생님의 결정은 옳은 행동인가?"입니다.
지금부터 찬성과 반대의 입장을 정하고 찬성하는 친구는 선생님의 오른쪽의 자리로 반대하는 친구는 선생님의 왼쪽의 자리로 이동하여 앉아 주세요.

(자리 이동 후)

교사 지금부터 토론을 시작해 보겠습니다. 영화에서 보았듯 찬성 쪽이든 반대 쪽이든 누군가 먼저 이야기를 시작하면 자유롭게 이야기를 이어 나가면 되겠습니다.

누가 먼저 이야기를 시작해 볼까요? (손을 든 친구 중 한 명을 지목해 줍니다.)

찬성 저는 찬성입니다. 돼지는 사람이 먹기 위해 키우는 가축이기도 하고 졸업 후에 6학년 친구들처럼 듬직하게 돌봐줄 사람을 찾지 못했기 때문입니다.

반대 분명히 저학년이지만 배워 가면서 돌보겠다고 했고 그 담임 선생님께서도 부탁한 상황에 굳이 P짱을 식육센터로 보내면서 상처를 주는 것은 너무하다고 생각합니다.

반대 키우던 P짱을 식육센터로 보내는 것은 잔인하고 생명을 죽이는 것은 너무하다고 생각합니다.

찬성 그러면 당신은 돼지고기를 먹지 않습니까?

반대 먹지만 키우던 동물을 먹을 수는 없을 거 같습니다.

찬성 돼지만 생명이 있고 불쌍한 것은 아닙니다. 식물은 생명이 없습니까? 왜 동물을 잡아먹을 때 미안하고 너무하다고 하면서 왜 식물에게는 그런 마음이 안 드는 겁니까?

반대 식물은 고통을 느끼지 못합니다. 그러면 님께서는 식물을 안 먹습니까?

찬성 아니요 먹습니다. 사람은 잡식으로 죄 많은 동물입니다. 하지만 식물이건 동물이건 생명은 다 소중한 겁니다. 왜 꼭 돼지만 불쌍하다고 말하는 겁니까?

찬성 맞습니다. 소고기도 먹고 오리고기도 먹기 때문에 P짱도 마찬가지로 식육센터로 가야 한다고 생각합니다.

찬성 동물 복지 차원에서 P짱은 행복하게 살다 가는 거라고 생각합니다.

반대 아무리 그렇다고 해도 가족처럼 친구처럼 지내 온 P짱은 먹을 수 없습니다.

(중간 생략)

교사 여러분들의 의견을 잘 들어 보았습니다. 토론 후 느낀 점 발표를 해 보고 이 시간을 마치도록 하겠습니다. 누가 이야기해 줄까요?

동물 학대 상황 보고서

- 동물 학대 상황 보고서
  - 돼지뿐 아니라 학대받고 있는 동물들을 찾아보고 모둠별로 한 동물씩 정하여 조사하고 발표하기 (경주마, 유기견, 실험실 토끼, 거위 등)

🎯 조사 발표 수업

조사 활동 수업을 할 때는 핸드폰이나 태블릿 pc를 모둠별 제공하여 관련 영상도 함께 찾아보며 조사하면 좋아요. 아니면 미리 숙제로 내 주어 조사하는 것이 좋습니다. 조사하면서 찾은 동영상 자료는 링크 복사를 통해 학급 홈페이지 과제 방에 게시한 후 교사 컴퓨터를 통해 열어 발표 시 동영상 자료를 함께하는 것이 감정 몰입을 도와 수업 효과가 훨씬 좋았어요.

 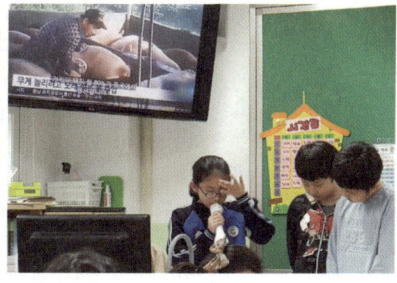

동물 학대 상황 보고서 (활동지 예시본)

어떤 동물인가요?	
동물들이 처한 상황이 어떤가요?	
조사를 통해 알게 된 점이나 느낀 점은 무엇인가요?	

아이들의 동물 학대 상황 보고서

동물	학대 상황	느낀 점
밍크	모피 생산을 위해 사육되는 동물은 대개 생후 6개월 때에 도살된다. 일산화탄소를 이용해 질식시키거나 입, 항문, 생식기 등에 전깃줄을 넣어 전류가 흐르게 하는 도살법을 쓴다. 질식사 과정에서 피부가 벗겨지는 도중 의식이 돌아오기도 하고 전기 충격법은 의식을 잃기 전 심장 마비의 고통을 겪기도 한다. 밍크 코트 1벌을 만드는 데에 55마리가 필요하고 야생의 밍크를 몽둥이로 때려잡기도 한다.	너무 끔찍하고 불쌍하다. 동영상을 보니 마음이 너무 아프고 속이 울렁거린다.

거위	거위는 패딩을 만들려고 산 채로 털을 뽑는다. 털이 빠진 곳에는 상처가 생기고 피가 난다. 사육 틀에 갇혀 지낸다. 거위 7마리 털을 뽑아야 점퍼 하나를 만들 수 있다. 거위가 멸종 위기가 될 수 있다. 왜냐면 자꾸 거위 털로 점퍼를 만들면 거위가 사라질 수 있기 때문이다.	거위가 돼지처럼 사육 틀에 갇혀 사는 걸 알았고 거위 털을 기계로 뽑는 줄 알았는데 손으로 뽑아 충격적이었다.
강아지	**비글** 착하다는 이유로 동물 실험에 사용된다. **강아지 세탁기** 씻기 귀찮은 이유로 세탁기 만들어 강아지 넣고 학대한다. **티 컵** 강아지 태어났을 때부터 장기나 몸이 자라지 않게 사람이 만들어 낸 강아지이다. **무차별 폭행** 굶기기 때리기 등 행위로 강아지를 죽인다.	강아지도 고통을 느끼고 충분히 행복할 권리가 있다.
여우	여우를 산 채로 발목에 칼집을 내어 가죽을 쫘-악 벗겨 낸다. 여우의 살을 찌워 비만이 되고 눈병이 걸린다. 여우를 도끼로 쳐서 피가 나게 해서 죽인다.	우리가 입는 옷에 사용하는 털들의 생산 과정을 보니 잔인하고 끔찍하다. 내가 학대를 직접 한 것은 아니지만 여우에게 미안하다.
토끼	토끼는 눈을 잘 깜빡이지 않아서 화장품 실험에 많이 이용된다. 토끼를 가두고 눈에 마스카라를 바르며 실험을 하는데 눈병이 걸리고 힘들어한다. 토끼털은 사람 옷에 이용된다.	화장품 실험을 위해 토끼가 학대받는 것을 처음 알았고 너무 불쌍하다.

동물학대 상황 보고서

(6)모둠

어떤 동물인가요	경주마
동물들이 처한 상황이 어떤가요	○ 최근 가치가 떨어지는 경주마들을 잔인하게 죽이거나 상해를 가해서 우연한 사고인 것처럼 가장하고 보험금을 지급 받은 사건이 발생했다. ○ 이들은 총 22건의 학대를 하였으며, 주로 쇠망치나 둔기를 휘둘러 머리에 충격을 가해 경주마가 뇌진탕, 두개골 골절로 죽음에 이르게 된 경우가 많았다. 또, 다리뼈가 골절되 출전이 될 경주로 폭행을 하고 목을 졸라 질식사 시키거나, 죽지 않았던 경우에는 차량에 끈을 묶어 말을 끌어 죽게한 경우도 있었다. ○ 보험사기를 위한 학대 뿐만 아니라 제주 경마공원 에서 경주마의 높이, 꼭 체고를 맞추기 위해 동물학대를 저지르고 있다는 주장이 기사에 실렸다.
조사를 통해 알게 된 점이나 느낀 점은 무엇인가요	○ 즐기기 위해서 가는 경마장에서 이런 일이 벌어지고 있다는 것을 알고 관심을 가지거나, 말의 상태를 일반인 또한 열람할 수 있는 체제가 도입된다면 경주마의 안전을 보장 받을 수 있을 것 같다.

책과 성장

아이들의 성장 이야기

- 선생님 때문에 몰랐던 이야기를 알게 되었고 내가 몰랐던 세상의 슬픈 동물들이 많다는 것을 깨달았다. 내가 큰 도움이 못 되더라도 많이 알리고 동물들을 위해 조금이라도 노력해야겠다.
- 뉴스나 이야기로만 듣고 지나쳤던 동물 학대를 이번 프로젝트를 통해서 깊이 있게 배우니 재밌기도 했지만 동물 학대 관련된 영상, P짱 이야기 등 많은 주제로 보니 슬프기도 했어요. 사람들의 욕심과 무관심으로 여러 동물들이 죽거나 고통받는 것을 프로젝트를 통해 알게 되었어요.
- 동물들이 사람들의 행복과 귀찮음을 위해 얼마나 많이 버려지고 죽고, 엄청난 고통을 느끼는지 알 수 있었다. 그래서 나는 동물 복지 마크가 있는 제품을 살 것이다.
- 선생님과 함께 돼지 복지에 대한 토론, 이야기, 책 읽기, 영상을 보면서 '돼지들이 우리를 위해 많이 희생하고 고생하고 있구나.'라고 생각했고 돼지들에게 고마운 마음이 들었다 .
- 나는 돼지 이야기를 읽고 '어떻게 이런 고통을 받았을까?'라고 생각했다. 내가 돼지라면 벌써 죽었을 거라는 생각이 든다. 나는 돼지가 만약에 죽여졌으면 먹을 것이다. 다 해 놨는데 버리기 아까우니까. 그래도 감사하며 먹어야겠지. 이 프로젝트를 한 후 슬프고 특별했다.

교사의 성장 이야기

『돼지 이야기』라는 책은 수업을 설계할 때 많은 생각을 하게 만든 책이었다. '이 무거운 주제를 아이들과 어떻게 풀어 갈까?', '어떻게 수업을 진행해야 아이들이 깊이 생각하게 될까?' '나로 인해 고기를 거부하게 되

지 않을까?'

고민 끝에 나는 동물 복지라는 주제로 아이들과 함께하기로 결정하고 다양한 활동을 계획하게 되었다.

아이들이 펼쳐 낸 토론 활동 중 돼지가 불쌍해서 먹을 수 없다는 친구들에게 "식물은 생명이 없습니까? 왜 돼지만 불쌍하다는 생각을 합니까?"라는 이야기가 특히 기억에 남는다. 그 질문을 통해 나는 '그래, 돼지뿐만이 아니라 세상 모든 먹거리는 생명의 가치를 지니고 있구나.'라는 생각이 들었기 때문이다.

생존을 위한 최소한의 사냥만을 허용하는 동물의 세계처럼 사람도 탐욕이 아닌 필요한 만큼만 감사하며 먹자는 생각이 들었고 문득 법륜 스님의 "맛을 탐하지 마라. 맛을 탐하게 되면 살심이 생긴다."라는 말이 떠오르며 또 한 번 아이들에게 하나를 배우는 시간이 되었다.

『돼지 이야기』라는 책은 세상과 마주하기 싫은 불편한 진실이 담겨 있는 책이다. 그러나 그 책을 마주함으로서 우리는 사회에 어떤 변화가 일어나야 하는지를 깨닫게 되고 알게 되는 첫 걸음을 뗀 것과 같다. 그리고 아이들이 사회에 관심을 가지고 생각하고 변화하는 과정을 보며 이 책을 선택하길 잘했다는 생각이 들었다.

생명의 가치를 지닌 먹거리는 공장에서 흔히 만들어지는 그런 물건이 아니다. 무심히 남기고 버리고 여유 있게 뒀다 썩히는 그런 물건 말이다. 한 생명의 가치를 깨닫고 감사할 줄 아는 것과 동물들의 학대 상황을 알게 하는 것이 내 수업의 목표였기 때문이다.

이 책은 많은 것을 알게 해 주고 우리가 어떻게 살아가야 하는지를 깨닫게 해 준 소중한 책이었다.

함께 보면 좋은 책 이야기

닭답게 살 권리 소송 사건

예영 글 | 수봉이 그림 | 뜨인돌어린이

여러 동물들이 인간의 이기심으로 인해 학대받고 있는 상황을 알 수 있는 책으로 동물들마다 다른 형식의 이야기로 나뉘어져 있다.

내 곁에 그냥 '그대로' 있어 주세요

| 주제 | 가족, 사랑, 자존감, 장애

> 책마중

일상의 소중함과 타인에게 배울 점

사람은 누구에게나 소속된 공동체가 있다. 공동체 속에서 사람들은 각자의 이상과 목표를 실현하기 위해 나름대로 애를 쓰며 살아간다. 하지만 이상과 목표를 타인이 설정하는 경우도 있다. 아니 이상과 목표를 설정하는지 하지 않는지 내가 알 수조차 없는 경우가 있다.

아무것도 바라지 못할 때 혹은 바닥으로 침전되었을 때 사람들은 모두 다 깨닫게 된다. 배가 고프면 밥의 소중함을 집을 떠나면 집의 소중함을 아는 것처럼. 찬이의 엄마는 너무 힘들지만 찬이를 통해 사랑이란 것이 있는 것을 그대로 받아들이는 것임을 깨닫는다.

아이들은 잘못된 일이 있을 때 남 탓을 한다. 남의 단점이 먼저 보이는 이유일 것이다. 의도대로 일이 잘되면 내 덕인 것이다. 나의 장점이 먼저 보이는 이유일 것이다. 타인을 그대로 받아들이는 것은 찬이의 엄마에게 필요한 것이 아니라 우리가 살면서 모두에게 적용되어야 할 간단하지만 어려운 일일 것이라 생각한다.

이 책은 모두 다 말해 주는 책이다. 쉬운 책이다. 질문이나 어려운 해석이 필요한 것이 아니었다. 해답을 제시한 책인 만큼 해석하기 어렵고 활동을 통해서 타인을 그대로 받아들이는 것이 어떤 것인지를 아이들과 해 보는 활동이 필요할 것 같았다. 그래야 내가 가르쳐 준 것, 아이들이 가르쳐 준 것이 서로 균형을 이루어 우리가 함께 성장할 것 같다.

찬이가 가르쳐 준 것
허은미 글 | 노준구 그림 | 한울림스페셜

책과 수업

수업 흐름도

본 4차시 중 활동을 선택해서 조직해도 됩니다.

구분 \ 차시	1차시	2차시
배움 활동	함께 읽기와 내용 알아보기	찬이네 가족과 핫시팅
배움 과정	• 함께 읽기 • 뇌구조 그리기 • 한마디 말하기	• 찬이야 말해 봐 • 엄마도 말씀해 보세요 • 찬이 누나도 말해 봐요
배움 조직	전체 및 모둠	모둠, 전체
핵심 역량	공동체 역량 의사소통 역량	의사소통 역량 창의적 사고 역량

구분 \ 차시	3차시	4차시
배움 활동	책과 놀이하기(1)	책과 놀이하기(2)
배움 과정	• 엄지로 칭찬하기 • '내가 누구게' 놀이하기	• 고리 옮기기
배움 조직	전체	전체 및 모둠
핵심 역량	공동체 역량 의사소통 역량	공동체 역량 의사소통 역량

함께 읽고 내용 알아보기

- 함께 읽기
- 뇌구조 그리기
- 한마디 말하기

함께 읽기

읽기 전 그림책의 표지와 제목을 보고 어떤 내용일지 추측해 보고 이야기 나눈 후 읽어 주세요. 표지를 보고 아이들에게 주인공이 어떤 상황에 있는지를 예측해 보게 합니다.

〈주의 깊게 보면 좋아요〉

앞면지

뒷면지

책 속 첫 그림과 마지막 그림의 사람들을 서로 비교해 보면 내용을 이해하는데 도움이 됩니다. 이 책은 전하고 싶은 메시지를 마지막에 제시하고 있습니다. 책을 읽는 중간중간에 마음이 변화하는 것을 확인하려고 아이들의 생각을 들었습니다. 표지, 앞면지, 뒷면지 순서로 보여 주며 물어 보세요.

교사 무슨 일을 겪었기에 사람들 표정이 이렇게 바뀌었을까?
교사 나중에 부모가 되었을 때 찬이 같은 아이가 태어난다면 어떨까?
(교실이 조용해졌습니다.)

교사 상상도 안 되지? (끄덕) 이야기를 좀 더 읽어 보자.

이 책은 누나의 입장에서 들려주는 찬이와 엄마의 이야기입니다. 찬이의 이야기가 끝나면 엄마의 이야기가 시작되지요. 찬이 이야기가 끝나는 부분에서 "찬이 주변에는 누가 있을까?"라는 질문을 했어요. 또 '아주 작은 일에도 감사하는 법을 배웠어.'라고 쓰여진 부분에서도 생각을 나누었어요. 아이들은 '함께 지내는 것'이라고 대답을 해 주기도 했지요.

뒤에 이어질 활동에 대한 몰입을 위해 이런 발문도 좋아요.

교사 아기를 낳으면 병원에서 가장 먼저 하는 것이 무엇인지 아니? 바로 발가락 손가락 개수를 확인하는 거야. 찬이는 손가락도 발가락도 같으니까 첫 만남은 너희들과 같았을 거야. 그렇지만 키우다 보면서 뭔가 다른 아이들과 다르다는 것을 알게 되었지. 그럴 때 가족들의 마음은 어떨까? (숙연)

🆙 뇌구조 그리기

뇌구조 그리기는 인물이 추구하는 삶을 이해하는 데 좋은 방법입니다. 인물이 추구하는 가치 중요도를 뇌구조의 크기로 나타낼 수 있어서 매우 유용합니다.

'미안함.' '원망.' '고통.' '감사함.' 등의 뇌구조 속 낱말을 아이들이 발견해 냈어요.

교사 왜 미안함이 엄마의 머릿속에 있었을까?
- 찬이를 그렇게 낳은 것에 대한 미안함일 거 같아요.

뇌구조 그리기 뒤에 모둠이나 학급 단위로 자신이 그린 뇌구조에 대해서 서로 친구와 이야기하며 나누는 시간을 가져요. 나 말고 다른 친구들이 인물의 추구하는 가치에 대하여 어떻게 생각하는지 다른 관점에 대해서 이해하는 '있는 그대로 받아들임'을 하는데 필요한 의미 있는 시간을 가질 수 있습니다. 이야기 안에서는 엄마, 나(찬이 누나), 찬이로 나누어서 진행해 보았어요. 찬이 입장의 경우에는 어떤 생각을 하는지 추론할 수밖에 없어서 맨 뒤에 넣어서 생각을 충분히 하도록 했어요.

한마디 말하기

이 책은 '있는 그대로 받아들임'을 중요하게 생각하는 책입니다. 질문을 하는 것도 이해하는 데 상당 부분 중요하지만 인물을 그대로 받아들이려면 대화를 충실히 하는 것이 더욱 중요합니다. 그래서 인물에게 해 주고 싶은 말이 무엇인지 물어보았습니다. '여러분이 찬이 엄마에게 해 주고 싶은 말은 무엇인가요?'라고 말이지요. 이 책의 주인공은 찬이 엄마, 나, 찬이 이렇게 세 명인데 세 명의 뇌구조 밑에 칸을 두어서 주인공에게 해 주고 싶은 말을 써 보았어요.

이 활동을 통해 장애인 가족과 장애아동에 대한 아이들의 인식을 알 수 있었습니다. 또 다음 차시 활동인 핫시팅 활동에 몰입 준비가 되기도 했어요.

찬이 엄마에게
한숨 돌리시고 당신의 삶도 돌아볼 수 있길 바라요.
찬이 누나에게
결코 엄마는 너를 사랑하지 않으신 게 아니야.
그러니 지금은 조금 섭섭하더라도 참아 줘.
찬이에게
지금은 움직이고 싶겠지만 움직이지 못해서 답답할 거야.

뇌구조 그리기 및 한마디 말하기

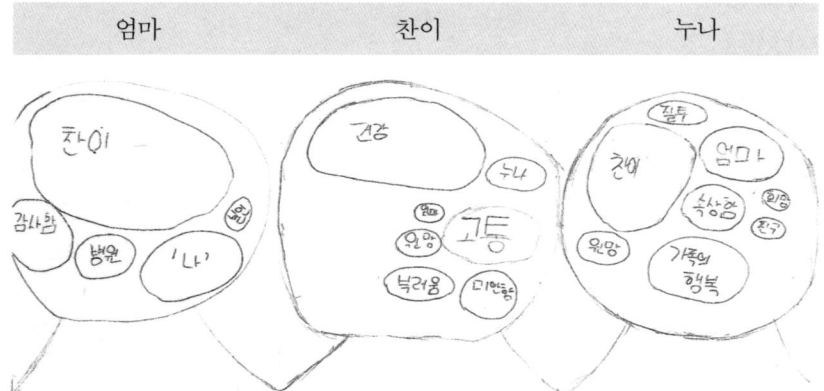

엄마	찬이	누나
노력했고 고되었던 만큼 행복이 찾아올 거예요. 포기하지 말고 찬이랑 함께 행복하게 사세요.	많이 힘들겠지만 그래도 널 생각해 주고 챙겨 주는 엄마와 누나가 있으니 힘내!	동생이 싫고 원망스러울 때도 있을 테지만 동생이랑 친하게 지내.

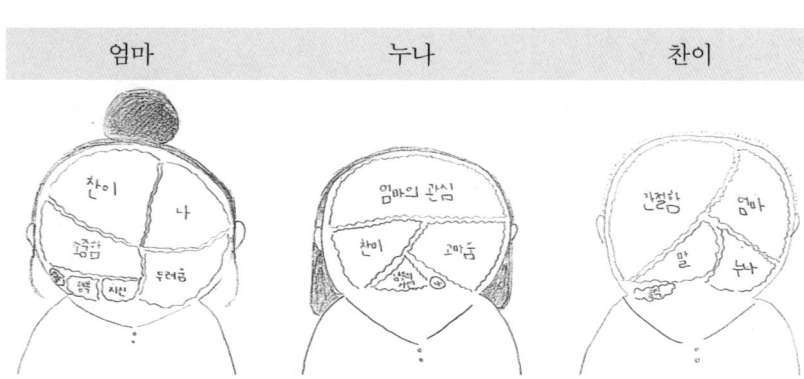

엄마	누나	찬이
언젠가는 찬이 곁에서 떠나야 하는 날이 올 거예요. 그 두려움에 밤새우며 잠 못 자고 있을 수 있어요. 하지만 찬이는 잘할 수 있고 잘 해낼 수 있을 거예요. 그러니 이제 한숨 돌리시고, 당신의 삶도 돌아볼 수 있길 바라요.	지금은 찬이만 챙기는 엄마에게 조금 섭섭할 수 있지만, 결코 엄마는 너를 사랑하지 않으신 게 아니야. 그러니 지금은 조금 섭섭하더라도 참아 줘.	지금은 움직이고 싶겠지만 움직이지 못해서 답답할 거야. 하지만 너를 사랑하고 도와주는 누나와 엄마를 봐서라도 노력해 줘.

찬이네 가족과 핫시팅

- 찬이야 말해 봐
- 엄마도 말씀해 보세요
- 찬이 누나도 말해 봐요

◎ '핫시팅' 활동하기

찬이네 가족과 함께 연극놀이 기법 중 하나인 핫시팅을 해 보았습니다. 핫시팅은 우리 반 아이 중 한 명이 찬이 역할이 되고 아이들이 궁금한 것을 질문하면 찬이 입장이 된 친구가 답을 하며 이야기를 이어 나가는 것이지요. 한 사람당 4-5개 정도의 질문에 답하고 역할을 바꾸어서 이어 나가면 다른 사람의 생각도 알 수 있고 엉뚱하고 재치 있는 답도 때로는 들을 수 있어서 좋은 기법이에요. 미리 질문을 생각해 보게 하는 것이 좋습니다. 뇌구조 그리기 뒷면에 각 인물에게 하고 싶은 질문이나 궁금한 것을 미리 구성하면 훨씬 생동감 있어요.

찬이야 말해 봐

뇌병변이 있는 찬이는 자신이 생각하는 것을 잘 표현하지 못합니다. 그래서 제일 하고 싶었던 것이 '말하기'가 아닐까 생각해요. "찬이 입장이 되어서 마음껏 이야기를 해 보자."라고 안내했어요.

질문 학생 엄마에게 제일 먼저 무슨 말이 하고 싶어요?
찬이 역할 엄마.

(교실이 조용해졌습니다.)

순간 정적이 흘러서 제가 왜 그러냐고 물었지만 아무도 답하지 못했습니다. 선생님이 맞춰 볼까? 너희들은 너무 쉽게 하는 말이지만 엄마라는

말 자체가 전하는 감동 때문이지 않을까? (동의하듯 끄덕)

질문 학생 엄마가 원망스럽지 않아?
찬이 역할 엄마도 그러고 싶어서 그런 게 아니야.
질문 학생 몸이 자유로워지면 어떤 일을 하고 싶어?
찬이 역할 여행이나 놀이동산을 가고 싶어.

(그림책 장면에서 질문을 만들어 보는 것도 도움이 돼요.)

질문 학생 공원 나들이를 갔을 때 왜 웃고 있었어?
찬이 역할 행복해서.
질문 학생 노을 진 공원에서 왜 손을 들고 있었어? 어떤 생각을 하고 있었니?
찬이 역할 너무 좋아서. 나도 내려서 뛰고 싶다는 생각.

📌 엄마도 말씀해 보세요

장애아가 있는 집에는 그의 부모도 당연히 있습니다. 그림책의 엄마 모습도 다시 보여 주었지요. 집에서 아이를 돌보느라 꾸밈이나 치장도 하지 못한 모습입니다. 당사자가 아닌 주변 인물의 마음도 충분히 헤아려 볼 만한 가치가 있지요. 핫시팅으로 엄마의 역할을 해 보게 안내해 봅니다.

질문 학생 찬이를 보면 어떤 마음이 들어요?
엄마 역할 내 탓인 것 같아서, 미안해요.
질문 학생 찬이가 건강하게 돌아온다면 가장 하고 싶은 일이 무엇인가요?
엄마 역할 손잡고 산책하면서 친구들과 있었던 일들을 도란도란 들으며 수다를 떨고 싶어요.

질문 학생 힘들지 않으세요?

엄마 역할 처음에는 힘들었지만, 찬이 덕에 변하지 않은 상황이지만 감사한 일이 많다는 것을 알았어요.

저는 여기서 상황은 변하지 않았지만 찬이의 엄마가 그 상황 속에서 깨달음이 있었다는 것을 아이들에게 이야기해 주었습니다.

찬이 누나도 말해 봐요

찬이 누나에 대한 몰입은 집에서 동생이 있는 아이에게 시키면 훨씬 생동감이 넘칩니다.

질문 학생 찬이가 샘이 날 때가 많지?
누나 역할 응. 처음에는 정말 이해 못 했어.
질문 학생 찬이랑 어디 가고 싶어?
누나 역할 함께 손잡고 놀이공원에 가고 싶어.
질문 학생 어떨 때 가장 샘이 나?
누나 역할 엄마가 찬이를 안고 잘 때.

핫시팅이 끝나면 아이들에게 자기 자신은 가족들과 무엇이 하고 싶은지 이야기 나누기를 하는 것으로 자신의 삶으로 확장해 보세요.

교사 만약에 너희들이 지금 시간이 난다면 무엇을 하고 싶니?
아이들 가족들과 저녁을 같이 먹고 싶어요. TV를 보고 쇼파에 누워 있고 싶어요.
교사 그래. 찬이도 찬이 엄마도 너희들처럼 소소한 일상이 어쩌면 더 간절하고 중요한 일일 수도 있을 거야.

책과 놀이하기 (1)

- 엄지로 칭찬하기
- '내가 누구게' 놀이하기

🆙 엄지로 칭찬하기

친구를 그대로 받아들이기 위해 친구가 나에게 가르쳐 준 것을 알아보는 놀이예요. 주먹을 쥐고 엄지만 세워요. 철수, 영희, 진수, 명희가 한 모둠이라면 가르쳐 준 것 말하기하는 순서를 정합니다. 앞서 말한 순서대로 한다면 철수는 빠져 있고, 영희, 진수, 명희는 엄지를 세우고 서로의 엄지를 잡으면서 철수에게서 배운 것을 차례로 말해요. 맨 마지막에 말하는 친구는 자신이 남에게 가르쳐 줄 만한 점을 알려줘요. 자신에 대해서 쑥스러워 하면서도 말하면서 좋아하는 아이들이 생겨나요.

교사 찬이는 말하지 못하고 표현하지 않았지만 엄마는 찬이를 통해 배운 것이 있다고 했습니다. 여러분들도 그럴 것입니다. 늘 함께 생활하지만 가르치지 않아도 가르칠 것이 있고 배우지 않아도 배울 것이 있습니다. 친구에게 배운 것을 이야기해 봅시다.

- 피구할 때 공을 세게 던질 수 있어요.
- 수업시간에 말을 할 때 근거를 잘 들어요.
- 색깔에 대한 감각이 좋아서 옷도 잘 입어요.

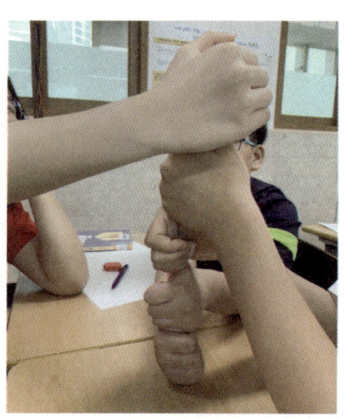

엄지로 칭찬하기 (한 명은 듣기만 합니다.)

💡 '내가 누구게' 놀이 방법

이전 활동에서 친구들이 내가 말하지 않았지만 가르쳐 준 것, 혹은 말하지 않았지만 친구들이 배운 것에 대하여 놀이를 통해 이야기했어요. 이제는 공동체를 확대해서 반 전체로 해 보아요.

1. 교사는 아이들 이름표를 하나씩 준비해요.
2. 친구들이 이름표를 제비뽑기하여 해당 이름이 아닌 친구의 등에 붙여요.
3. 가위바위보를 하고 이긴 친구는 등을 진 친구에게 보여 주고 진 친구는 이름표의 친구에게 배운 점을 한 가지 이야기해 줘요.
4. 3의 행동을 알아낼 때 까지 반복하고 기록하여 어떤 친구인지 알 것 같으면 교사에게 와요.
5. 맞으면 교사는 이름표를 등에서 떼고 종이에 붙인 다음 해당 아동에게 종이를 돌려주라고 해요.

💡 '내가 누구게' 놀이 유의점

친구와 함께 지내며 배운 점이나 친구가 가르쳐 준 것을 이야기하라고 하면 때로는 장난스럽거나 좋지 못한 것을 배웠다고 할 수 있어요. 미리 좋은 것만 배우고, 좋은 것을 생각하자고 약속하고 진행하면 좋아요. 놀이가 끝나고 활동에서 느낀 점을 공유하면 더 좋아요.

서로 만나서 가위바위보(순서3번)

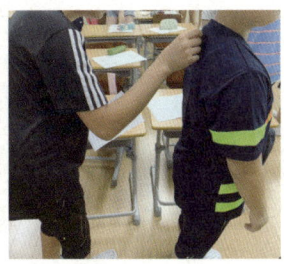
등 뒤 이름을 확인하고 이름표의 아이에게 배운 것을 말 함(순서3번)

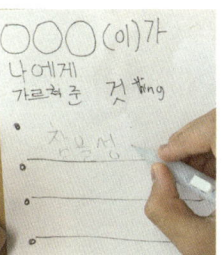
등 뒤 이름의 아이에게 배운 것을 기록하여 누구인지 맞혀 보기(순서4번)

○○○이 나에게 가르쳐 준 것	○○○이 나에게 가르쳐 준 것	○○○이 나에게 가르쳐 준 것
1. 잘생겼다. 2. 말의 주의성을 안다. 3. 참을성. 4. 피구 잘하는 방법을 안다.	1. 자기애가 강하다. 2. 예쁘다. 3. 사교성.	1. 침착함. 2. 수학을 알려줌.

교실 풍경

- 내가 이렇게 많은 장점들을 가지고 있고, 친구들에게 은연중에 가르쳐 주었다는 것에 신기했다.
- 나의 장점을 좀 더 깊게 알아서 좋았고 남들이 보는 내 모습을 알 수 있어서 뜻깊었다.
- 내가 이렇게 장점이 많은 점이 이렇게나 많으니 기분이 좋다.
- 내가 가르쳐 준 게 있어서 신기하다. 나도 착하게 살아야겠다.

책과 놀이하기 (2)

- 고리 옮기기

🆙 '고리 옮기기' 놀이 방법

'찬이가 가르쳐 준 것'의 또 다른 메시지를 생각해 봅니다. '사랑은 있는 그대로를 받아들이는 것'이라는 말이 나와요. 아이들은 사랑이라고 하면 이성 간의 사랑을 떠올리기 쉽기 때문에 여기서 사랑의 정의를 '사람과 사람'이라고 이야기해 주는 것이 좋았어요. 있는 그대로 받아들이기 위해서 고리 옮기기 활동을 소개해요.

1. 아이들은 둥글게 서서 서로 손을 잡아요.
2. 교사는 훌라후프나 고리(몸이 들어갈 만한 크기)를 준비해서 손을 쓰지 않은 채로 서로 도와 가며 고리를 한 바퀴 돌아오게 하도록 안내해요.
3. 이때 소리 없이 진행해요.
4. 잘 안 되면 의논할 시간을 주고 가장 빠르게 할 때가 어떤 방법인지 이야기 나누어요.

🆙 '고리 옮기기' 유의점

고리를 잘 옮기기 위해서는 '자기는 낮추고 남을 높여 주라고' 이야기합니다. 아이들이 의논할 때 힌트로 주어도 좋을 것 같아요. 또한 느려서 잘 못하는 아이들을 재촉하는 것이 어떤 일인지 생각하게 합니다. '재촉은 내 생각의 강요'라고 말해 줍니다. 있는 그대로를 받아들이라고 이야기하면 훨씬 좋아요.

손과 손 사이에 고리를 넣어요. 고리를 통과해서 출발점으로 돌아와요.

활동을 통해 느낀 점 말하기

교사는 찬이가 가르쳐 준 것 책 읽기 및 활동을 통해서 느낀 점을 아이들과 이야기 나눕니다.

책과 성장

아이들의 성장 이야기

- 내가 이렇게 많은 장점들을 가지고 있고, 친구들에게 은연중에 가르쳐 주었다는 것에 신기했다.
- 가족과 당연하게 여기는 것들을 당연하지 않게 생각해야겠다.
- 오늘 저녁밥을 먹을 때는 많이 감사하며 먹어야겠다.
- 엄마와 아빠가 있는 것에 감사하겠다.
- 나에게 배울 점이 있다는 것이 신기했다.
- 나의 장점을 더 만들어야겠다.
- 내가 13년 동안 살아왔지만 이때까지 내가 인내심이 강한지 몰랐다. 칭찬을 들으니 기분이 좋았다.

교사의 성장 이야기

『찬이가 가르쳐 준 것』은 장애인을 다룬 뻔한 이야기가 아니어서 좋았다. 장애를 가진 아이가 그것을 극복하기 위해 애쓰는 도덕 교과서 같은 이야기가 아니었기 때문이다.

장애를 가지고 태어난 아이를 둔 부모의 마음을 다루는 것도 마음에 들었다. 뇌구조 그리기를 통해서 그의 가족들이 어떤 마음일까 짐작해 보며 평생을 장애와 함께 살아야 하는 가족의 마음을 이해해 보는 시간을 가지며 찬이 부모의 마음을 이야기해 줄 수 있었고, 아이들이 부모님의 마음을 알아 가는 대견하고 기특한 시간이었기 때문이다.

또 이 책을 통해 무엇을 배울 수 있을까 고민했지만 아이들과 발견한 배울 점은 크게 두 가지였다. 첫 번째, 작은 것의 소중함. 두 번째, 사랑이란 그 사람을 있는 그대로 받아들이는 것. 활동을 통해 아이들은 가족과 함께 밥을 먹는 것 혹은 함께 티비를 보는 것의 소중함을 발견하게 되었다. 가족과 함께 아침에 눈뜨고 '지내는' 것이 아이들의 행복이란 것을 말이다. 때로는 나와 의견이 다른 사람에게 내 생각과 의사를 밝히는 것이 강압이 될 수 있다는 것을 이야기해 주었고 아이들은 그것 또한 공감하고 받아들였다. 그런 이야기를 나눌 수 있어서 참 다행이다.

이건 모두 찬이가 가르쳐 준 것이다. 가르쳐 주지 않았지만 가르쳐 준 것이다.

찬이야 고마워.

함께 보면 좋은 책 이야기

아름다운 아이

R. J. 팔라시오 지음 | 천미나 옮김 | 책과콩나무

얼굴을 제외하곤 모든 평범한 아이. 아이는 지금껏 스물일곱 번이나 수술을 받았지만 아직도 사람들은 아이를 괴물이라고 부른다. 아이는 스스로 헬멧 속에 자신을 가둔다. 무려 2년 동안이나. 이제 아이는 헬멧을 벗고 세상 밖으로 나아가려 한다. 과연 세상은 아이를 기꺼이 받아 줄까? 이 세상엔 과연 기적 같은 일이 일어날까?

그림책은 아니지만 『아름다운 아이』를 원작으로 한 《원더》라는 영화로 대신해도 좋아요.

우리들의 특별한 하루

| 주제 | 장애, 소통, 이해

> 책마중

눈으로 손끝으로 서로의 마음을 바라보다

"동생을 데리고 미술관에 갔어요. 그림을 보러요. 정말 특별한 그림이었어요."

시각장애인인 동생 찬이를 데리고 누나 은이는 시각장애 아동을 위한 미술관 나들이를 가게 된다. 은이는, 찬이가 여섯 살 무렵 시력을 잃은 그때부터 찬이가 밉다. 엄마 아빠가 찬이만 신경 쓰고 찬이만 걱정하고 엄마가 자주 울고, 은이를 투명인간 취급하기 때문이다. 엄마의 부탁으로 찬이와의 외출을 나섰지만 둘을 향하는 사람들의 시선도 싫고, 무뚝뚝하기만 한 찬이도 싫어 오늘의 외출이 은이는 내키지 않는다.

미술관의 작품들은 특별하게 캔버스 위에 고운 돌가루를 뿌려서 손으로 형상을 만져 볼 수 있게 입체적으로 해 놓았다. '본다'라는 단어의 보편적인 의미는 형태와 색감을 눈으로 본다는 것인데, 눈이 아닌 손의 감각을 통해 세상을 바라볼 수 있게 한다. 찬이에게는 깜깜하기만 했던 세상이 손끝의 감각으로 하나둘씩 찬이에게 다시 열리는 듯하다.

장애인 동생을 둔 누나의 마음, 밝고 명랑했던 아이가 병으로 시각장애인이 된 찬이의 마음, 그리고 그들의 마음이 이어질 수 있었던 미술관에서의 대화가 참으로 따뜻하고 잔잔한 울림을 주는 동화였다. 보이지 않는다는 것에 대하여 보아야만 하는 미술관 나들이는 "나는 눈으로 보고 찬이는 손끝으로 보았어요."라는 대목으로 모두에게 '본다'는 의미와 보이는 것은 다르다는 것을 말해 준다. 우리 아이들은 어떤 마음으로 이 책을 보게 될까? 첫 장을 넘겨 보자.

동생을 데리고 미술관에 갔어요
박현정 글 | 이진희 그림 | 해와나무

책과 수업

수업 흐름도

본 6차시 중 활동을 선택해서 조직해도 됩니다.

차시 구분	1차시	2차시	3차시
배움 활동	책과 만나기	함께 읽기	딕싯카드로 생각 나누기
배움 과정	• 표지로 이야기 나누기 • 그림카드 나누기 • 그림카드 연결하여 이야기 만들기	• 모두가 한 호흡으로 함께 읽기	• 딕싯카드로 책에 대한 소감 나누기 • 공감 댓글 달기
배움 조직	개별 및 모둠	전체	개별 및 전체
핵심 역량	심미적 감성 역량 창의적 사고 역량	공동체 역량 의사소통 역량	심미적 감성 역량 의사소통 역량

차시 구분	4차시	5차시	6차시
배움 활동	질문 수업하기	두 마음 토론하기	뒷이야기 더하기
배움 과정	• 인상 깊은 키워드 모으기 • 인상 깊은 장면 고르기 • 장면에 대한 질문 만들기	• 논제에 대하여 은이와 찬이의 입장에서 생각해 보기 • 두 마음으로 꼬리잡기 방법으로 토론하기	• 한 장면을 상상하여 뒷이야기 만들기 • 글과 어울리는 그림을 그려 그림책의 한 장면 더하기
배움 조직	모둠 및 전체	개별 및 전체	개별 및 짝
핵심 역량	의사소통 역량 창의적 사고 역량	공동체 역량 창의적 사고 역량	심미적 감성 역량 의사소통 역량

책과 만나기

- 표지로 이야기 나누기
  - 표지만 보며 선생님과 질문 나누기
- 그림카드 나누기
  - 책의 삽화를 이용하여 어울리는 문장 쓰기
- 그림카드 연결하여 이야기 만들기
  - 모둠원들과 책의 삽화 카드를 연결하여 이야기 만들어 보기

🌱 표지로 이야기 나누기

책의 표지를 함께 봅니다. 그림책은 글과 그림이 어우러져 이야기를 전달하는 책이며, 그림책에서는 표지, 면지 등의 그림을 자세히 보면 작가가 주는 다양한 의미를 알 수 있다고 이야기하며 질문을 건네 봅니다. 아이들에게 다음 세 가지를 물어보았어요.

수업 장면

선생님Q 제목을 함께 봅시다. 동생과 같이, 함께 가는 것이 아니라 왜 동생을 '데리고' 미술관에 가는 것일까요?

학생A1 동생이 어려서 보살핌이 필요한 아이일 것 같아요.

학생A2 나는 가고 싶은데 동생이 가기 싫어해서 억지로 데려가는 것 같아요.

선생님Q 왜 미술관에 간 것일까요?

학생A1 동생에게 미술 작품을 보여 주기 위해 갔을 것 같아요.

학생A2 미술관에서 특별한 추억을 만들기 위해서 갔을 것 같아요.

선생님Q 둘은 무엇을 보고 있는 걸까요?

학생A1 숲 속을 그린 그림을 보고 있는 것 같아요.

학생A2 나무 풍경 그림을 보고 옛날에 산에 가서 함께 보았던 장면을 떠올리고 있는 것 같아요.

🎨 그림카드 나누기

이번 시간의 읽기 전 활동으로는 책 속에 있는 그림을 활용하여 책에 대한 흥미를 높이고 이야기를 상상해 보고자 합니다. 28명이 있는 학급이라 그림책에 담겨 있는 삽화그림 16컷을 고르고 두 세트를 인쇄하여 A4용지 1/4크기로 잘라 모든 아이들에게 한 개씩 나누어 주었습니다.

앞서 표지로 이야기를 나누었기 때문에 '그림 속 인물이 누나인지, 동생인지, 미술관에 간다.' 등의 정보를 알고 있는 상태에서 학생들은 자기가 가진 그림카드를 보며 그 그림에 어울리는 문장 쓰기 활동을 하였습니다. 포스트잇에 문장을 적고 다른 친구들과 만나며 다른 그림카드를 공유해 보았어요. 아이들은 다른 아이들이 가지고 있는 그림과 문장을 살펴보게 됩니다. 시간을 충분히 주어 많은 아이들을 만나고 다양한 그림과 내용을 살펴보며 이야기를 짐작하고 상상할 수 있도록 했어요.

교사가 제시한 책의 삽화 그림카드 16장

🌿 그림카드 연결하여 이야기 상상하기

학생들은 여러 아이들과 만난 후 원래의 자리에 돌아옵니다. 모둠(4인 1모둠)에는 네 장의 그림카드와 문장이 모였습니다. 네 장의 그림카드를 배치해 보고 이야기가 만들어지도록 상상해 보았어요. 그림카드 아래에 적혀 있는 문장은 최대한 살리도록 하되 내용을 수정하거나 추가적으로 글과 그림의 삽입이 가능하다고 했습니다. 그림카드가 대부분 다르고, 그림에 대한 해석이 달라 모든 모둠의 이야기가 다르게 만들어져 발표하면서 공유를 할 때 모두 귀를 기울여 재미있게 들었답니다.

◎ 학생들이 만든 예시 작품

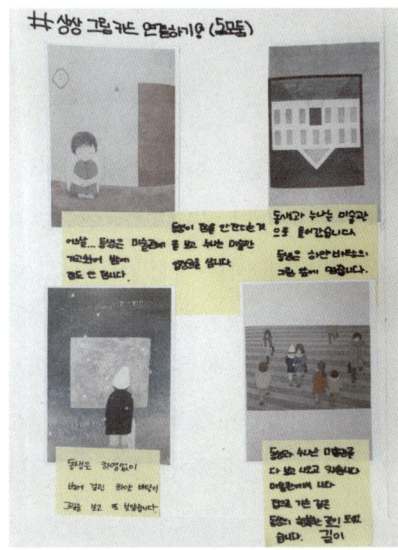

어느 날… 동생은 미술관에 가고 싶어 밤에 잠도 안 잡니다. 동생이 잠을 안 잔다는 것을 보고 누나는 미술관 입장권을 삽니다. 동생과 누나는 미술관으로 들어갔습니다. 동생은 하얀 바탕의 그림 앞에 멈춥니다. 동생은 하염없이 벽에 걸린 하얀 바탕의 그림을 보고 또 보았습니다. 동생과 누나는 미술관을 다 보고 나오고 있습니다. 집으로 가는 길은 동생의 행복한 길이 되었습니다.

나와 동생은 미술관에서 이 그림을 첫 번째로 보았습니다. 마치 가을에 단풍잎에 떨어지는 것 같았습니다. 미술관의 한 그림을 보다 동생이 손을 잡아끌어 우주인이 있는 그림으로 갔습니다. 동생은 우주인이 그려져 있는 그림이 마음에 든다고 했습니다. 집에 갔더니 늦게 들어왔다고 엄마가 혼을 냈습니다. 엄마에게 혼이 나서 서러워서 울고 아빠는 저를 달래 주었습니다. 엄마는 조금 미안했는지 다음에는 가족 다 같이 가자고 약속을 했습니다.

함께 읽기

- 모두가 한 호흡으로 함께 읽기
  - 교사와 학생 모두 함께 읽기

🅣🅘🅟 모두 함께 읽기

그림책을 함께 읽는 방법으로는 교사가 직접 책을 들고 읽어 줄 수도 있고, 학생들 중 한 명이(또는 여러 명이) 미리 연습하여 전기수(조선시대에 이야기책을 전문적으로 읽어 주던 사람)가 되어 실감나게 친구들에게 읽어 줄 수도 있습니다. 오늘은 책을 실물화상기를 이용하여 TV 화면에 띄우고 제가 읽기도 하고 아이들이 돌아가며 번갈아 읽으며 함께 한 호흡으로 처음부터 끝까지 책을 읽었습니다. 중간중간에 나오는 대화 장면이나 그림의 의미, 그림의 색깔 등에 대하여 생각나는 것은 자유롭게 이야기하며 읽었어요.

딕싯카드로 생각 나누기

- 딕싯카드로 책에 대한 생각 나누기
  - 책을 읽고 난 나의 느낌을 딕싯카드를 이용하여 표현하기
- 공감의 댓글 달기
  - 친구들의 딕싯카드에 포스트잇으로 댓글 붙여 주기

🅣🅘🅟 딕싯(Dixit) 그림카드

프랑스의 화가 '마리 까르드와'가 그린 84장의 그림을 이용하여 무궁무진한 이야기를 만들 수 있는 감성 언어 카드입니다. 카드 상자 겉면에 '하나의 그림 속에 천 가지 생각'이라고 적혀 있듯이 그림카드를 이용하여 나만의 이야기를 만들 수 있어 마음 열기 활동에도 좋고, 자신의 생각과 감정을 표현하는 상담 활동으로 쓰기에도 좋아요.

딕싯카드로 책에 대한 소감 나누기

이번 수업에서는 딕싯카드를 이용하여, 책에 대한 나의 소감을 나타내어 보았습니다. 84장의 카드를 12장씩 나누어 7개의 모둠에 나누어 줍니다. 모둠 친구들은 12장의 카드를 펼쳐 놓고 책을 읽고 난 후 나의 느낌과 어울리는 카드를 선택합니다. 카드를 많이 나누어 주면 고르는데 시간이 더 걸리기도 해요. 혹시 모둠에서 가진 카드 중에 하나의 카드를 두 명이 가지고 싶어 하거나, 고르기가 어려운 친구가 있다면 옆 모둠의 남는 카드와 바꾸어도 좋아요. 그림카드를 골랐다면 왜 이 카드를 골랐는지 이유를 포스트잇에 써서 칠판에 붙입니다.

갤러리 워크 활동하기

모두의 생각을 들어 보기 위하여 모든 학생들이 한 명씩 돌아가며 발표를 한다면 뒤로 갈수록 경청을 기대하기는 어려울 거예요. 이럴 때 교실의 다양한 공간을 활용하여 학습지나 작품을 게시하고 자유롭게 다니며 친구들의 생각을 공유해 보도록 할 수 있어요. 이런 활동을 전시회 관람구조 또는 갤러리 워크라고 합니다. 동시다발적으로 여러 친구들의 생각과 작품을 함께 나눌 수 있어서 좋아요.

👉 공감의 댓글 달기

칠판에 붙여진 친구들의 딕싯 카드와 포스트잇 아래에 공감 댓글 달기 활동을 하였습니다. 4장의 포스트잇을 나누어 주고 3명 또는 4명에게 댓글쪽지를 붙여 줍니다. 만약 이미 4장의 포스트잇이 있다면 다른 친구의 카드에 댓글을 달도록 하면 모든 아이들이 골고루 댓글 쪽지를 받을 수 있어요.

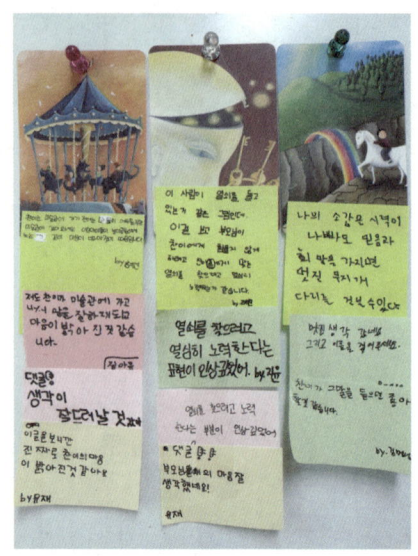

〈딕싯카드 소감과 공감의 댓글 활동 예시〉

선택 이유 시력을 읽은 찬이가 보는 세상은 이 그림처럼 어둡고 장애물이 있는 것처럼 보일 것 같아서이다.

ㄴ 공감 댓글 정말 찬이 눈에는 이렇게 보일 것 같네요. 장애물이 많아 힘들었을 것 같아요.

선택 이유 찬이의 마음이 단단하게 갇혀 있었는데 마음속에 있는 작은 아이가 꽃을 심어서 다시 마음을 열게 될 것 같다.

ㄴ 공감 댓글 한 아이가 찬이의 마음에 꽃을 심는 아이디어가 참 특별해!

선택 이유 찬이의 마음은 차가운 바닷속에 있었는데 이제는 바닷속을 벗어 나와 마음이 촛불처럼 따뜻하고 밝아졌다는 생각이 든다.

ㄴ 공감 댓글 찬이가 미술관을 다녀오게 되면서 마음이 밝아졌다고 생각하는구나!

선택 이유 찬이가 버스 정류장에 혼자 남았을 때의 두려움과 걱정이 제 마음에 닿아 슬펐기 때문에 이 그림카드를 골랐습니다.

ㄴ 공감 댓글 찬이의 외로운 감정을 잘 이해한 것 같아.

질문 수업하기

- 인상 깊은 키워드 모으기
  - 책을 읽고 인상 깊은 모둠 키워드 뽑아 칠판에 공유하기
- 마음에 남는 장면 고르고 장면에 대한 질문 만들기
  - 모둠별로 인상 깊은 한 장면을 고르고 질문 만들어 보기
- 하나 남고 셋 가기 활동으로 질문 공유하기
  - 모둠별로 이동하여 다른 친구들과 질문과 생각 나누어 보기

Tip 인상 깊은 키워드 모으기

질문 나누기 수업을 하기 전에 키워드를 뽑아 보고 전체 공유를 하면 사고의 폭이 확장되어 훨씬 다양한 질문을 만들 수가 있어요. 책을 함께 읽고 난 후 인상 깊은 나의 키워드를 4개를 골라 각자 쪽지에 적었어요. 그리고 모둠(4인 1모둠) 친구들과 함께 모둠 키워드를 4개를 정해 봅니다. 모둠 키워드를 선정하는 방법은 모아진 16개의 키워드 중 많이 겹치는

것을 고르거나 모둠 친구들과 대화를 하며 4개를 선정할 수도 있습니다.
다른 활동에서는 각자 인상 깊은 키워드 한 개를 선정하여 생각보드에 쓰고 칠판 공유(모두의 키워드를 비슷한 것끼리 묶어 유목화 시킴)를 하기도 하는데, 이번 시간에 나의 키워드를 고른 후 모둠 키워드를 뽑는 이유는 다음 활동인 마음에 남는 장면 선정을 위하여 모둠 친구들의 인상 깊은 키워드를 알고 이야기를 나누어 보기 위해서예요.

〈모둠의 키워드와 전체 공유 사진〉
1모둠 장애 아동, 은이, 찬이, 빨강 풍선
2모둠 미술관, 시각장애, 우리들의 마음, 빨강 풍선
3모둠 그림, 손끝, 추억, 시선
4모둠 미술관, 시각장애, 빛
5모둠 시각장애 아동, 그림, 은하수공원
6모둠 미술관, 용기, 추억, 그림,
7모둠 미술관, 시각 장애, 스마일 마크, 빨강 풍선

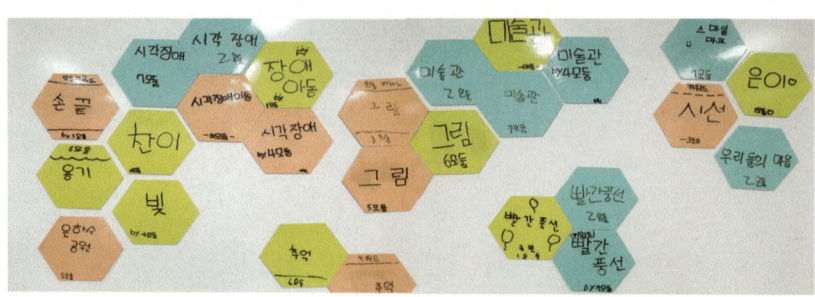

🎨 마음에 남는 장면 고르기

모둠에서 선택한 인상 깊은 키워드를 바탕으로 마음에 남는 장면을 하나 뽑아 보도록 합니다. 그리고 고른 장면에 대한 간단한 설명과 이 장면

을 고른 이유를 포스트잇에 적어 붙이도록 하여 다른 친구들이 볼 때 쉽게 이해할 수 있도록 했어요. 모둠에 책이 한 권씩 있으면 좋아요. 준비가 되지 않은 모둠은 1차시에 활용했던 삽화그림카드를 이용해도 좋아요.

장면에 대한 질문 만들기

모둠별로 선택한 장면에 대하여 각자 한 개의 질문 만들기 활동을 합니다. 질문을 포스트잇에 쓰고 바로 책에 붙였습니다. 그리고 모둠 친구들과 만들어진 질문으로 QnA 활동을 한 후 모둠 질문을 뽑았습니다. 모둠 질

문을 뽑을 때에는 대답이 여러 개가 나올 수 있는 질문, 친구들의 생각 주머니가 커질 수 있는 질문을 선택해 보라고 했어요. 모둠 질문은 4개의 질문 중에 하나를 선택할 수도 있고 학습대화를 나눈 뒤 한 개의 질문을 다시 만들 수도 있습니다. 4개의 질문 중에 하나를 선택할 때에는 뽑인 질문에 스티커를 붙여 모둠 질문임을 알 수 있게 하였어요.

하나 남고 셋 가기 활동하기

모둠 질문에 대하여 다른 친구들과도 생각을 나누어 보기 위해 한 명은 모둠에 남고 세 명은 다른 모둠으로 이동했어요. "모둠 한 칸 이동"을 이야기하면 1모둠은 2모둠으로, 7모둠은

1모둠으로 이동하면 됩니다. 두 칸 이동도 바로 옆 모둠이 아닌 한 칸을 떼어 넘어 이동하게 되므로 좋은 것 같아요. 모둠에 남아 있는 한 명은 다른 모둠 친구들에게 우리 모둠이 뽑은 인상 깊은 장면을 소개하고 모둠 질문에 대하여 생각을 나누어 봅니다. 다른 모둠 친구들이 말한 답변 중에 인상 깊은 대답은 메모를 하며 들어요.

하나 남고 셋 가기 활동 후 모둠원들은 다시 자리로 돌아와 우리 모둠 질문에 대한 대답(모둠A)을 의논하여 적고 모둠별로 발표를 하며 생각을 나누어 보았습니다.

〈학생들의 선정한 장면에 대한 모둠 질문과 대답 예시〉

모둠 Q 찬이는 작년 여름날 은하수공원에서의 이야기를 왜 꺼내었을까요?

모둠 A 찬이는 내가 지금 몸이 불편하지만 스스로 할 수 있는 일도 있고, 해내었다는 것을 누나에게 말해 주고 싶었던 것 같다.

모둠 Q 은이는 왜 입김을 불어 스마일마크를 그렸을까?

모둠 A 찬이의 휘파람 소리를 들으며 찬이도 예전 모습처럼 밝고 잘 웃으면 좋겠다는 생각이 들어서이다.

모둠 Q 누나는 왜 찬이의 손을 잡았을까?

모둠 A 동생이 시각장애인이서 미술관에 있는 작품을 눈으로는 볼 수 없지만 손끝으로 볼 수 있게 하기 위해서 동생의 손을 잡아 작품을 볼 수 있게 도와주었다.

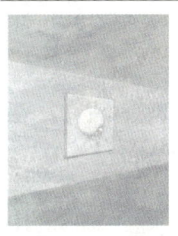
모둠 Q 왜 작품 이름이 '우리들 마음'일까?

모둠 A 우리가 장애인들을 배려하고 보호하려는 마음이 부서지고 있어서인 것 같다. 또한 장애인들 역시 우리의 사소한 시선이나 말 때문에 마음이 부서질 수도 있을 것이다.

모둠 Q 왜 마음이 부서지고 깨졌을까?

모둠 A 이 작품은 시각장애인을 위해 만들어진 것이다. 장애인들이 살아가면서 마음이 다치고 상처받는 일들이 많을 것이기 때문이다.

두 마음 토론하기

- 찬이와 은이의 입장에서 토론하기
  - 논제에 대하여 찬이와 은이 입장에서 토론하기
- 두 마음으로 꼬리잡기 토론하기
  - 같은 생각을 가진 아이들은 꼬리(팀)를 만들어 토론하기

 두 마음 토론

찬이가 작년 여름 은하수공원에 혼자 간 날은 찬이에게도 은이에게도 아주 기억에 남는 날이었어요. 하지만 이 일에 대하여 남매의 생각은 조금 다릅니다. 은이는 '찬이가 은하수공원에서 도움이 필요했을 때 주변 사람들에게 도움을 청하거나 부모님께 전화를 해야 한다.'라고 했고, 찬이는 '도움을 청해도 들어주지 않는 사람이 있었고 부모님께 이야기를 해 봐야 부모님께서 마음만 아프실 것이라서 자신이 겪은 어려움을 이야기하지 않았다.'고 했습니다. 학생들에게 찬이와 은이 중 누구의 생각에 동의하는지 토론해 보았습니다.

먼저 은이와 찬이의 입장으로 나누어 입장 한 줄 서기를 해 보았습니다. 그리고 양쪽으로 나누어 앉은 뒤 신호등 카드로 자신의 입장을 표시하였습니다. 은이는 빨간색, 찬이는 초록색으로 정하고 토론을 하기 전 나의 생각을 정리하여 포스트잇에 적을 수 있는 시간을 줍니다. 적으며 같은 생각을 가진 친구들끼리 이야기를 나누어 볼 수도 있어요.

🅣🅘🅟 꼬리잡기로 생각 나누기

교실 가운데로 나와 다른 색깔(같은 색깔도 좋아요)의 친구와 만나 1:1 토론을 합니다. 토론을 한 후 생각이 비슷해진 친구가 있다면 그 친구가 색을 바꾸고 친구의 꼬리가 됩니다. 한 팀이 되는 것이지요. 이제부터는 팀과 팀이 만나서 이야기를 나누어요. 이렇게 토론을 쭉 하게 되면 결국에는 크게 두 팀으로 나누어지게 됩니다. 두 팀으로 나누어졌을 때는 동

그라미로 앉아 다 함께 이야기를 나누었습니다. 생각의 맞고 그름은 없으며 다른 사람의 이야기를 충분히 듣고 색깔을 바꿀 수 있는 시간도 주고 노란색(중립)의 의견도 존중하였습니다.

색깔 쪽지로 생각 정리하기

토론을 한 후 최종적인 나의 생각을 색깔 쪽지에 적어 모았어요. 은이는 분홍색 쪽지, 찬이는 연두색 쪽지, 중립은 노란색을 나누어 주고 생각을 적어 공유하였습니다. 학생들은 교실에 게시되어 있는 활동판을 보며 같은 색깔끼리 의견을 읽어 볼 수 있고, 나와 다른 의견을 가진 학생의 생각들을 한눈에 알 수 있어 좋아요.

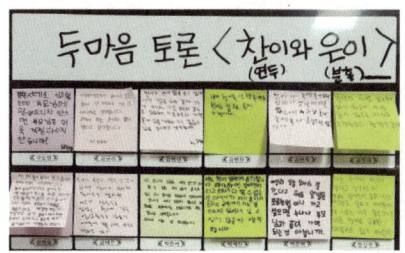 

색깔 쪽지 활동판에 담긴 학생들의 글

찬이의 마음에 동의
- 나는 찬이 생각에 동의한다. 장애인이 되고 못 하는 게 많아진다. 그러니 이런 도전은 아주 좋은 것이고 장애를 극복한다는 게 이런 게 아닐까? 결국 은하수공원까지 다녀오는 것도 성공하였다.
- 부모님께 말하면 부모님께서 앞으로는 절대 혼자서 못 나가게 할 거고 찬이는 어려움을 이겨 낼 기회도 없어진다.
- 찬이가 어려움을 이겨 내며 계속 노력하면 찬이는 더 밝은 세상을

살 수 있을 것이다.

중립
- 나는 찬이가 도움을 계속 받으면 혼자 할 수 있는 것이 없어질 수도 있고, 은이 말처럼 부모님께 연락해서 찬이가 어디 있는지 알리고 부모님을 안심시키는 것도 맞다고 생각합니다.

은이의 마음에 동의
- 저는 은이의 생각에 동의합니다. 밤9시까지 집에 안 들어와서 부모님께서 많이 걱정했으니 전화하는 게 맞다고 생각합니다.
- 부모님께서 알게 되면 더욱 슬퍼하실 것이라고 하지만 그날 무슨 일이 있었는지 모르는 채로 있는 부모님의 마음은 계속 슬플 것입니다.
- 시각장애인이라서 위험하다는 것보다는 찬이가 어린이이기 때문에 위험할 수 있다는 생각이 든다.

뒷이야기 더하기

> • 한 장면을 상상하여 뒷이야기 만들기
>   - 그림책 뒷이야기를 상상하여 하나의 장면을 떠올리고 이야기를 만들어 보기
> • 글과 어울리는 그림을 그려 그림책의 한 장면 더하기
>   - 상상한 이야기와 어울리도록 그림을 그려 완성하기

 뒷이야기 더하기

마지막 활동으로 학생들에게 "그림책을 추가로 두 쪽 더 만들 수 있다면 어떤 이야기가 담기면 좋을까?"라고 물어보았습니다. 각자 담고 싶은 뒷이야기를 상상하여 짧은 이야기를 짓고 난 후 모둠 친구들과 바꾸어

읽어 보았어요. 아이디어를 공유한 후 두 명씩 짝을 지어 짝과 함께 이야기를 다시 만들고 어울리는 장면까지 그려 보았습니다.

뒷이야기 더하기 학생 작품

다음 날, 찬이와 은이는 미술관에 갔다. 미술관에 가서 밤하늘에 별이 있는 작품을 보았다. 찬이는 그림을 손끝으로 보고 은이는 눈으로 보았다. 그림을 다 보고 난 뒤, 같이 은하수공원에 갔다. 찬이가 졸라서 간 거다.

찬이가 말했다.

"저번에 혼자 올 때 힘들었어."

누나가 말했다.

"혼자 갈 때는 꼭 연락해!"

찬이가 고개를 끄덕였다. 누나는 생각했다. '찬이가 아직 은하수공원을 기억하고 있을까?' 은이는 찬이가 꼭 힘내서 포기하지 않기를 원했다.

나는 편지를 보낸 뒤 며칠 후 미술관에 나 혼자 갔습니다. 그런데 화가 선생님께서 미술관에 들어가는 것을 보았습니다. 창문으로 선생님이 그림을 그리시는 것을 보았습니다. 그런데 제가

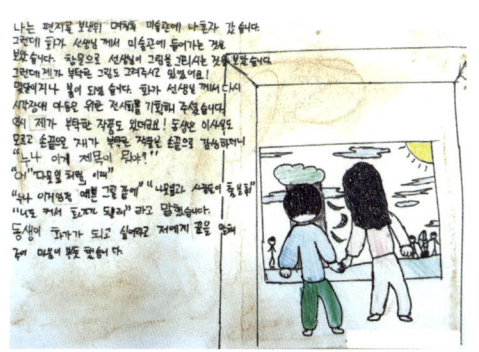

부탁한 그림도 그려 주시고 있었어요!

　몇 달이 지나 봄이 되었습니다. 화가 선생님께서 다시 시각장애 아동을 위한 전시회를 기획해 주셨습니다. 역시 제가 부탁한 작품도 있더군요! 동생은 이 사실도 모르고 제가 부탁한 작품을 손끝으로 보더니

　"누나! 이거 제목이 뭐야?"

　"어, 「나뭇잎처럼」이래."

　"누가 이거 엄청 예쁜 그림 같아. 나뭇잎과 사람들이 춤을 춰…. 나도 커서 화가가 될래."라고 찬이가 말했습니다. 동생이 화가가 되고 싶다고 저에게 꿈을 말해 주어 마음이 뿌듯하였습니다.

> **책과 성장**

아이들의 성장 이야기

- 장애인들도 우리와 같고 의지가 아주 강하다는 것을 알았다. 하고 싶은 일들이 있고 용기를 내고 의지가 있다면 해낼 수도 있다는 것을 알게 되었다.
- 장애인들은 몸이 불편하거나 마음이 불편해서 스스로 할 수 있는 일들이 거의 없고 남의 도움을 받으며 살아가는 사람들이라고 생각했는데 이 책을 읽고 난 후 장애인들도 혼자 해낼 수 있는 일들이 많다는 것을 알게 되었고 응원해야겠다는 생각도 들었다.
- 장애인들은 다른 사람의 시선 때문에 마음이 슬퍼질 수 있다는 것을 알게 되었다. 나도 장애인이 무언가 다른 사람들이라고 생각했는데 찬이는 우리랑 같은 열한 살이고 생각도 비슷하였다. 우리와 다르지 않았다.
- 우리가 쉽게 생각하지 못하는 사소한 것들로도 장애인들이 불편함을 많이 느끼는 것 같다. 일상생활에서 장애인들을 위한 편리한 것들이 많이 생겼으면 좋겠다. 혹시 내가 시각장애인을 만나게 된다면 나도 꼭 손을 잡고 이야기할 것이다.
- 내가 건강한 신체를 가지고 있는 것에 대하여 감사함을 느낀다. 장애인들은 우리와 다른 게 아니고 특별한 거다. 우리가 가지지 못하는 특별한 것을 가지고 있다고 생각한다.

교사의 성장 이야기

혹시 장애인은 나와 다르다고 생각하고 있지는 않는가? 장애인들을 보며 불쌍한 사람들, 도움이 필요한 사람들이라고 생각하지는 않은가? 에 대하여 수업을 하기 전 스스로에게 물어보았다. 나 역시 조금은 고개가 끄덕여졌다.

나처럼 학생들 역시 책을 읽고 난 후에는 장애인에 대한 생각이 조금씩 바뀌는 것 같았다. 특히 책 속의 찬이가 우리 반 학생들과 같은 열한 살이어서 그런지 더욱 찬이의 감정에 이입하는 것 같았다. 장애 이해교육을 할 때처럼 "많이 힘들겠다, 많이 불편하겠다. 꼭 도와줘야겠다."라는 생각을 막연하게 들게 하는 것이 아니라 찬이와 은이와의 대화를 통해, 그리고 미술관이라는 장소를 통해 장애인은 나와 다르지 않다, 특별하다고 생각하게끔 하는 책이라 참 좋았다.

모둠별 인상 깊은 장면을 뽑고 모둠 질문을 뽑는 활동에서 찬이가 은하수공원에서 겪었던 이야기를 하는 장면을 뽑고 모둠 질문으로 "찬이는 왜 작년 여름 은하수공원에 간 이야기를 누나에게 했을까?"라고 선정한 모둠이 있었다. 나는 그 질문에 대한 대답을 속으로는 '찬이가 누나와 세상에 대한 마음의 문이 조금 열려서 자신이 겪은 힘든 이야기를 꺼낸 거구나.'라고 생각했다. 하지만 많은 아이들의 생각이 달랐다. 찬이와 같은 나이의 우리 반 친구들은 대부분 "나도 누나처럼 혼자서 은하수공원에 갈 수 있다는 것을 말하고 싶어서 그 이야기를 꺼냈다.", "힘들었지만 혼자서 해낸 일이 있다는 것을 누나에게 자랑하고 싶었을 것이다."라고 이야기하였다.

무언가를 보아야 느낄 수 있을 것 같은 미술관에서, 그곳을 보지 못하는 동생의 행동과 말을 통하여 우리는 '보다'라는 의미를 새롭게 해석할 수 있었다. 두 남매의 이야기를 통해 장애를 가진 어린이의 마음, 장애인 동생을 둔 누나의 마음을 간접적으로나마 느껴 볼 수 있었고, 우리 아이들 역시 나와 같은 마음이었을 것이다.

함께 보면 좋은 책 이야기

병하의 고민

조은수 글·그림 | 한울림스페셜

이웃에 있을 수 있는 장애아들의 이야기와 장애를 극복한 여러 인물들이 등장한다. 장애에 대한 편견과 선입견은 노력해서라도 버리고, 바꾸어야 할 것이라는 것을 느낄 수 있게 해 주는 책이다.

> 부록

의미 있는 활동!
배움 성찰, 생각 정리로 이어 가요

네모 성찰

오늘 배움은 　키워드　다. 왜냐하면 ~하기 때문이다.

배움에 대해 네모 속 키워드로 정리해 보는 활동이다. 은유적 기법을 사용해 배움 주제에 대해 키워드로 정리해 봄으로써 학생들이 창의적인 생각 정리를 해 볼 수 있다.

| 안녕 수업 후 |

배움 주제   소중한 사람의 의미를 알고, 소중한 사람을 위한 나의 마음을 가져 봅시다.

활용(예시)   오늘 배움은 　시계　입니다. 왜냐하면 시계의 긴 바늘과 짧은 바늘이 늘 함께 있는 것처럼, 소중한 사람을 위해서는 늘 함께 있어 주는 것이 중요하다고 생각하기 때문입니다.

미덕 성찰

오늘의 배움은 　미덕　이다. 왜냐하면 ~하기 때문이다.

배움에 대해 미덕 가치 키워드로 정리해 보는 활동이다. 배움 주제에 대해 버츄프로젝트에서 활용되는 미덕 가치 키워드로 정리해 봄으로써 학생들이 실천적인 생각 정리를 해 볼 수 있다.

| 망태 할아버지가 온다 수업 후 |

배움 주제 가족의 소중함을 알고, 이를 생활에서 실천해 봅시다

활용(예시) 오늘 미덕 가치 키워드는 사랑 입니다. 왜냐하면 늘 곁에 있어 몰랐지만 오늘 배움을 통하여 가족의 사랑을 더욱 알게 되었기 때문입니다.

※ 버츄프로젝트 미덕카드는 본문 『샌지와 빵집 주인』 참고

표정 성찰

오늘 배움은 표정 이다. 왜냐하면 ~하기 때문이다.

배움 활동에 대하여 얼굴 표정을 그려 보며 배움 내용을 돌아보는 정리 활동이다. 동그라미 안에 간단한 표정 그림을 그리는 활동이라 저학년도 쉽게 활용할 수 있고, 학생들의 흥미를 불러일으키고 재미있게 수업을 마무리할 수 있다.

| 나는 퍼그 수업 후 |

배움 주제 이야기를 읽고, 생각이나 느낌을 나누어 봅시다.

활용(예시) 오늘 배움은 ☺입니다. 평소에 강아지를 키우면서 보살피기 힘들다고 생각했는데, 강아지 입장에서 외로움이 있겠다는 강아지의 마음을 알게 되어 기쁜 생각이 듭니다.

타임라인 성찰

예전에 나는 학습 전의 상태 였는데,
그런데 알게 된 내용 을 알게 되었다.
앞으로는 앞으로의 실천할 점, 변화될 점 할 것이다.

배움 활동을 통하여 자신을 돌아보고, 오늘의 배움을 떠올려 앞으로의 다짐이나 변화될 모습을 상상하며 성찰하는 정리 활동이다.

| 찬이가 가르쳐준 것 수업 후 |

배움 주제 이야기를 읽고, 의견을 나누어 봅시다.

활용(예시) 예전에 저는 몸이 불편한 친구의 마음과 그 가족이 어떤 어려움을 겪는지 잘 이해하지 못했습니다. 그런데 오늘, 찬이가 가르쳐 준 것 수업을 통해 지체 장애인이 생활에서 겪는 여러 가지 어려움에 대해 알게 되었고, 어떤 것도 쉬운 것이 없다는 것을 알게 되었습니다. 앞으로는 제 주변에 몸이 불편한 사람이 있을 때, 한 번쯤 더 배려하고, 도와줄 수 있도록 노력하겠습니다.

배느실 성찰

오늘 배움은 배/느/실 이다. 왜냐하면 ~하기 때문이다.

오늘 배움에 대해 배운 점, 느낀 점, 실천할 점 등으로 정리해 보는 활동이다. 구조적인 생각 정리의 키워드가 제시되어 학생들은 배움에 대해 명확하게 생각 정리를 해 볼 수 있다.

| 야쿠바와 사자 수업 후 |

배움 주제 코끼리의 생활을 알아보고, 코끼리를 보호하기 위해 어떤 노

력이 필요한지 살펴봅시다.

활용(예시) 오늘은 코끼리의 삶의 공간이 팜유 농장으로 인해서 점점 줄어들고, 그곳의 사람들과 갈등을 겪는다는 것을 배웠습니다. 코끼리의 생활이 너무 안타깝고, 팜유 농장으로 생활의 편리를 위한 물건이 만들어진다는 사실에 놀라움을 느꼈습니다. 앞으로 필요한 물건만 사고, 재활용해서 코끼리를 위한 작은 실천 캠페인을 꼭 실천하고 싶습니다.

좋아바 성찰

오늘 배움은 좋/아/바 다. 왜냐하면 ~ 하기 때문이다.

오늘 배움에 대해 좋았던 점, 아쉬웠던 점, (앞으로)바라는 점을 정리해 보는 활동이다. 다양한 교과에서 일반적으로 사용할 수 있다.

| 도와줄게 수업 후 |

배움 주제 진정한 도움의 의미를 알고, 실천하는 마음을 가져 봅시다.

활용(예시) 오늘 『도와줄게』 그림책 수업을 하면서, 질문기차를 통해 도움에 대한 친구들의 질문을 알고, 함께 토론을 하면서, 비록 실수를 했지만 누군가에는 큰 도움, 또 다른 친구에게는 기다려 주는 도움이 필요하다는 것을 알게 되어 좋았습니다. 도움에 관한 소크라틱 세미나 토론에서 근거를 잘 생각해 내지 못해 아쉬웠습니다. 앞으로 도움이 필요한 사람들에 대해 더 조사를 해 보고 싶습니다.

| 숫자 성찰 |

오늘 배움은 [숫자] 다. 왜냐하면 ~하기 때문이다.

　오늘 배움에 대하여 숫자를 디딤으로 하여 배움 생각을 정리하는 활동이다. 숫자의 범위를 무한대로 하여 배움 활동에 관한 폭넓고 다양한 생각을 기대해 볼 수 있다.

| 이빨 사냥꾼 수업 후 |

배움 주제　코끼리도 살기 좋은 세상을 만들기 위한 작은 실천에 대해 알아봅시다.

활용(예시)　오늘 배움 숫자는 [2억 5000만] 입니다. 보호해야 할 코끼리가 사냥꾼에 의해 잔인하게 사냥되어 2억 5000천만에 팔린다는 것을 알게 되었습니다. 코끼리에게 미안해서, 우리는 코끼리를 위해 2억 5000만의 노력을 해야 한다고 생각했습니다.

| 피라미드 성찰 |

오늘 배움은  다. 왜냐하면 ~하기 때문이다.

　오늘 배움에 대해 피라미드 키워드로 정리해 보는 활동이다. 제일 아래쪽은 3칸으로 3글자 키워드, 2번째 칸은 2칸으로 2글자 키워드, 제일 윗칸은 1칸으로 1글자 키워드로 배움 주제에 대해 키워드를 활용하여 문장으로 생각을 정리해 봄으로써 학생들의 창의적인 생각을 나타낼 수 있다.

| 검은 강아지 수업 후 |

배움 주제 반려동물의 의미를 알아보고, 반려동물을 보호하기 위해 노력해 봅시다.

활용(예시) 오늘 배움은 반려견(3글자), 사랑(2글자), 꿈(1글자)입니다. 왜냐하면 반려견을 잘 키우기 위해서는 사랑이 반드시 필요합니다. 저의 꿈은 반려견을 보살펴 줄 수 있는 수의사입니다. 저는 반려동물을 진심으로 사랑하고 아끼는 의사가 되기 위해 반려동물에 대한 공부를 열심히 하겠습니다.

참고영상 정리

망태 할아버지가 온다	https://www.youtube.com/watch?v=cgBHQtn6P1w	영상으로 그림책 보기
검은 강아지	https://www.youtube.com/watch?v=5KyN3yroLSs	유기견 만화 보고 싶다 우리 엄마 동영상
	https://www.youtube.com/watch?v=FbzfhNzD4eI	가상체험 유기견 입장 되어 보기 VR 영상
샌지와 빵집 주인	https://youtu.be/f_Agi8q5sas	현명한 판사 관련 영상
	https://youtu.be/7cm6R_4DY38	현명한 판사 관련 영상
이빨 사냥꾼	https://youtu.be/4aOcc4va9os	코끼리의 눈물 영상
	https://youtu.be/j29or4QeeBs	나는 2억5천만 원입니다. 영상
코끼리와 숲과 감자 칩	https://www.youtube.com/watch?v=sgl4GbLH1OE	참고작품 주소
돼지 이야기	https://www.youtube.com/watch?v=JLl1XvOE2bw	동물 복지를 말한다. 영상
	https://www.youtube.com/watch?v=qSTYDU3-6I0	나 행복해도 돼지? 영상
	https://www.youtube.com/watch?v=RD_fre-d6fw	돼지 살처분 농가 망연자실 영상
	https://www.youtube.com/watch?v=Udk2hssFF7U	돼지 살처분 공무원 트라우마 영상
	https://www.youtube.com/watch?v=lN15op6Mr_0	구제역으로 묻힌 후 3년 영상
	https://www.youtube.com/watch?v=S34rbq5y6Rw	살처분의 역습 영상
	https://www.youtube.com/watch?v=iEriUqf-yrA	동물 복지. 비싼 가격이 문제 영상

도란도란 그림책 교실 수업
질문과 토론으로 자라는 아이들

초판 1쇄 2019년 11월 20일
초판 2쇄 2022년 1월 15일

글쓴이 | 교사동아리 생각네트워크
펴낸곳 | 도서출판 단비
펴낸이 | 김준연
편집 | 최유정
등록 | 2003년 3월 24일(제2012-000149호)
주소 | 경기도 고양시 일산서구 고양대로 724-17, 304-2503(일산동, 산들마을)
전화 | 02-322-0268
팩스 | 02-322-0271
전자우편 | rainwelcome@hanmail.net

ISBN 979-11-6350-019-3 03370
값 18,000원

* 이 책의 내용 일부를 재사용하려면 반드시 저작권자와 도서출판 단비의 동의를 받아야 합니다.

이 도서의 국립중앙도서관 출판예정도서목록(CIP)은 서지정보유통지원시스템 홈페이지
(http://seoji.nl.go.kr)와 국가자료종합목록 구축시스템(http://kolis-net.nl.go.kr)에서
이용하실 수 있습니다.(CIP제어번호 : CIP2019045600)